中央高校基本科研业务费专项资金资助

Nietzsche: L'antiphilosophie

Alain Badiou

尼采：反哲学

[法] 阿兰·巴迪欧 ——

—— 著

邓冰艳 ——

—— 译

长江出版传媒 长江文艺出版社

图书在版编目（CIP）数据

尼采：反哲学／(法)阿兰·巴迪欧著；邓冰艳译
. -- 武汉：长江文艺出版社，2022.10
（人文科学译丛）
ISBN 978-7-5702-2490-6

Ⅰ. ①尼… Ⅱ. ①阿… ②邓… Ⅲ. ①尼采（
Nietzsche,Friedrich Wilhelm 1844-1900)－哲学思想－
研究 Ⅳ. ①B516.47

中国版本图书馆 CIP 数据核字(2022)第 023330 号

"NIETZSCHE—L' ANTIPHILOSOPHIE (1992-1993)"
by Alain BADIOU
© Librairie Arthème Fayard 2015
CURRENT TRANSLATION RIGHTS ARRANGED THROUGH DIVAS
INTERNATIONAL, PARIS
巴黎迪法国际版权代理

尼采：反哲学
NICAI FANZHEXUE

策划：阳继波　康志刚
责任编辑：杨　阳　　　　　　　　责任校对：毛季慧
封面设计：天行健设计　　　　　　责任印制：邱　莉　胡丽平

出版：长江出版传媒 ｜ 长江文艺出版社
地址：武汉市雄楚大街 268 号　　　邮编：430070
发行：长江文艺出版社
http://www.cjlap.com
印刷：武汉科源印刷设计有限公司

开本：787 毫米×1092 毫米　　　1/32　　印张：12　　　　插页：1 页
版次：2022 年 10 月第 1 版　　　2022 年 10 月第 1 次印刷
字数：214 千字

定价：58.00 元

译者序

　　阿兰·巴迪欧是享誉全球的法国当代哲学家、小说家、剧作家，是继拉康、福柯、德勒兹、德里达、利奥塔等人之后，法国知识分子中不容忽视的存在。他于1937年出生于摩洛哥拉巴特，于19岁赴巴黎高师学习哲学。毕业后，他起初在一所高中教授哲学课程，随后赴兰斯大学、巴黎八大任教，并成为巴黎高师名誉教授。自1966年起，巴迪欧便开始以"研讨班"（séminaire）这种自由、实验的形式对诸多哲学问题进行探讨，涉及主题包括："一""无限""存在""真理""主体""爱情""政治""反哲学"，等等。2013年前后，法雅尔（Fayard）出版社开始将他1983年以来的研讨班内容集结成册并出版，其中一册便是《尼采：反哲学》。

　　本书共十二个部分，按照"研讨班"的讨论顺序进行排列，所讨论的主题正是：尼采。巴迪欧把尼采归入"反哲学"系列,同样被归入该系列的还有维特根斯坦、拉康等。不过对巴迪欧而言,以尼采为研讨主题并非一个自然而然的选择,而是"源自一个可被视作'纯粹'的决定,由此产生的结果超出了我在总体计划中对书籍的分类"(本书序言第7页)。尼采在法国20世纪思想领域的影响深远,1972年具有划时代意义的塞利西(Cerisy)研讨会更是确立了尼采在当代思想领域中无法比拟的至高地位。不过,面对这份关于尼采的狂热激情,巴迪欧始终保持着审慎的距离。这是由他自身思想的内部结构所决定的:巴迪欧始终坚称自己是柏拉图主义者、师承萨特并且想要通过拉康、革命和数学来重塑当代形而上学,尼采无疑位于其思想体系的相反面。然而,这并不意味着巴迪欧否认尼采思想的价值,而是意味着,在他原有的思想体系内,他不知该拿尼采怎么办。如果说对于西方哲学史而言,尼采更多表现为一个"例外",那么对于巴迪欧而言,以尼采为研讨对象亦是其思想轨迹的一次"例外"。最终,正是通过"研讨班"这种相对松散、自由的形式,巴迪欧得以在他的总体计划之外,在那个年代有关尼采的一切赞誉和诋毁之外,去走近那个曾在字里行间中让他感动不已的"尼采",走近那个在晚年不断奔向"疯癫"的"尼采",走近那个最终更愿意"成为巴塞尔的教授,而不愿成为上帝"(本书序言第12页)的"尼采"。

那个年代,尼采被"强力意志""永恒回归""超人"等概念所笼罩着,但巴迪欧眼中的"尼采"依旧令人陌生。

那是处在"断裂""疯癫"与绝对孤独中的"尼采",是在陷入"疯癫"前夕,还想着要"将人类历史一分为二"的"尼采",是"书写了《瞧!这个人》《尼采反瓦格纳》甚至还有《偶像的黄昏》,还留下了那些署名为酒神、耶稣基督甚至阿丽亚娜的晚年札记"(本书序言第11页)的"尼采"。最终,正是以1888年这个让尼采陷入"疯癫"的关键年份为切入点,并以尼采的晚年著作为依托,巴迪欧得以将"断裂"与"疯癫"本身置于尼采思想的核心深处,并以此为出发点对尼采思想的本质意图及其早期作品的相关概念进行重新审视。

在此基础上,巴迪欧针对尼采提出了三大问题。第一个是核心问题,关乎哲学之所是:"在何种意义上,尼采是一位哲学家?""为了能够宣称尼采是哲学家,哲学应该变成怎样?如果尼采是哲学家,那么对哲学而言,将产生什么后果?"(本书第1页)在对核心问题的讨论中,巴迪欧确立了带引号的"尼采",亦即作为文本内部结构的"尼采",作为"所有名称的名称"或者"命名"本身的"尼采",与文本本身以及真理之间的关系,并由此得出了这样一个"尼采"所蕴含的"反哲学"特征。第二个是历史问题:"在何种程度上这个世纪是尼采的世纪?""这个世纪是否出现了在本质上属于尼采的东西?"(本书第2页)在巴迪欧看来,尼采遗留给20世纪的是一个行动,即"将人类历史一分为二"的行动,巴迪欧将之称作"原型政治"行动。该行动的关键并不在于海德格尔所理解的"重估一切价值",或者用另一个至高权力代替旧的至高权力,而在于通过将"人类历史一分为二",从而对"无法评估"的"生命"和"生成"言说"是"。如此言说的"是"也并非内嵌于德勒兹所理解的生命的积极/反动力量平衡中的一极,而是意味着某个事件性的行动以及在这个行动中所产生的某个"断裂",从而实现在星星的碎片上,"构建了一个宇宙"(本书第194页)。最后一个是类属问题,探讨的是艺术的生发问题,亦即哲学与艺术之间关系的性质。从尼采所提出的哲学家-艺术家类型出发,通过对尼采所说的"悲剧"范畴的分析,以及对尼采和瓦格纳之间论战的详尽解读,巴迪欧发现了伟大艺术与现代性的不相兼容性,并由此出发,进一步思考在哲学与艺术的三大联结(辩证联结、古典联结与浪漫主义联结)之外,哲学与艺术之间某种全新关系的可能性。

"审慎"与"真诚"是巴迪欧面对尼采的基本态度。这本书不是对尼采的颂歌,没有任何将尼采塑造为哲学英雄的企图,有的只是极尽详细的文本分析,以及尝试捕捉到某个处在"疯癫"边缘处的易逝的"尼采"形象的不懈努力。在整个过程中,巴迪欧从未尝试将尼采置于某段或明或暗的哲学史中并为其找到相应的位置,也从未表现出将尼采并入自身思想体系的企图。在某种意义上,我们可将此次研讨班以及本书视作一个实验性的空间,一个让作为纯粹"读者"的巴迪欧与作为文本"作者"的尼采得以相遇的空间。正是在这个空间，巴迪欧得以让自己的思想与尼采的思想碰撞出火花，由此在让某个独特的"尼采"形象显现的同时，让自己的思想发生细微的偏移与改变：在谈论尼采的"反哲学论题"时，巴迪欧不忘以自己之名提出相应的"哲学论题"；在谈论尼采作为"原型政治"的哲学行动时，他也不忘将之与"事件""革命"等他经常探讨的主题结合起来思考；在讨论哲学与艺术之间的关系性质问题时，他更是进一步提出了"艺术构型"这第四种联结的可能性，由此奠定了他将艺术视作一个真理进程的基调。

总之，本书不仅有望为我们呈现出一个作为"悲惨而又决绝的反哲学王子"形象的尼采，而且有望让我们在其中看到巴迪欧众多思想的复现、萌芽与发展。此外，在探讨问题时，巴迪欧始终保持开放性态度，避免给出确切性结论，这也将为读者留下广阔的思考空间。

邓冰艳

2022 年 4 月于北京

序言
1992—1993 年有关尼采的研讨班

　　我开设的许多研讨班都是为某本书做准备，在其中，我的哲学研究进展将得到系统呈现。比如 1975—1980 年期间研讨班的内容就被整合、汇总到了《主体理论》（*Théorie du sujet*）一书中，并于 1982 年出版。1983—1987 年期间的研讨班则很明显地融汇了诸多哲学和诗学方面的经典参考，如巴门尼德、柏拉图、亚里士多德、笛卡尔、斯宾诺莎、莱布尼茨、康德、黑格尔、海德格尔，以及荷尔德林、曼德尔施塔姆、佩索阿、策兰等人，同时还包含了对一些概念的建构，如哲学四要素、"无一之多"（le multiple-sans-un）、事件、类属（générique）等，这些概念后来也被整合到了 1988年出版的《存在与事件》（*L'être et l'événement*）一书中。至于《世界的逻辑》（*Logiques des mondes*, 2005）一书，除漫长、扎实的范畴论数学知识准备阶段外，对 1996—1998 年期间形成的主体理论的重要修正，以及20世纪初期的一些研讨班，都为此书的面世做出了贡献。其中，20世纪初的那些研讨班不再密切关注过去，而是更加着眼于当代，主题包括"现时的图像"（Images du temps présent，2001—2004）、"在思想和存在中寻找方向"（S'orienter dans la pensée, s'orienter dans l'existence，2004—2007）等。

尽管尼采最终被归入1992—1996年期间的反哲学（更早意义上的）主题系列——同样被纳入这一主题的还有拉康、维特根斯坦和圣保罗——但有关尼采的研讨班源自一个可被视作"纯粹"的决定，由此产生的结果超出了我在总体计划中对书籍的分类。现在，得益于韦罗妮克·皮诺（Véronique Pineau）的勤恳工作，尼采总算回归到其自身的奇怪迷宫中。在这里，尼采甚至与他那些无论是现代还是古代的反哲学家同伴区分开来。很早以前，拉康的名字便已经在我的作品中无处不在。维特根斯坦这个特立独行、总是被迫成为凄惨"分析哲学"参考对象的天才，也是我在当代意识形态战场上选中的分析目标。在《维特根斯坦的反哲学》（L'Antiphilosophie de Wittgenstein）一书中，我已进一步强调其价值。至于圣保罗，我在1998年曾写下《圣保罗：普世主义的根基》（Saint Paul, la fondation de l'universalisme）一书，该书曾在世界范围内引起轰动。此外，自1989年开始，我便已在悲剧《昂蒂奥什事件》（L'Incident d'Antioche）中隐晦地提及过他。然而，对于尼采，我从未书写过类似的东西。眼下这个研讨班既不属于某个准备阶段，也不是某个过渡阶段，尼采因此成为位于我整体计划之外的人物。

但事实上，这难道不正是他的命运吗？我越是以研讨班的形式对他进行深入研究，就越是对他的作品、生活乃至他不断从自身和读者那里获取的主体形式更加熟悉，同时也越能够体会他的神圣类型、绝对孤独类型以及那让他逐步走向毁灭的社会孤寂类型。我也越发明白，那个都灵的迷失者，那个当年迈妇人将她们最好的货物卖给他时会感到无比幸福甚至容光焕发的人，与在他崩溃、沉寂、死亡后其作品的喧嚣命运之间，显然存在着重大的误解。在这个喧嚣的命运中，人们总是将其作品与生命强力、好战民族、非理性主义、美学王权以及被构思为古代集市上金发田径运动员的超人相关联。

事实上，在我突然起意去深入研读这些文本——尤其是其1887—1888年的晚期作品，我后面会再次谈及——之前，我深受这一误解的影响。对于我这样一个师承萨特，想要透过拉康、革命和数学来重塑当代形而上学的学者而言，尼采毫无疑问被我放到了对立面，被归入了以"生命形式"这一空洞主题为支撑的反哲学阵营中，被纳入了猛烈的反柏拉图主义者之列。当然，尼采晦涩的文风，以及他那既恢宏无比又充满无限温情的笔触，一直都是我所欣赏的。我应该原谅那个宣称"欧洲应该克服柏拉图弊病"的人吗？应该原谅那个认为哲学家是"罪人中的罪人"，那个在我亲爱的圣保罗身上看到了可恨的教士形象范式的人吗？作为忠实的、矢志不渝的瓦格纳追随者，我真的能够进入那个认为瓦格纳不过是一个可鄙的德国青年戕害者的人的视角吗？他认为瓦格纳不过是一个美妙细节的魔术缔造师，只会在最入戏的年轻女性那里引发最蹩脚的歇斯底里。

好吧！在此次研讨班上，我暂且原谅他这些局部的错误。这并不意味着我将原封不动地将其思想并入我的思想。不，绝对不是。你们将看到，我的欣赏之情始终只针对尼采个人。他无比诚挚地将他自己置于其作品中心，以至于后来任何形式的"尼采主义"都不过是某种欺骗。

不过，那些"反尼采主义"的思想同样如此。这就是为何，我突然起意，想要更加近距离地考察这个被如此多谈及的尼采。当然，我很清楚，尼采和晚期的海德格尔一道，是福柯经常参考的哲学家。我也知道，他是德勒兹重要的思想来源之一。我还知道，在1972年极具历史意义的塞利西（Cerisy）研讨会上，当时的哲学界名流，如德勒兹、德里达、克洛索夫斯基、利奥塔、南希等，将尼采追封为当代思想的"国王"（le roi posthume）。不过，即便我对这些伟大的同仁充满钦佩，但这一钦佩之情也并不能让我在阅读被他们奉为"英雄"的尼采的作品时，有超出作品本身的思考。我一直都在阅读尼采，但这个阅读通常都是松散甚至漫不经心的，因为我始终感觉自己与这一哲学盛事的所有论证都非常遥远。

　　然而，到了 1991 年，所有那些被法国统称为"反动哲学家"（philosophe réactif）的人们纷纷向尼采及其影响发难。1968 年"红五月"事件的复仇主义者、会被真正思想家所羞辱的敌人们，以及曾参与 1972 年研讨会的激进分子们，所有这些人都被阴森的 80 年代所奠定的欢欣鼓舞的反动氛围所激励，并将尼采视作他们信念的反面象征。他们发表了一本宣言性书籍——《我们为何不是尼采主义者》（Pourquoi nous ne sommes pas nietzschéens），该书在所有想要在反革命宣传背景下赢得声誉的拙劣作家群体中受到了热烈的欢迎，其中包括阿兰·布瓦耶（Alain Boyer，我曾与他有过几次激烈的争吵）、安德烈·孔德-斯蓬维尔（André Comte-Sponville，在索邦大学旁奥古斯丁·孔德雕像的底座上有一则涂鸦，涂鸦正好讲的是他："既不是孔德，也不是斯蓬维尔"，这则涂鸦对奥古斯丁·孔德极为不公……）、吕克·费里（Luc Ferry，以惊人措辞写就《68 红五月思想》的合著者，希拉克任下、拉法兰底下的可悲部长，事实上，这些与尼采哲学都没有太大关系……）、菲利普·雷诺（Philippe Raynaud，一个普通的自由主义者，我曾在公开场合与他有过交流）、阿兰·勒诺（Alain Renaut，前面提及的以惊人措辞写就之书籍的另一位合著者）、皮埃尔-安德烈·塔基耶夫（Pierre-André Taguieff，热情洋溢的"反犹分子"标签的"自动贩卖机"，但并不如"反犹分子"那样充满激情）……

　　于是，我自问道："这不可能！所有那些人都在发出矫揉造作的痛苦叫声，高喊'打倒尼采'？可是，可是啊，尼采不可能完全没有任何优点！"因此，我要自己去看看。最后，我爱上了尼采，并开始欣赏他，不过依旧让他与构成我思想的独特运作之间保持距离。我喜欢处在孤独中的尼采，这份孤独是所有人，包括那些信徒和诽谤者、跟随者和吼叫者、阐释者和宣扬者都未曾触及的部分。这个尼采只身来到都灵，尽管后来消失在了我们所称作的尼采的"疯癫"中，但哪怕在消失的前一刻，他还在温和地、安静地尝试着"将世界历史一分为二"——从他写给一些无神论通信者的既强烈又晦暗的文章看来，这属于他意图的一部分。

　　我想要仔细考察的正是这个尼采，这个晚年的尼采。他书写了《瞧！这个人》《尼采反瓦格纳》甚至还有《偶像的黄昏》，还留下了那些署名为酒神、耶稣基督甚至阿丽亚娜（Ariane）的晚年札记。最后，这个尼采成了我的朋友。我反复阅读并思考了他之前那些最出名的作品，比如极具诗意、无比晦暗又充满寓意的《查拉图斯特拉如是说》，还有那狂热的《超越善与恶》，洞察入微而又极具说服力的《论道德的谱系》，及其早期作品《悲剧的诞生》，等等。这些阅读发生在"尼采"这个名称——以及由这一名称引出的其他名称，如"酒神""耶稣基督""阿丽亚娜""瓦格纳""查拉图斯特拉"等——变成不加引号的尼采的核心人物之后；发生在当一切喧嚣过去，所有变得明朗起来之后；发生在那正迈向疯癫的孤独生命酝酿出谦卑的总体革命之后。发起革命的是这样一个人，尽管他可以使人类摆脱宗教毒药，让他们摆脱教士那令人作呕的形象和原罪的悲惨后果，并创建起大写的"是"（Oui）对所有一切生成之物的统治，但他却最终承认，无论如何，他宁愿"成为巴塞尔的教授，而不愿成为上帝"[①]。

你们将会看到，为这深刻同感所支配的我，如何通过细致入微的评价，以及进退有度的欣赏，最终得以以个人之名，授予尼采"悲惨而又决绝的反哲学王子"称号。

阿兰·巴迪欧，2015 年 5 月

[①] 1889 年 1 月 6 日，尼采在最后一封写给布克哈特的书信中说出了这句话。——译者注

目 录 | CONTENTS

I

1992 年 11 月 18 日

此次研讨会的主题是：尼采。

一提起这个名字，立马浮现在我脑海的词汇便是：困惑。是的！让我们细心留神，慢慢来！如果在方法论、关键点和所面临困难方面缺乏一个耐心的战略，以保留研究目标的复杂性，那么我们就极其容易在研究尼采的道路上迷失。因此，让我们从以下三个目标出发来对他进行谈论。这三个目标即使无法完全重叠，至少也是紧密关联的，它们分别是：

首先，让我们设法指出尼采文本的思想高度，去探查这些文本的哲学本质：在何种意义上，尼采是一位哲学家？又或者，他是哲学家吗？此外，我们也可从反面提出问题：为了能够宣称尼采是哲学家，哲学应该变成怎样？如果尼采是哲学家，那么对哲学而言，将产生什么后果？这是一个非常复杂的问题，因为尼采既在诸多段落里要求获得这样的身份认同或地位，又在另一些同样多的段落里坚决与之保持距离。他可能在此处指出何为真正的哲学家，但又在别处指出，哲学家事实上永远不过是一个戴着面具的隐藏教士。由此便引出了我所谓的核心问题：尼采的文本开始于何处？或者他的文本从何处出发开始其陈述？

其次，让我们去思考在何种程度上这个世纪是尼采的世纪。这将是一个历史的提问：这个世纪是否出现了在本质上属于尼采的东西？在一部名为《我们为何不是尼采主义者》的文集中，有好几位作者都曾提出过这个问题！这本书曾轰动一时。就这些人本身而言，本不会有人向他们提出这个问题！但他们自认为有必要对这个问题进行回应，于是便解释了他们为何不是尼采主义者，并引发了不少议论。很显然，"不是尼采主义者"意味着他们相对某个普遍的尼采主义保持距离，是相对这个普遍尼采主义的一个光荣例外。然而，当看到这个群体如何坚定地宣称他们不是尼采主义者时，人们产生的第一印象却是……或许人们应该是尼采主义者。而我就是！无论愿意与否，最终我无比惊讶地发现，我就是尼采主义者！不得不说，他们这些人的行为只不过增加了更进一步探讨尼采思想的必要性，促使人们去思考在何种意义上世界的面孔和思想的维度在这个世纪被尼采所定义。

与这场闹剧相反，莎拉·科夫曼（Sarah Kofman）所著的《爆炸I》（*Explosion I*）则重构或者构建了尼采问题的本质和当代性。这是一本很棒的书，对尼采《瞧！这个人》一书作了细致入微的分析。其中，几乎连续不断的评论，一段接着一段，甚至一行接着一行，对尼采思想进行了颇具高度的全面、深入的呈现：当认为这个世纪的某些东西属于尼采，且对于这个东西，人们要么需要重新更新其内容，要么需要以某种方式反对它时，这意味着什么？

在这条道路上，我们还遇到了海德格尔和德勒兹。面对尼采问题，他们采取了与我们相似的立场。他们一个通过1936—1946年开设的课程以及诸多其他文本来谈论尼采，那些课程内容后经加工整合形成了其代表作——由伽利玛出版的两部大部头著作《尼采》（卷一）和《尼采》（卷二）——而谈及尼采的文本则尤其指的是优美无比的《谁是尼采的查拉图斯特拉？》（*Qui est le Zarathoustra de Nietzsche*）。另一个谈论尼采的主要阵地则是《尼采与哲学》（*Nietzsche et la philosophie*）这本书。在我看来，从海德格尔到德勒兹，从前者的阐释到后者的重构，在尼采当代性问题上，两者之间似乎产生了某种联结（arche）或者甚至最大的间隔。

最后，正如我在去年结课时所预告那样，我们将确定哲学与艺术之间关系的性质，同时将尼采视作对以下事实的支撑：只要哲学坚持，它将对艺术活动保有某种积极的或现时的决定。首先，让我们大致回顾一下在这方面哲学领域都发生了什么。20世纪初，艺术的终结形象，亦即艺术活动在事实层面上的停滞，与黑格尔所宣称的艺术思辨意义的终结，亦即艺术哲学意义的终结不期而遇。然而，这并非黑格尔想表达的。他不过想表明，当时的艺术无法再为哲学提供精神问题的现实性。与黑格尔的这一思想运作相反，从 19 世纪初开始，便已有人开始将艺术奉为思想的根本条件，在某些情况下，甚至将之视作思想的必要条件。这是德国浪漫派的主张，当然也是叔本华和尼采的主张。可以说，尼采是这一主张的关键性代表人物，他在哲学的核心内在性中对艺术问题进行了重构。他之所以这样做，原因用他自己的话来说是，他的哲学类型属于哲学-艺术类型。无论如何，对于尼采而言，艺术是一个主体类型。艺术先于作品，且比作品更加本质，它是艺术家的形象。据此，尼采勾勒出了某个哲学家-艺术家类型，该类型不是或者不再是教士。因此，在颠覆所有价值的本质运作中，尤其在对哲学类型的改变中，艺术都将成为他的关键范式。这里涉及一个模棱两可的转变：从此，我们既可以说他是一个哲学家，也可以说他是一个反哲学家，因为他同时提出了对哲学家的"去类型化"（dé-typification）和"再类型化"（re-typification）。同时，在对"哲学家-艺术家"这一哲学家类型的构建中，他重构了哲学与艺术的联结。这就是为何，尼采被认为是哲学与艺术关系问题的关键人物。这个问题在他之后依旧存在，从海德格尔一直延续至今。对我们而言，这个问题将变成：让哲学以艺术为条件的固有模式是什么？其中，哲学以艺术为条件指的是哲学对艺术进行重新描述和命名，正如尼采在他的类型形象中对艺术进行重新描述那样。这里涉及作为真理形象的艺术。在当代哲学运作中，这样一个艺术是如何被描述的？用我的话说，艺术与所有真理进程一样，是一个类属（générique）进程，因此，这个提问也是类属的，建立在从哲学体系出发艺术所具有的类属性（généricité）基础之上。

在此次研讨班上，我的策略是将以下三个问题交织在一起：**核心问题**，追问尼采文本的地位；**历史问题**，思考这个世纪是不是尼采的以及从何种意义上是；**类属问题**，探索艺术的生发（germinal）问题。

围绕尼采文本进行提问将会引发另一个难题，该难题会使这个本就异常复杂的交错关系变得更加复杂。这个难题就是：使用尼采文本究竟意味着什么？对尼采文本可能的使用准则是什么？或者更确切些，人们可以对这样一个文本提出何种问题？人们可以对这个文本提出问题吗？这是一个内在的会产生问题的文本吗？文本就在那里，但并不是开放的，真正阅读过这些文本的人应该很清楚这一点。这些文本并不是命题形式的：其所呈现的比其明确表达的更多。但要是对其进行流于表面的描述，这些文本又会摇摆于某种易怒的、抨击式的摧毁与某种肯定的笔调之间，而且后者与前者没有任何辩证关系。在尼采的思想体系中，否定并不先于肯定，或构成肯定的可能性。相反，在否定、批判或所谓的摧毁性维度，与被尼采称作"伟大的正午"（Grand Midi）的肯定、宁静机制之间，存在着某种非常独特的分离（décrochage）关系。然而，无论是抨击式的摧毁，还是酒神式的肯定，两者都不会引发提问。这不是它们该有的位置。又或者，如果你们愿意的话，尼采的文本根本就不是对话体的：它并不隶属于由柏拉图开创的对话体哲学之列。尼采是这样一个思想家，他将自己的思想呈现为某个既摆脱对话性又摆脱辩证性的形象。众人皆知的《偶像的黄昏》一书的副标题便可为我们给出提示："如何用锤子从事哲学"（Comment on philosophe à coups de marteau）。锤子并不能成为提问的对象。它既是会摧毁理应被摧毁之物的东西，也是会钉入原初肯定之钉子的东西。伴随着越发用力而沉重的连续击打，在那被力量之火烧得通红的铁砧上，将锻造出随后会为其精神穿上铁铜护甲的表达式，即人类伟大的表达式。因此，在尼采文本中，任何时候都不会有对证据的考察或查验的意愿。甚至可以说，尼采的思想体系就是要摆脱论辩机制（régime argumentatif）。即使偶尔表面上会出现一些论证或连贯性，但锤子哲学始终位于论辩机制的反面。不知你们是否还记得《偶像的黄昏》中那句决定性的箴言以及它所散发出的惊人力量：

凡需证明清楚之物，通常没什么价值。（格言5）

我们得从更深层意义上理解这句话："凡需证明清楚之物，通常没什么价值"，这是一个至关重要的判断，因为显然评价及评估是尼采最为核心的操作。他的哲学——我们在后面将详细探讨——从根本上是一门有关评估和重估的哲学。鉴于评估和重估是这一思想中两个最为核心的操作，因此，这个哲学就应该与那些有价值的东西对话，或者就应该拷问所有那些作为有价值之物而存在的东西。那些需要被证明清楚的东西，或者更普遍地，那些证据，都不过是经由无价值之物来向"存在"进行提问。这样做的缺陷在于，一旦进入证据元素，无论你所提供的论据是充分还是薄弱，甚至也无论你诡辩与否，你都已经处在与"存有之物"（ce qui est）的某种"面对面"（vis-à-vis）关系中。在整个过程中，价值缺失了。"存有之物"的价值部分会自己逃离证据。因此，任何提问都不能是论辩组合式提问，也不能是连续逻辑式提问，甚至也不能是对所讨论对象明确而标准的论证式提问。不过，就目前而言，除非认为任何理性都或多或少拥有精于算计或者擅长论辩的方面，否则不要急于从中得出某个非理性的论题。简单说来，我们可以认为，如果对尼采而言存在理性，那么这个理性也是评估式的，它是在"有价值之物"（ce qui vaut）的维度下去掌握"存有之物"。其中，评估式理性并不等同于证明式理性。

那么，尼采向评估式理性提出了什么问题？提出了一个棘手的问题，因为，我们在后面将会看到，我们总是能够感受到他那些不可公度（incommensurable）之评估准则的不一致性，这些原则甚至都无法构建出一个公共空间。这就是为何，但凡理性是评估式的，哲学就不可能是对话体形式。

为说明对尼采文本进行提问的困难性，另一个更加本质的论据是：其写作事业的核心点不是别的，正是他自己。这一哲学的独特性非常罕见。尼采自身位于其思想体系的核心，充当其事业的核心评估准则。他在那里召唤自己，并让我们为他作见证。他越是走进内心深处，就越是陷入时间的深邃中，同时也就越是无法找到共鸣。他不单单只是一个作者，一个或多或少逃离文本普遍性（universalité du texte）的作者。他自身就是一个文本片段，而且这一片段拥有核心的战略性地位。诚然，人们可能会说，而且已经多次说过：这一对极乐充满眩晕色彩的赞歌，这一面向自己对自我的极力吹捧，这根本就是疯癫！世间万物回响着，是啊，宇宙回响着欢乐和律动……接着，突然，一切归于寂静……有一个东西降临了！天哪！正是他自己降临在了他屋前……有人将他扶了起来……他不再拥有知道和理解的能力……再也不会有任何光亮，里面不会有，外边也不会有。1888年见证了他奔向灾难的全过程，最终甚至让他陷入缄默和精神错乱中。1889年1月，尼采友人埃尔温·罗德（Erwin Rohde）在得知尼采崩溃后写道："他仿佛来自一个无人居住之地。"然而，这一可算作病理学方面的论据并不能让我信服。在我看来，尼采自己就曾表露过对这一点的讽刺或澄清。不知你们可否记得，在《尼采反瓦格纳》一书中，里面的心理学家说了这样一句话：

> ……疯癫可能是对某个灾难性或太过确定之知识的掩盖。(3)

在这一陈述中，作为自我评估内在准则呈现的，是某个绝对的主体确定性体系，是某个思想张力，是某个太过确定的知识，是在可作证据的自身张力中相对自身产生"溢出"（excès）的某个知识。这是文本本身的中心思想，或者如果你们愿意的话，"尼采文本就是某种'溢出'的保管者"。他就是使这一"溢出"得以栖息的地方，而且将这个"溢出"称作"疯癫"并不会让他觉得有任何不妥，因为"疯癫"不过是"对灾难性或者太过确定之知识的掩盖"，而"溢出"则是真理的过度张弛。该真理被暴露在一个如此彻底且紧张的归化机制①（régime d'une appropriation）中，以至于它变成了对自身的挑衅性呈现。然而，尽管尼采十分注重自己的真实性（sincérité），他始终是"知道"之人。就在他即将崩溃的前夜，他如此写道："我知道自己的命运，终有一日，我的名字将让人们想起某种非比寻常的东西，想起世上那次独一无二的危机，想起那最深刻的意识冲突，以及那目前为止对所有被神化之物的消解。"他完全知晓自己将要面临的危险。从第一部作品开始，他便已经知道，自己的思想围绕着一个危险而又悲剧的中心打转，这样一个中心终将耗尽他的生命。对他而言，"一个人与自己相处的危险程度"是所有伟大的唯一效度。唯有那些以崇高方式用自己生命冒险的人，才有可能获得无限。即便以生命为代价也没关系，只要能抵达真理。激情高于"存在"，生命的意义胜过生命本身。

---

① "归化"（appropriation）是斯多葛主义伦理思想中的一个重要概念，指的是"对自我的固有眷恋、一种自我保存的自然趋势、对自身组成及作为归化积极参与者之自然角色的原初意识"，它包含两个不同的维度，"知觉"和实践维度，体现为将自身本质，亦即自身组成（constitution）及对自我保存有益之物，与相异之物或对自身有害之物进行区分的自然趋势。——译者注

在这里，文本所起到的作用不过是对"溢出"的迎接与抚慰。它迎接着"溢出"的到来。这将是文本的张力和内证（preuve interne）维度。但同时，文本也会对"溢出"进行抚慰，将其引入言说机制（régime de l'adresse）中。这是尼采非常独特的一点，我们后面会再次论及。

既然文本是真理自身之"溢出"的保管者，那么，这一保管的事实理应体现在文本的形式与风格中。那些逃离论证的东西将作为真理自身的"溢出"重返或被放逐到形式的力量中。所有通常意义上的哲学文本都在其形式中叠加着某个知识的虚构以及某个艺术的虚构。此外，由此也导致了这些文本的不纯粹性。然而，在尼采那里，产生了某个重大的决裂：艺术的虚构将其影响范围扩展到了整个哲学文本。不过，这个影响揭示的只是真理相对自身的令人信服的"溢出"：不是真理本身的痕迹，而是真理力量的痕迹。然而，对真理而言需要被证明的，正是这个力量，即散文文体在其形式笔调中所抓住或组织的力量。由此便诞生了疯癫，或者对知识热烈如洪流般的激情，这个疯癫或激情正是义本的机制本身，该机制的关键在于将尼采置于尼采计划的核心处，亦即将这个要求他马不停蹄向前迈进的那有如魔鬼附身般的强制（contrainte）置于思考的连续必要性的核心处。由此便产生了诗歌相对文本的绝对权威，以及诗歌相对哲学的必要性：不仅只是起装饰性作用或为让文章看起来优美，而是当主体暴露在文本中时，其内在逻辑的需要。这一点体现在诸多段落中，比如，在《瞧！这个人》中，他写道：

> 如果人同时既是诗人，又是解谜者，还是偶然（hasard）的赎罪者，我如何能够承受做一个人呢？

此处，我们看到一个非常重要的双重性：一方面，文本的诗意张力让真理溢出自身，让它成为对自身的证明；但另一方面，文本又是承载这一情景的场所，对其进行抚慰，或者将其付诸语言。因此，在其所扮演的哲学角色中，尼采的诗意文本既是真理本身的可能性，又是对这个真理进行承载的可能性：既是真理的力量，又是让这一力量得以持续的可能性。这使得文本结构将围绕尼采形象展开，该形象将暴露在这个双重的运作中：一方面，被"溢出真理"的力量穿透或承载这一力量；另一方面，还要让这个力量持久，忍受它，以成为其既疯狂又耐心的保管者。作为一位诗人和哲学-艺术家，尼采深受其自身写作的折磨，他将自己变成了他所宣称的真理的生命。尼采是对真理炽烈而又滚烫的意志，始终处在对最完全意义上的生命的狂喜之中。正因如此，他必须让自己出现在文本里：《瞧！

这个人》，这就是人啊！他就在那里，存在于文本中，不是作为作者（除非被删除），而是作为他所宣称的真理的生命，在文本中被呈现与展开。于是，他所宣称的真理的生命便拥有了意义，并将取代论证机制。论证、证据都是在对"存在"而言唯一重要的东西即有价值的东西之外对存在进行提问。但如果我们在评估式理性下进行提问，从"存在"的价值出发或者根据它可能具有的价值提问，那么就得将真理作为生命而不是可靠的论证来呈现。然而，将真理作为生命呈现，其实就意味着真理自我呈现，而没有别的途径。这个作为真理生命的呈现将在诗歌文体中完成，意味着将尼采如所是地嵌入文本之中。这是至关重要的一点。在理解了这一点之后，我们还需要一种阅读方式：从字面上理解他那些最夸张、最令人惊愕、最非凡绝伦的宣言。在我看来，要想深入理解尼采，没有什么比对疯癫特征明显的"溢出"话语与其他冷静、普通的话语进行界定更有害了。事实上，重要的甚至是相反：渗透在那些重要的、过度的甚至发狂的陈述中的疯癫，不过意味着尼采作为其所宣称真理之生命的嵌入。如果我们如此阅读，那些表面浮夸、夸张的特征将拥有另一个维度，甚至能成为某种超人式"谦逊"的证据。当尼采以无比狂热的语气宣称道"我肩上承载着整个世纪的命运"时，这样的说法并不像它表面所显现的那般狂妄不羁——在某种意义上，即便如此，又有何关系呢！——而是一种被我称作的对文本机制的设立：只有当类似的说法如此呈现时，尼采文本才能成为可能。如果对一个真理的赞同的确存在于其生命本身中，那么主体的暴露必须是彻底的，类似的说法也必须与我们所宣称的真理相兼容，因为事实上，我们肩负着对这个真理的绝对责任，应该孤独地承担这个责任。在对真诚（probité）毫无遮掩的激情中，尼采说道："当我的真诚消失殆尽，我将变得盲目；当我想要求知时，我同样也想变得真诚，也就是说想要变得苛刻、严肃、狭隘、严酷、无情。"任何无法达到极致的真理，任何并非绝对的真实性，都不具有任何伦理价值。这就是为何我认为应该从字面上来理解这些话语，并从哲学层面进行理解，而不是简单地将它们视作某些症状。下面，让我们进一步就此进行探讨。

尼采将"严格以自己之名言说"以及"作为自己言说"的要求推向了极致。此外，在尼采"作为自己言说"的陈述与拉康"不在其欲望面前妥协"的陈述之间，存在着不容置疑的联系。如果说拉康的箴言让人联想到某种有关哲学历史的东西，那么可以说，当尼采说他存在于或将自己置身于他自己话语的核心深处时，他就是拉康这则箴言的化身，以至于在《瞧！这个人》中，类似"不妥协"

的表述自然而然地出现在了他的笔下。

> ……我的本能注定我会放弃这个妥协的习惯，放
> 弃这个像所有人一样行事的习惯。我最后决定这样说：
> "请听我说，因为我是如此这般的一个人。尤其不要
> 把我同他人混为一谈！"

这里涉及的的确是"不妥协"，从而让人相信他所陈
述的内容是"作为自己"陈述的，是在与自己拥有相同外
延的欲望中完成的。真正的言说将意味着将自己视作自己，
而不是另一个人。然而，尼采非常清楚，话语的共同机制，
即像所有人一样行事的机制，是一个属于"人们"（on）
的无人称机制，或者可以说，是一个平庸化或缓和观点的
系列机制。因此，事实上，张力或超越正是产生于对"不
在其欲望面前妥协"之可能性的征服中。普通的机制是：
我像所有人那样行事，因此，我将自己视作和他人一样。
相反，对"将自己视作自己"之可能性的征服却是"哲学
言说"（le dire philosophique）真正的关键，这里的"哲学
言说"一词可以加上任何人们想加的引号。

此外，"以自己之名言说"及"将自己视作自己"还
伴随着某个对"真"（vrai）的召唤，不过这个召唤不是在
"外在性"或"重新整合"（ralliement）的形象中完成的，

而是在"决定者"（décider）的形象中实现的。真理总是处在"决定"的机制中。让我们以《瞧！这个人》中这个至关重要的陈述为例：

> ……我是第一个掌握真理标准的人，我是第一个可以决定真理标准的人。

"我是第一个"：这种说法不是别的，而就是类似"对灾难性的或者太过确定的知识的掩盖"一样的疯癫。然而，问题的核心在于，确定当且仅当有如此决定的可能性时，真理才会存在："我是第一个能够决定真理标准的人"。显然，这里涉及一种权力，但这一权力取决于"将自己视作自己"或者"以自己之名"进行言说的可能性。仿佛尼采在他的哲学中构思了一种歇斯底里的真理机制。在这个歇斯底里的机制中，存在着一个纯粹的真理："我，作为真理，我在说"。或者也可以表述为：我，作为真理，我是第一个言说的人，或者我是第一个言说真理的人，我决定了真理，但并不是根据某种赞同式的或者辩论式的机制，而是根据一种陈述式的机制，因为正是陈述将真理与其力量相连。在这里，甚至可将其话语归结为"不存在有关真理的真理"的论点。存在着某个有关真理的决定，但在这个决定内部并不存在任何可对其提供保证或授权的东西。鉴于真理是一旦"我将自己视作自己，而不是任意他人"时便会自我宣称的决定，那么它便只能以自己为依据，变成孕育决定的纯粹机制。

由此导致，真理在冒险（risque）的形象中得以呈现，该形象完全不同于任何智慧的或沉思的形象。问题的关键在于知道我们所能承受的是什么。有关真理，我能承受什么？这与对真理的研究或沉思无关，而是与对真理的忍受方式相关。在某种意义上，真理是一个有关苦难（souffrance）的问题。或许，任何人所承受的痛苦都无法与尼采所忍受的痛苦相比，在对真理的追求过程中，没有任何人如尼采般让自己遍体鳞伤。他经常强调，他所遭受的苦难并不是赎罪者或基督徒意义上的，并不是说必须要忍受苦痛，以便苦痛过后迎接拯救式的赎罪降临。不是的，对尼采而言，苦难只是为了解"我"是何种动物，了解"我"究竟能够承受、忍受或者遭受多少程度的真理。《瞧！这个人》中的一个段落清楚地阐明了这个观点：

> 精神能够"承受"何种剂量的真理并为之冒险？对我而言，这越来越成为价值的真正标准。（前言，3）

因此，对自我的暴露、"将自己视作自己"、决定、冒险等，所有这些主题都预示了围绕文本结构之陈述诗学的诞生，在尼采看来，后者正是与这些主题相关的哲学行动：真理从来不是通过辩论或讨论产生的，而是通过宣称产生的。所有真理都处在某个宣言的冒险形象中，其主要见证者便是陈述主体，因为该主体总是拥有忍受和承受其所宣称之物的能力。在下面这则引言中，《瞧！这个人》将这一观点进一步浓缩在了对歇斯底里模式的构想中：

> ……是真理通过我的嘴言说。
> 但我的真理非常恐怖。

同往常一样，尼采在这里表示的是，对他而言，真理非常恐怖。真理不仅仅会令世界恐惧，首先感受到其恐怖性的，其实是必须忍受这一真理的主体，因为真理是通过他的嘴言说的。

我们将看到，这一形象与受虐者（martyr）形象截然相反，尽管两者的确非常类似。并不是说人们是相对其所宣称之真理的受虐者——在尼采看来，这是一种无法接受的阐释——而是说，我们是这一真理的愉快见证者，只不过这里的愉悦正是如所是的"恐怖"（le terrible）本身。"我深知与我的摧毁力量相称的程度进行摧毁的愉悦。"一个人战胜自我的尝试越是让自己饱受苦痛与残酷，他的野心就越是会享受他让自身意志力所经受的这个考验，并在其中感到快感。这个见证了对真理之宣称的"伟大的正午",同时亦是"恐怖",证明相应剂量的真理可被这样一个主体承受,该主体同意做自己,以自己而不是他人的名义言说。只有牢记这一点,我们才可能理解《瞧!这个人》中的这句话:

我的肩上承载着人类的命运。

人们可能会说,这是一个偏执狂的狂妄之言,而且事实也确实如此。但应该如何理解这句话?应该如何理解其哲学构想?这才是我们真正关心的问题:在剥离开病症说后,其真正的作用是什么?在剥离开疯癫背景后呢?其实,在我看来,这句话将意味着:在被言说之物与言说者之间,不存在间隔(écart)。因为,在尼采看来,反动(réactif)、圣职、臣属、屈从等,都是从被言说之物与言说者之间的间隔开始的。这样一个间隔几乎构成了整个人类历史的否定源头。尼采激进地假设,被言说之物与言说者根本就是一回事。真实的、真正的言说,也就是哲学-艺术的言说,就是将陈述作为断裂(rupture)呈现,将恐怖元素作为言说本身内部的断裂来呈现。然而,每当我们将陈述作为断裂进行完整呈现时,整个人类都被囊括其中了,即使该过程只涉及人类的某一个点。认为这只涉及其中一点的想法没有任何重要性，因为在尼采那里，没有任何东西是数字化、统计化或者数值化的，所有东西都是类型化的，都是可定位的。因此，当在某一个点上，被言说之物与言说者之间的间隔切实消失了，无论这一消失发生在何处，涉及的都将是整个人类的命运。这就是为何尼采可以说出"我的肩上承载着人类的命运"这句话，而且这句话对他而言也不会显得太夸张或狂妄。事实上，他不过是在建立一个话语机制，在这个机制中，言说者与被言说之物之间不存在间隔。当整个人类的命运涉及其中时，在那个时刻，尼采对这一机制有着深邃、谦逊而又精确的意识。在写作、艺术和人类思想的历史中，可能会出现某一点，在这一点，言说与被言说之物之间的间隔被权宜性地或暂时性地取消，从而出现对陈述本身的展示。在拉康的话语体系中，这可被称作思想史的"凸起点"（point de capiton）：在这个重要的点上，由于对间隔的消除，思想史重新与其实在（réel）相遇。同时，这一点也意味着"恐怖"的到来，前提是我们在这里赋予"恐怖"一词尼采给与它的地位，即将之视作所有真理都具备的重要特征。

由此将导致，对尼采作品进行提问会变得困难重重。在抵达这第一个路口后，我们将如何继续前进？无论如何，我们可以任由自己被这样一种方法所吸引：只关注已发生之事。尼采自己就曾突如其来地说道：他，尼采，首先是一个"事件"，其文本亦是如此。可以说，我们只需考虑这个事件，因为它发生过。我们与尼采的唯一关系就是：考察所发生之事，并如对待其他事件一样，对其进行自由使用，然后走进他的轨迹，或者相反地，清除该事件的影响。但是，我确实认为没必要宣称自己是尼采主义者或反尼采主义者。之所以这样说，是因为，人们往往倾向于去支持某个学科的思想，分享其主要论题的论证，但尼采文本并不处在某个学说的构型（configuration）中，而是处在某个宣言式的、事件式的形象中。这个宣言发生了，因此它便进入了已发生之物的普遍机制中。然而，已到来或已发生之事总是处在某个形式力量中：对这个"已发生"（avoir-eu-lie）的获取不是学说意义上的，并不是要我们进行整合或确定，而是同其他所有事件性情景一样，只需要知道我们对这一"已发生"之形式力量的想法。尼采后来指出，他揭示出了语言的所有能力。对尼采而言，事件性（événementialité）是真理的某个宣言式的到来，其最显著的符号向我们揭示出了语言能力某个难以置信的维度。我们看看我从《瞧！这个人》中引用的这一段落：

> 在阅读我的作品前，人们还不知道可以用德语做些什么，也不知道通常可以用语言做些什么。

　　这里再次出现了夸张、狂妄的言论，但这同时也意味着，尼采的"发生"（avoir lieu）会在语言某个未被发现的能力中作为事件显现出来。不过，说实话，这一特征在所有事件中都有所体现：所有事件都总召唤着语言某种未被发现的能力，因为如若不然，它就无法被命名，继而无法被决定，最终也就不属于事件了。在语言可供支配的力量中，唯有事实（faits）能够被命名；事件则要求——正因如此，我们才能够捕捉到其痕迹——语言被召唤到其内部的空无之中，召唤到某个对自身的命名力量之中，该力量在之前是未被发现的。在这里，尼采不过是再次强调，他应该被当作一个事件而不是某个学说来被阅读。换句话说，承认尼采是一个思想的事件，这就意味着承认他让德语语言——事实上是语言本身——获得了它不曾拥有的能力。又或者：对尼采进行修辞阅读或者同其语言产生艺术关联，同时也是承认他对真理的宣称以及他在语言中的主体暴露。这是一种有声的、愉悦的、灵动的、感情洋溢的新语言，一种自由的、灵活的、跳动的语言，这种语言可以承载一切，言说一切。此外，晚年的尼采曾在写给友人梅塔·冯·萨里斯（Meta von Salis）的一封信中描述了他在都灵大街上所体会到的一种"吸引力"（fascination），并将此作为支撑其文本的论据。他在信中这样说道：

最值得一提的是，我在这里，在所有社会阶层中，所体会到的完美的、不可抗拒的吸引力。第一眼见我，人们便视我为王子——他们为我开门及上菜的方式都极为不同。当我走进一家商店时，所有面孔会随之改变。

此外，由于我从不恳求什么，对所有人都保持一种完美的漠然，也从不摆臭脸，因此，我既不需要名字，也不需要阶层，更不需要金钱来让我自己总是成为绝对的第一人。

这是些非常感人的段落，当然人们也可能说，这完全是些疯话。但下面，让我们一起来分析这些段落是如何进入我们所支持观点的核心的：尼采如此清晰地意识到，他想要的是一种事件式的承认，而不是一种学说式的重构，以至于他会认为大街上任何一个人都这样承认他：尼采同时是言说者和被言说之物，两者不可分离，即使在无名的情况下，他依旧能够被识别出来，因为正是这样的他暴露在了他的文本中。事实上，这完全是一个类属范畴的论断：任何人都将在尼采身上识别出某个形象，不是人们像归顺预言家一样所归附的救世主形象，而是被他自己称作的"真理王子"的形象。该形象所指不是别的，正是那个用自己的宣称去冒险从而赤裸地暴露在文本中，最终让以前不可能的文本成为可能的人。

　　或者，让我们再来看一下《瞧！这个人》中"我为何可以写出这样优秀的书"章节。让我们想象一下那个时期的尼采：那时的他处在某种绝对的孤独中，他逃离了那个让他已然完全无法忍受的德国："它（德国）对我而言就像是令人麻痹的毒药"。他对这个国家充满了毁灭性的仇恨，于是选择离开那个"苦痛之地"，并南下。尽管如此，他身上的忧郁气息，这一轻微古老的味道，这一永远无法消失的玫瑰花味道，却依旧未能散去。总之，他与违背自己的那可憎的德国精神做了一次了断，并在一种"无比安详的宁静和无忧无虑"中，启程朝他心中的"南方"（Midi)① 走去，最终在都灵获得了幸福的启迪。有关都灵，这座曾为他提供真正冥想场所的巴洛克城市，尼采这样写道：

　　　　……在都灵，无论我走到哪里，所有人在看见我后都会露出喜悦的笑容。到目前为止，最令我吃惊的是那些年迈的妇人，她们在没有为我挑选出最甘甜的葡萄前，是绝不会罢手的。作为哲学家就应该达到这

---

　　① Midi 单独用时，在语法里指"南方"，而都灵刚好在德国的南方。——译者注

种境界……

这里所描述的狂喜非常美妙，非常有趣，非常疯狂，简直妙极了！因为在这里，我们看到了对哲学本身的类属召唤：若哲学果真如尼采所说那样——是对任意这样一个人的陈述的明确呈现，这个人愿意只做自己，不妥协，不将自己视作任意他人，因而承受着作为恐怖的真理——那么，任何人，无论他之前是否读过这个哲学，都将能够在尼采的话语中将之识别出来，因为在尼采身上显现出了他所承受的这个天真暴露（naïve exposition）的某种可视性。再一次强调，这里涉及的不是作为因出生或职业而变得非凡绝伦的人物，而是作为同意在"言说者"和"所言说之物"之间不设置间隔的"存在"。如果您不设置这个间隔，那么年迈妇人就会为您提供最甘甜的葡萄。多么美妙啊！正是在这一极端的张力点上，他庆祝了哲学类属性（la généricité de la philosophie）的到来。接着，在这一创造性的狂喜过后，他遭遇了崩溃与倾覆，并于 1889 年 1 月 3 日陷入了虚无的深渊中。

1888 年 12 月 21 日，尼采还向他的母亲写道：

……如今，没有任何一个名字能像我的名字那样，被如此饱含敬意与尊重地呼喊出来。没有名称，没有

头衔，没有财产，我在这里被当作真正的王子看待，
而且所有人均是如此，首先是那些年迈妇人……

　　让我们在这些句子处稍作停留，来研究一下在这些句
子中所蕴藏的有关哲学的类属定义（définition générique）。
首先，第一句，"如今，没有任何一个名字能像我的名字
那样，被如此饱含敬意与尊敬地呼喊出来"，这个句子意
味着：如今，我处在"我所言说之物"与"言说之人"之
间已经完全无法分开的特征中，这个特征被称作"尼采"，
同时，这个什么都不意味的名称被所有人饱含敬意与尊重
地呼喊着。紧接着出现第二个元素：这个名称，"尼采"，
只是自己的名称，而不是一个仿佛从外面来的、对其进行
命名的名称，因此，从这个角度出发，他"没有名称，没
有头衔，没有财产"。这个"尼采"是一个没有名称的名
称（nom sans nom），一个匿名的名称，不具备名词识别性
的标记，而年迈妇人识别出来的，正是这个"没有名称的
名称"，即没有名称之人的名称，因为他的名称不是别的，
正是他所讲的东西，因此变得与他自己完全无法区分，最
终只能隐藏在这个"没有名称的名称"里。这样一来，任
何人都能够从类属上识别出这个名称，并将之指定为王子。
让我们一起来看一下这个有关"王子"之暗喻的重要性：
作为王子或者小王子的哲学家，是被所有人识别为拥有

"没有名称的名称"的人。一个匿名的名称指的是能够忍受自身的暴露，且除恐怖的到来外无任何其他补偿的名称。这一点至关重要，将有助于我们逐步阐明被尼采置于文本核心处的、被我称作的"哲学行动"是什么。不过，尽管这一行动没有名称，也没有头衔，但它从根本上却是主体性的：它将主体置于文本的核心深处，因而同时也是诗化的。最后，它在类属方面就是这样被识别的。正如尼采所说，在这里，类的标记就是年迈妇人。我们也可以说，哲学行动不是用来深入研究的，而是用来被识别的。这就是为何，哲学行动是一个矛盾的行动，它不需要检验，也不需要整合，只需要识别。鉴于此，我们的问题再次出现：如果哲学行动只要求被识别，那么我们可以向它提出什么问题？如果这里涉及的是一个宣称式的事件性，年迈妇人能够在不认识这个事件性的情况下将其识别出来，她们知道它的名称，因为它没有名称，那么向这一行动提出的问题应该由什么组成？正是从这一点出发，我们在一开始对海德格尔和德勒兹所写的关于尼采的书籍产生了浓厚的兴趣。通过这些书籍，我们从此便会知晓向那些"只是其自身事件之人"提问将面临的所有窘境。

海德格尔做出了怎样的阐释？他所遵循的路径充分尊重尼采的事件性。在这个意义上，他是忠实于尼采的，至少一开始是这样的。海德格尔确实将尼采视作一个事件，而他的思考在于，在尼采的事件性中向这个事件提问，向这一事件的激进性提问。在何种程度上此事件可切实成为一个思想的事件？在何种程度上这一事件本身可以承载它赋予自身的激进性？海德格尔从尼采事件的创新力量及超凡绝伦的独特性出发对该事件进行提问。海德格尔所采用的方法内在于尼采这一"存在"，不会将尼采的哲学当作某个学说的素材，而是对某个事件性的宣称进行识别：问题在于去了解，这一事件是否像它自己所陈述的那样存在。总之，这是一个非常严密的考察。

海德格尔通过一个双重的路径对尼采行动进行了评估：

——从尼采赋予该行动的名称出发去尝试描述和评估这一行动本身，这个名称就是："重估一切价值"。事实上，尼采正是以这个彻底颠覆的行动为名进行自我呈现与宣称的。因此，海德格尔将从这一名称出发进一步探讨尼采行动，并将该名称视作可被行动归化（approprié）的对象。

——然后，海德格尔将阐明这一行动的思想条件，或者将探讨允许该行动拥有这样一个名称的"存在"形象。问题的症结由此显现出来：思想与尼采这个"存在"之间究竟需要存在何种关系，才能够让这个重要的行动获得"重估一切价值"这一名称？正是以这样一个行动为名，尼采要求被识别。诡辩可能如此展开：先考虑行动和这一行动的条件，然后再考察这一行动名称的思想条件。这样的考察将主要围绕两个概念进行："强力意志"（volonté de puissance）与"永恒回归"（éternel retour）。

坦然接受这一行动的事件性维度，理解这一行动的名称，然后再从"存在"命运的角度出发，在"强力意志"和"永恒回归"的双重维度下去考察这一名称的思想条件，这便是海德格尔所采取的研究路径。我可以毫无悬念地告诉大家，这样一个思考路径将得出这样的结论：尼采的事件性维度具有其相对性，尼采的这一反叛行动依旧处在西方形而上学及柏拉图主义维度。海德格尔顶多会勉强接受尼采处在这一形而上学终结的边缘。让我们来看看海德格尔在书中结论处提出的这两个命题：

尼采思想依旧属于自柏拉图以来整个西方思想的形而上学范畴。

在对尼采形而上学主要特征的考察中，我们发现了形而上学终结时代的到来。

第一个命题指出"尼采的思想依旧属于形而上学"，第二个命题则认为人们正处在"形而上学的终结时代"。无论如何，在海德格尔那里，尼采将代表着西方形而上学所描绘的极限点。这一点不是超越，而是在拥有总结式内在性的同时又已经处在边缘。

需要指出的是，这与尼采对自己的定位完全相反。尽管这样的说法并不能完全否定海德格尔的阐释，但尼采曾明确表明，他不是某个极限点，也不是任何概要，亦不是任何终结。尼采对自身行动的呈现——这一呈现将构成下一讲的讨论核心——意味着某个有关破裂（bris）的理念，意味着某个裂缝（cassure）以及某个"一分为二"（casser en deux），而不是某个思想运作，该思想运作在某个终结效应中来到拓扑边缘，并成为这一效应所终结之物的最后安排。这样一种形象会让尼采感到恐惧不已。当谈论到这一行动时，他首先将之界定为一次"政治行动"（acte politique），而这一被界定为"政治行动"的哲学行动会将整个历史一分为二，而不会成为这一历史的界限。能够最强有力地支撑这一观点的，是尼采在彻底崩溃的前几天写给格奥尔格·勃兰兑斯（Georg Brandès）的一封书稿，后者是来自丹麦的尼采评注家。信中这样写道：

> ……我们刚刚进入了伟大政治的时代，甚至是超级政治的时代。我正在酝酿一个事件，这一事件极有可能会让历史"一分为二"，从此，我们甚至需要一个新的历法，1888 年将是这个历法的元年。

　　这就是尼采对这一行动的描绘，或者我们也可以称之为疯癫。但是，正如前面所说，我们在这里依旧将"疯癫"理解为"对灾难性或者太过确定之知识的掩盖"。可以确定的是，在他看来，他的哲学行动将把整个人类历史一分为二，而且将开启一个绝对全新的纪元，就像他所说的，将需要"新的历法"，因而这一哲学行动将堪比法国大革命，因为事实上，法国大革命是唯一开启新纪元的事件。这样一来，哲学行动就变成了一个革命的、政治的、激进的、奠基的行动。对我而言，这是至关重要的一点：从这一点出发，我可以认为尼采是尝试让哲学拥有革命高度的思想家。他属于革命的时代，但更多是在精神层面。尼采厌恶法国大革命，憎恶那些社会主义者，但在思想上，他又绝不是反革命的。尼采之所以对那些大革命人物充满意识形态方面的憎恶，那是因为，在尼采看来，正是那些人物让革命流产，鼠目寸光，将自己包裹在基督教中，最终使革命归于失败。尼采提出的则是真正意义上的新纪元，是思想与行动高度统一或者甚至思想与行动难以分辨的革命，而且这一革命是通过将世界历史一分为二来完成的。尼采不是某个终结的内在思想，在我看来，他其实是某个断裂（brisure）的思想。

　　因此，无论海德格尔对尼采的评估多么地精细，他依旧遗漏了一些东西，即尼采自己所认为的其哲学行动的真正特征。海德格尔提出的问题是：这一行动为何被冠以"重估一切价值"的名称。但他并未考虑到，对行动的评价并不能被该行动的名称所穷尽。海德格尔不愿承认，尼采曾说过其哲学行动的实际内容在于将世界历史一分为二。我认为，在行动的尼采构型中，存在着某种反叛的东西，始终抗拒着尼采所赋予行动的名称，即"重估一切价值"，抗拒着"价值"的说法。我们必须注意到这一点，因为哲学问题应该开始于尼采对行动超凡绝伦的描述。然而，海德格尔太过注重行动的名称，从而犯下了局限于尼采内部的某种唯名论错误。诚然，他忠实于尼采，因为这就是尼采提出的名称。但并不是说这个名称就可以穷尽这一行动的本质及其在整个尼采思想中的运作。

相比之下，德勒兹更关注哲学的悲剧性质。他关注的不是哲学的主体呈现，也不是其革命维度，而是其悲剧性质。这样一个悲剧哲学的典范就是尼采，正如尼采自己所声称的那样。德勒兹将从一些文本素材出发，以某个严密有序的结构展开思考。他将《瞧！这个人》中的这句话作为思考起点：

……我有权将自己视作第一个"悲剧哲学家"，一个完全不同于悲观主义甚至站在其对立面的哲学家。

可以说，这里涉及的是悲剧和悲观主义的本质关联。当然，这同时也意味着尼采与叔本华的对立。然而，尼采意义上当然也几乎是普遍意义上的"悲剧"指的是什么？在我看来，"悲剧"似乎主要有以下两个参考：

——其中一个发生在我们遇见一个无法评估的基底（fond）时。这是一个没有底部的基底，或者摆脱了由这一基底所创建之准则的基底，我们无法从这一基底所创立的东西出发去抵达这个基底。在整个尼采思想中，这一无法评估的基底始终被称作"生命"。尼采的哲学之所以是悲剧，那是因为作为所有评估准则之生命自身是无法被评估的。尼采在《偶像的黄昏》中说道："生命的价值无法被评估。"不过，这句格言本身却在评估体系中确立了这个不断逃逸的基底，并对其进行了表明与肯定。

——另一个发生在偶然（hasard）无法被还原时。在恐怖形象中倏忽而至的"出现"（occurence）不会被虚无（rien）所吞噬，始终有对骰子的一掷（un coup de dés）。尼采在《瞧！这个人》中宣称道："我总是与偶然同在。"我们可以去阅读德勒兹写下的关于比较尼采与马拉美在这一点上异同的精彩片段。尼采之所以是悲剧哲学家，那是因为，他"总是与偶然同在"。

因此，悲剧既与某种无法评估之物相关，也与某种强化的"偶然"相关。一方面，位于基底的某个东西不断逃逸，逃避着评估，而另一方面，"偶然"又是我们必须无条件去到的地方。或者如果你们愿意的话，我们也可以说，悲剧同时与基底和偶然的溢出相关，后者将悲剧变成一种宿命，变成一种希腊语意义上的命运。悲剧哲学家就是那些宣称生命的价值无法评估，但认为应该尝试与生命的偶然同在的思想家。尼采的悲剧命运在以下两个陈述中起着支配性作用：一个是《瞧！这个人》中题为"为何我是一个命运"（"为何是我"）整个章节；另一个是在《偶像的黄昏》中，当他寻找人的普遍意义时，所说的"我们是命运的碎片"。如果我们按照前面所说的方式理解"命运"——当人为某物时，人之所是——那么这是一个同时与基底的逃离和偶然的强化相遇的思想碎片。以上这些就是德勒兹关于尼采哲学的悲剧性质所做的论述。

既然如此，那么尼采哲学是如何被安排的？它是如何被组织起来的？德勒兹主要从以下两个方面进行考察：意义问题及意义的多样性。

德勒兹首先阐明了为何所有悲剧哲学都用意义问题来替代真理问题。这是德勒兹做出的第一个本质性阐释。他在书中以这样一句话开篇："尼采最普遍的计划在于：为哲学领域引入意义和价值的概念。"尼采之所以从意义问题出发来构建哲学，是因为基底的逃逸以及偶然的强化要求对意义进行提问。也就是说，悲剧哲学要求对意义进行提问。

这样一来，悲剧哲学将进一步在另一层面考察意义的多样性。这是因为，一旦放弃了真理的唯一性，我们便处在意义的多元性中了。因此，德勒兹向尼采提出的问题更多是类型学范畴的：能够产生意义的可识别类型有哪些？在这个提问中，始终贯穿着一个逻辑，即积极力量与反动力量（les forces actives et réactives）的逻辑。一旦需要明确指出产生意义的类型，我们就必须使用某个以积极的方式或反动的方式对这些类型进行安排的二元力量逻辑。因此，如果要用一句话来概括德勒兹对尼采的提问，我们可以说：尼采是作为多重类型逻辑的悲剧哲学。让我们进一步阐释这个说法：悲剧哲学——偶然和基底的充斥；逻辑——力量的逻辑，分为积极力量与反动力量；多重——存在多重意义，而永远不会只有唯一一个；类型——这些想法凝聚在一些类型中，如教士、查拉图斯特拉、超人、最后之人（le dernier homme）以及最后作为悲剧哲学类型的尼采自身。

正是从以上分析出发，我将在下一讲进一步描述我自己的路径。

II

1992 年 12 月 9 日

正如莎拉·科夫曼在评价《瞧！这个人》的作品时所说，存在着两个尼采：一个是惯用的专有名称，另一个则是加引号的"尼采"，即文本自身要求被注意到的部分所加强或强调的"尼采"。尼采自我呈现，将加引号的"尼采"呈现为某个指示着思想无限力量的名称，而且这样一个名称还应该可被识别。这个被识别的要求并不是自恋的表现，而应该被归为思想生成（devenir）中的某个范畴。这是一个范畴的要求。尼采通过其文本所呈现的东西，正是让"尼采"这一名称所指示之对象生效的东西："尼采"是文本体系的内在范畴。或者也可以说，"尼采"这个专有名称是可以作为其文本内在证据的东西。因此，问题的关键在于正确理解这个名称：它不是作者的署名，也不是文本所指的某个不在场的动机，而是尼采作品的某个核心范畴。它也并非对作者的隐秘删除，从而成为相对"生者"文本而言的"死者"。它就存在于它自己的生命中，而并不依赖于它在尼采文本内部的隐匿和死亡。

此外，尼采所要求的这个范畴识别同样也是一个类属识别。这个识别既不需要通过指定，也不需要通过话语，而是任意的，也就是说，尼采能够而且应该被任意一个像"尼采"一样的人识别出来。尼采也确实做到了这一点，而且几乎是在独立于其文本的情况下完成的。不过，这里并不意味着对某个心理主体的识别。总之，可以说，在他的所有行为和作品中，尼采都承载着"尼采"名称的印记。不知大家是否还记得我曾给大家读过的这个句子："到目前为止，最令我吃惊的是那些年迈的妇人，她们在没有为我挑选出最甘甜的葡萄前，是绝不会罢手的。"这句话可以说明，年迈妇人在尼采身上识别出了"尼采"的印记。尼采进一步说道："作为哲学家就应该达到这种境界。"作为一个哲学家并不意味着成为某个学说文章的作者，而是承载生命本身那极具说服力的印记，而生命的作品就是文本。哲学家就是这个被称作"王子"的匿名者。对于这个匿名者，人们通过称呼他为"尼采"，从而以类属的方式将之识别，就连尼采自己都将之称作"尼采"。这一哲学家形象是文本的某个内在范畴，由此将导致，与这个作为作品、写作及思想之沉淀（déposition）的"尼采"之间的关系明显拒斥任何评价。事实上，如果我们是尼采主义者——尽管如今最好不要这样宣称！——我们只需确认文本是否出自尼采，确认文本与尼采所包含或掌握的这个明显范畴，即"尼采"的范畴，是否同质。文本召唤的并非它本就拒斥的评价，而是某个确认程序。文本需要被确认，而不需要被阐明或阐释。此外，进一步研究，我们会发现，尼采也在不断地确认他所写的东西是否属于"尼采"，确认所有这些东西与"尼采"在文本结构中的内在显现是否同质、具有一致性。这样一来，有关书（livre）的概念将变得模棱两可。书是什么？人们可以用它来做什么？阅读尼采文本起到的应该是确认作用。不过，在《瞧！这个人》中，尼采更宽泛地说道：

> 没有人能够从包括书本在内的事物中，听到比他已经知道的更多的东西。

因此，严格来说，书本不会教给我们任何东西。它顶多拥有自己不断变迁的兴衰史，或者内部争斗或遭受惩罚的历史。人们也无法强迫它道出在读者那里尚不明晰的潜在知识。因此，在读书时，应该做出人们无法从中获取任何他们此前不知道之物的预设。鉴于此，那么，让书的归化（appropriation）成为可能的"已知知识"是什么？人们可能会回答，是"尼采"一词的含义。或者至少是对以下这一点的确定，即让书拥有被确认之可能性的（确认总是对已知之物的确认：这里涉及的是尼采的艺术），是最低限度地将"尼采"这个专有名称把握为书的运作范畴的事实。正是对名称的这一把握使得,确认尼采之书的风格并由此解释其"存在"从此成为可能。此外,让"尼采"这个名称起作用的并非书的论说层面,而是其风格(style)层面。正是通过风格方面,最低限度地将"尼采"一词识别为书的运作能力才会成为可能。

> 通过符号,包括这些符号的"韵律"(tempo),表达一种状态,表达一种激昂的内心紧张情绪——这便是每一种风格的意义。[应该将之理解为:通过某种内部张力的符号韵律来进行交流。]如果人们认为在"我"身上,内在状态之多样性非常充沛,那么在"我"这里就将拥有多种风格的可能性。

大家不要被该陈述强调或夸张的一面所迷惑,从而忽略了其实际的内在性。当尼采说道,在他那里存在着"非常充沛的内在状态之多样性"时,我们应该赋予他最严格的谦逊和最大的真诚。在尼采内部存在着某种神圣,无论尼采的宣称在我们看来如何狂妄,这种神圣在他那些宣称中都是不容置疑的。不过,使尼采之书的风格得以形成、使他的创作充满即兴感与节奏感的,是符号的节奏。要想理解"尼采"一词,首先得让自己沉浸在符号节奏的韵律中：必须让思想中的某种东西进入到符号节奏的舞蹈中，风格才有可能存在，而当风格存在后，我们便可以领会它的独特性。正是通过这一独特的操作，书变得可以确认。在这里，我们也看到了从哲学层面进入并把握尼采文本所面临的巨大困难。

目前，已经出现两种把握"尼采"的主要途径，这两种途径相互分离：一个是海德格尔的途径，另一个是德勒兹的途径。前者从形而上学的范畴出发，而后者则主要关注悲剧层面。

在我看来，海德格尔思想著作中最具概括力或者最具代表性的段落出现在《海德格尔全集第二卷》第 301 页，书的第七部分，题为："虚无主义的本体–历史决定论"。下面，我将朗读这一段落，以便诸位能够更好地理解海德格尔思想。

尼采的形而上学不仅从强力意志意义上的"此在"（étant）出发，将"存在"阐释为某个价值，而且甚至将强力意志视作新价值的重构原则，同时还希望通过这一对价值的重构来克服虚无主义。正是在这一克服虚无主义的愿景中，形而上学的极端困境显现在并不真实的虚无主义中。由此导致的结果是，这一困境在其本质面前藏匿起来，通过还原虚无主义，最终将虚无主义转移到了"猛烈的去本质化"（dé-essence déchaînée）功能中。

一旦掌握了海德格尔的习惯术语，以上描述将变得一目了然：作为尼采思想纲领的"克服虚无主义"思想，也就是对所有价值的推翻以及对新价值的重构，将激起虚无主义本身的爆发，因为它在声称克服虚无主义的同时，会让虚无主义的本质变得晦涩难明。要知道，虚无主义无法被克服，它作为从自己内在出发无法被克服之物获得其本质的历史决定，这几乎可成为虚无主义的定义。但是，一旦尼采的形而上学以这个"克服"为纲领，宣称其最大的能力在于实现虚无主义所无法实现之物，那么便会激起虚无主义的真实爆发，因为虚无主义甚至无法再保留其自身的本质。这样一个进程被海德格尔称作"猛烈的去本质化"。因此，尼采将成为那个赋予虚无主义以纲领的人：既是颠覆所有价值的摧毁性纲领，又是在肯定的"正午"形象中对新价值的重构纲领。这样一来，尼采不仅让虚无主义逃离其自身本质的可视性，而且还激发了虚无主义的实际功效。于是，当本质开始变得模糊，甚至在其作为本质之物面前逃离，虚无主义本身的纯粹力量便开始以"纯粹功效"（pure efficience）或"此在检验"（arraisonnement de l'étant）的形式被释放出来。

　　顺便提一下：如果我们将"革命"一词理解为历史断裂的某种纲领性视角，或者某种结合摧毁现存之物与迎接激进新鲜事物之到来的纲领，那么海德格尔很好地捕捉到了尼采思想中革命本质的方面。海德格尔很好地捕捉到了尼采的纲领性维度，但该纲领性维度也正是海德格尔所批判的一点。不过，海德格尔批判的并非某个有关断裂的类属观念，因为他自身也号召或构建着某种回归形式。事实上，他批判的是认为这一回归能够以某种构建纲领形式存在的想法，即对新价值的重构思想。海德格尔自己的观点则正好相反：赋予虚无主义以某个纲领，亦即某个作为出路之纲领的做法，最终从本质上实现了对虚无主义的激发原则。

　　至于德勒兹，"尼采"这一名称本身就指称着悲剧哲学。应该如何理解悲剧哲学呢？悲剧哲学指的就是"基底"之逃逸与"偶然"之加强的相交，而且偶然必然无法将基底填满。悲剧与某个"缺失"（manque）和"溢出"相关：有物缺失，在缺失处会产生某种溢出，但这个溢出永远无法将该缺失填满。这便是尼采逻辑的基础："缺失"与"溢出"。由此出发，德勒兹开始着手构建一个与意义之产生相关的有关"多"（multiple）的严密理论：类型（types）。他的阐释开始于对尼采的某个类型学回顾，整个过程都处在某个力量逻辑，即积极力量与反动力量之间的某种非辩证关系的调节之下。如果说海德格尔将重心放在尼采思想的纲领方面，即尼采克服虚无主义的纲领，那么德勒兹则专注于描绘尼采文本中所隐藏的某个有关类型之多样性的路线。

在这里，德勒兹触碰到了一个重要且真实的点：一方面，他不仅陈述了不同焦点（foyers）、原则及意义强度巨大的类型差异，这一点显而易见；另一方面，他还触碰到了在尼采那里最为根本的问题：专有名称（noms propres）问题。这些名称的功能是什么？"尼采"就是其中一个专有名称，但不是唯一的一个。理解尼采，事实上就是理解专有名称的功能。用德勒兹的说法，这是一个典型的由概念化人物组成的思想。这一思想完全由集中体现尼采思想体系关键点的人物构成。对于此，有一个显著的证据：对于尼采而言，专有名称拥有这样一个极大的优势：它一开始没有任何潜在的理想型，而只是一个专有名称。因此，必须对它所命名之物进行陈述，而且专有名称一定不是作为名称本身进行命名。尼采对哲学领域的惯用名称深恶痛绝：真、善、美、正义、非正义、谓项（prédicat）等，总之就是包含所有哲学惯用名称的整体网络。他想通过对一切价值的颠覆来让所有这些惯用名称消解，继而用一些全新的专有名称取而代之。人们曾经讨论的真、善、美，从此将变成酒神、阿丽亚娜和"尼采",或者其他一些名称。
在我看来,尼采对惯用名称及谓项的颠覆,是某种对"本
义"(propre)的回归。惯用名称已经被虚无所感染。从某
个本质格言出发,即人们更倾向于意愿(vouloir)虚无而
非相反,惯用名称组织着虚无主义或虚无意志。由此导致,
在虚无主义时代,人们通过这些只传递虚无的惯用名称进
行着意愿。唯有"本义"才能指示出某个意义的强度,因
为所有惯用名称都已衰退,而且它们的衰退构成了某个虚
无化的集合,从此对它们自身进行着规定。因此,我们只
能指望通过专有名称的形象来重新规定或命名即将到来的
全新强度。从这里出发,我们可能总是倾向于对尼采文本
提出这样的问题:谁是"某人"?谁是酒神?或者如海德
格尔所说:"谁是尼采文中的查拉图斯特拉?"非常令人吃
惊的是,就连海德格尔也陷入了这样一个逻辑:"谁
是……?"谁是阿丽亚娜?谁是苏格拉底?谁是瓦格纳?
以及最后,谁是尼采?

　　然而,从尼采所说的本义的名称出发,提出"谁
是……"的问题是否恰当?从这些名称中的某一个出发,
提出"谁是……"这一问题,是好的提问方式吗?又或
者,这些专有名称真的是某个类型的名称吗?它们真的通
过自身指示出了意义给予(donation de sens)的某个独特

形象的可能性或强度吗？所有这些问题都非常重要，却难以作答。不无矛盾的是，专有名称并不具备任何独立功能，它们并不是通过其独立的"本义"运转，而是组成了一个网络。事实上，更应该是不同本义之间的选言（disjonctif）关系实现了对意义的定位。我并不认为我们可以通过"谁是尼采文本中的查拉特拉图斯"这一问题，或者更普遍地，通过"谁是……"这一问题进入尼采文本。这是因为，真正起作用的，是形成网络的选言关系，这一关系要求出现名称的网络或星状排列，或者说需要有一个专有名称的徽章图集（blason）。我们可以说，专有名称构成了尼采的代数维度，是对网络的编码，以及对所有呈现为强度网络之物所进行之运算的编码。对于一个总处在运作中的精神而言，在这个眩晕思想声声不息的流淌中，专有名称意味着某种概括、某种休止点（point d'arrêt）元素的存在。同时，在不同名称之间，还存在着非常复杂的运算。正是这些让我联想到了代数。这样一来，尼采的拓扑维度将拥有另一个特征：它将既隶属于意义的强度体系，又隶属于历史体系。专有名称正是强度体系循环中的一种编码，也是一种断裂（coupure）或休止（arrêt）。

让我们举一个例子。不知大家是否还记得《瞧！这个人》中著名的结束语："人们明白我了吗？——'酒神反耶稣'……"要知道，"酒神反耶稣"这一表达本可成为这本书的标题，或者甚至可成为尼采所有书的标题，因为"反耶稣的酒神"就是尼采本身。因此，如果说人们明白了，明白的就应该是在这两个专有名称之间存在着一种选言关系。当然，专有名称间的关系问题是尼采文本的最终维度。不过，显然，在"酒神反耶稣"的表达中，关键点并不是去追问"谁是酒神"或者"谁是耶稣"，而是对这个"反"（contre）的理解。那么"反"意味着什么呢？要想明白"反"的含义，事实上就意味着要去理解处在选言关系中的两个专有名称。我们知道，这里的"反"指的并不是矛盾对立意义上的"反"："酒神反耶稣"并不是说酒神就是耶稣的对立面，是让酒神与耶稣产生联系的对立元素。在专有名称的关系中，"必须要理解一种非矛盾的'反'"。这正是尼采的操作：对"反"的非辩证操作。在尼采最后一部作品《尼采反瓦格纳》的标题中，我们也可以看到类似的操作。

还有另外一个例子可以阐明这个"反"的含义，这个例子出现在《疯癫信札集》（*Billets de la folie*）中。这一信札集收集了尼采从 1889 年 1 月 3 日至 1889 年 1 月 6 日期间所写的信稿。这些最终的文本见证了尼采在生命高处投向自身黑夜前，所做出的最后的令人难忘而又强大的努力。尼采饱含热情地书写着这些文本，一会儿署名为耶稣，一会儿署名为酒神，仿佛在尼采精神的某个地方，在某条奔向这个"虚弱（impuissant）存在"的河流中，某个理性的隐秘障碍已经被克服。从这些"疯癫信札"出发，可以说，作为其思想体系核心范畴的尼采，已经沉醉于这一可以同时既是耶稣又是酒神的能力。或者，我们也可以说，他可以同时承载这两个名称，因而也就是"反"本身。在《酒神反耶稣》中，尼采抵达了"反"本身。正是在"反"的关系下，才产生了《疯癫信札集》中的这两个名称。当然，两个名称之间依旧存在着细微的区别：当尼采署名为酒神时，他处在创造的洋溢和跳动力量中。以下是一些例子：

1889 年 1 月 4 日写给柏林的保罗·多伊森（Paul Deussen）的信稿：

……事实证明，严格来说，我创造了世界。——酒神

这里的"创造"一词取其本义。不过，酒神首先还是卑劣物（infamie）的摧毁者。因此，酒神这一专有名称同时连接了创造和摧毁的力量。例如：

1889 年 1 月 4 日写给都灵的弗朗茨·奥弗贝克（Frantz Overbeck）的信稿：

……我刚刚下令枪决了所有反犹主义者。——
酒神

相反，当尼采署名为"耶稣"时，他首先是对世界的平静显容① (transfiguration)。这里不再是创造与摧毁的结合，而是另一种语调和色彩：

1889 年 1 月 3 日写给瑞士马施林斯的梅塔·冯·扎利斯（Meta von Salis）的信稿：
……世界显容，因为上帝在人间。你们没看到整个宇宙在欢笑吗？——耶稣

或许，更为本质地，当尼采署名为"耶稣"时，他是注定会迷失的人，即是说，他不再是在超越毁灭的同时提出并承载激进肯定的人，而是处在升天（surrection）之朦

———————

① 耶稣显容（transfiguration de Jésus），东正教称主易圣容，是圣经新约记载关于耶稣在大博尔山改变容貌并且发光的事。在这些记载中，耶稣和他的三个门徒前往大博尔山。在山上，耶稣开始发出明亮的光线，显示出神的容貌。然后，先知摩西和以利亚出现在他两旁，耶稣和他们谈话。耶稣其后被一个从天而来的声音呼唤为儿子，这被视为上帝对耶稣工作的肯定。——译者注

胧光线中的人。对于这个升天本身，他亦应将之遗忘。

1889 年 1 月 4 日写给哥本哈根的格奥尔格·勃兰兑斯的信稿：

……当你发现我后，你将不难找到我：现在面临的困难是，将我遗忘。——耶稣

这是一个美妙的陈述——简直妙不可言！尤其是这段话的开头："当你发现我后，你将不难找到我。"很显然，这一说法具有浓厚的帕斯卡沉思色彩。我甚至认为，帕斯卡就是尼采思想体系中一个重要的专有名称，将激发出持久的对话。该名称是对某个被爱戴的祭品（victime aimée）的完美指称，因为它命名了被基督教活生生吞噬的"伟大思想家"的形象，而且尼采也是其中一员。这甚至也是某个基督教祭司（victimiaire）的典范。但是，帕斯卡的力量在于，他并不直接命名基督教，而是命名基督教内部表现出其摧毁力量的部分。很显然，正是为与帕斯卡的思想遥相呼应，尼采说道："现在面临的困难是，将我遗忘。"

言说"酒神反耶稣"，其实就意味着立即摆脱不遵循尼采操作的所有对"反"的领会，其中尼采操作指的正是德勒兹所说的绝对非辩证的操作。尼采作为酒神和耶稣内在的"反"，一方面处在创造/摧毁的维度，另一方面又处

在显容/遗忘的维度：是可能作为"尼采"而在的酒神"和"（et）耶稣，既可命名创造/摧毁，也可命名显容/遗忘，同时有一个"反"将它们连接。我们在其他名称体系中也能得出这一点。可以说，这一点在整个名称体系中游走。尼采曾在信稿中说道，他就是"阿丽亚娜"或他"与阿丽亚娜同在"。比如：

> 1889年1月4日写给巴塞尔的雅各布·布尔克哈特（Jacob Burckhardt）的信稿：
> ……因为当我与阿丽亚娜同在时，我只需要成为万物的黄金秤（balance d'or）……

尼采思想可能可以成为专有名称的"黄金秤"——作为"万物"的"黄金秤"，它首先可以是专有名称的"黄金秤"。在这个黄金秤中，每一个名称将变成对意义的一次精细称重，而最终的评估则将依赖于所有名称的完整网络。事实上，从"酒神-耶稣"类的署名开始，尼采将游走于由这些名称构成的整体网络之间。因此，在1889年1月3日写给科西马·瓦格纳（Cosima Wagner）的信稿中，尼采写道："致阿丽亚娜公主，我的爱人。"下面，我将为大家朗读整段信。在信的开头，尼采写道："认为我是一个人的想法是一种偏见"，因为他是"尼采"，而"尼采"

不是一个人，而是一种力量（puissance）：

> 认为我是一个人的想法是一种偏见。但无论如何，
> 我的确经常生活在人中间，而且我知道人所有可能的
> 遭遇，无论是地上的还是天上的。我曾是印度教里的
> 佛，也曾是希腊神话里的酒神——亚历山大和恺撒是
> 我的化身。我的化身还有诗人莎士比亚和培根勋爵。
> 最后，我还曾是伏尔泰和拿破仑，或许还曾是理查
> 德·瓦格纳……但这一次，我变成了胜利的酒神，将
> 把人间变成节庆的白昼……并不是因为我有很多时
> 间……宇宙非常高兴我来到这里……但我也已被十字
> 架钉住……

据我所知，这封信既未署名酒神也未署名耶稣，因为
在文本中，他同时是两者：从"我变成了胜利的酒神，将
把人间变成节庆的白昼"到"我也已被十字架钉住"。在
这里，值得注意的是在专有名称完整网络内部的迁移，亦
即这些专有名称的积分代数。在这里，从名称到名称的迁
移表征为连续不断的转世（réincarnation）。在这一迁移路
线中，无法评估或者脱离了评估的生命强度被编码，被写
入专有名称网络的整个路线中。

这就是为何我并不完全认同人们能够以"谁是……"

这一问题来处理名称。我们应该是在拥有了完整的专有名称网络之后，才能进一步构建"尼采"这个名称，而完整的专有名称网络最终将成为对无法评估之生活的代数运算或估算。必须明白，为最终成为一个命名网络，作者在《瞧！这个人》中所宣称的那个"尼采"——"这就是他了！"——必须要以牺牲作为个人的尼采或作为主体的尼采为代价，而不是以个人或主体的尼采为追求目标。这是一个向着无限展开的"尼采"：总是在逃逸，总是不断延伸，直到最终将自己引至他那命定的极端疯狂。这就是他在 1889 年 1 月 6 日写下的最后一封至布尔克哈特的信稿中所尝试描述的状态。那时的他正处在狂热的兴奋中，兴奋过后，一切归于寂静。这封信的开头写道："最终，相较上帝，我更愿意成为巴塞尔的一名教授……"这里说话的"我"是普通的尼采，是作为普通名称而不是作为专有名称的"尼采"。当然，也是那个与你我一样，无比真诚，绝对诚实的尼采，因为我再也找不出比"相较上帝，我更愿意成为巴塞尔的一名教授"这句话更诚实的陈述了。当尼采这样说时，我们应该完全相信他，即便事实上，这并非他的真实倾向：他始终是受尽"范畴尼采"折磨的"主体尼采"，"相较我的谦逊，这一点令人厌恶与窘迫"。最后，除"相较上帝，我更愿意成为巴塞尔的一名教授……"这个陈述外，他又在另一个陈述中说道："事实上，我是大写历史（Histoire）的每一个名称。"我之所以同时引用这两个陈述，是因为它们恰如其分地阐释了尼采与"尼采"之间的间隔（écart）。最终，我们可以认为，作为普通名称的"尼采"，那个任由自己像所有人一般行事的普通人，正是说出"相较上帝，我更愿意成为巴塞尔的一名教授"的人。相反，作为专有名称的"尼采"则会说"我是大写历史的每一个名称"。"每一个名称"意味着，作为专有名称的"尼采"是所有名称的名称：这个名称能够成为历史每个名称的名称，因此就是所有名称的名称。从这个角度出发，"尼采"就是命名（nomination）的名称，它就是命名本身。从此，最后一个问题在于知道"尼采"是对什么的命名。诚然，这是让所有名称成为可能的某个命名，但这些名称是什么的后继（subséquent）网络？是所有名称的名称的网络，没错！但这一名称网络是对什么的运算？这一运算的对象、源头和目标分别为何？理解尼采的第一个真正意义上的入口是，去探寻"尼采"作为名称或命名的名称网络，其运算对象是什么。哪些因素会受到这些运算的影响？例如"反"的运算对象是什么？"反"自然也是名称间的运算，通过在名称间进行运算，它定义了一个在别处运算的代数——那么这个运算发生在哪里？具体在什么地方？其目的为何？这些都是属于"行动的问题"：重点在于去了解，对尼采而言，这样的哲学行动指的是什么——名称网络是这一哲学行动的印记，而"尼采"则是其最后的名称，是命名的名称，亦即行动本身的名称。

对于这个问题，我们应该如何作答？我并不认为我们可以像德勒兹那样，从一个原初逻辑出发进行思考。在德勒兹对尼采的阐释中，起关键作用的，是作为意义问题之逻辑结构的积极-反动力量逻辑。然而，出乎意料的是，在德勒兹的这一分析方法中，存在着某个我所谓的"贯穿始终"的因素：即对尼采的重构，尽管这个重构可以说是最细致且详尽的，但它太过受限于某个最初逻辑或某个逻辑矩阵——让类型路线得以呈现的积极与反动之间的非逻辑关系——被过度构建，以至于无法真正理解行动的不一致性及其独特性。

我也并不认为我们能够简单地从名称网络或对名称路线的描述出发进行探讨。尽管所有这些，我都知道如何去做！一共存在 7 个核心名称：查拉图斯特拉，酒神-耶稣组合，阿丽亚娜，苏格拉底，圣保罗，瓦格纳和"尼采"。从这些名称出发，以它们的内部相关性以及对这些名称网络起支配作用的运算为起点，我们可以揭示，人们如何开始被文本的"尼采"呈现所贯穿，并从这一矩阵中推论出其他名称，例如德国人、犹太人、俄罗斯人、意大利人、佛、叔本华或康德。然而，我并不认为这可以成为行动的理由。事实上，如此行事，人们有可能太过将尼采代数化，从而将其缩减为了其运算的网络。诚然，我们需要借助于此：尼采的运算网络至关重要，而且专有名称体系可感表面的重要性也是毋庸置疑的。但是，这样一种代数化的操作将呈现出一个结构化意象的尼采，整个过程具有如此强的表述力量，以至于我们将很难从中走出来。

因此，必须从这样一个尼采出发进行探讨，这个尼采被视作对某个行动的命名，并追问：在哲学家、思想家或艺术家行动方面，尼采是如何理解"尼采"这个名称的？——此处并不涉及惯用名称，因为我们讨论的是对行动的决定。必须很好地理解他关于自己说的这句话："为何我是一个命运？"是的，不过是作为行动的命运，而不是某个论说的形象或者运算。"为何我是一个命运？"要知道，哲学行动是专有名称的实在。不过，在我看来，这里有一个关键点：这里的行动被构思为"事件"（événement），而不是阐释、推论或获取知识的途径等。不是的！尼采首先将行动构思为某个"事件"。哲学行动是一个事件，该事件的舞台就是总体历史世界。在尼采那里，有一个对哲学行动最为极端且最不连贯的定义，该定义拥有最广阔的行动空间，这个空间就是：总体历史世界（monde historique total）。同所有事件一样，这一事件也是一个绝对的断裂。

让我们来看一下尼采在 1888 年 12 月 8 日写给奥古斯

特·斯特林堡（August Strindberg）信稿中的一个片段：
"……因为我足够强大，能够将人类历史一分为二。"对行
动而言，他足够强大，能够发起行动。其力量与行动的维
度相关，以此进行度量，而行动的形式——这里对行动的
内容只字未提——就是将人类历史一分为二。在同一时期
写给格奥尔格·勃兰兑斯的著名信件中，尼采也做出了类
似的预测："……我正在酝酿一个极有可能会把人类历史
一分为二的事件……"

　　因此，这就是对哲学行动的第一个决定：回归自身的思
想并不是一个论说（discours）。我们应该从这个角度出发去
理解尼采在 1888 年春写下的那个片段。该片段是在尼采死
后发布的，但写作日期先于之前的两个宣称，具体内容是：

　　　　……以试验之名，某个我所理解的实验性哲学甚
　　至早已预测到激进虚无主义的所有可能性……

　　他的哲学是实验性的，在这里，"实验性的"一词明显不
仅与"概念的""基督教的"相对立，而且还与"推论的"相
对立。因此，哲学首先应该在其经验的行动中被抓住。在这一
片段中，"实验性哲学"（philosophie expérimentale）指的是：
　　——与行动相关，且该行动处在某个"突然出现"
（surgissement）的事件性形象中；

——被要求为这一行动做准备，由此将导致巨大的模糊性和复杂性。

不知大家是否还记得之前的一个表述："我正在酝酿一个事件。"因此"实验性哲学"不仅意味着作为事件的行动，而且还意味着我们要处在对这一事件的酝酿中——尼采也称之为对事件的预期（anticipation）。因此，实验性哲学就是处在其预期中的事件。但人们可以预期什么？预期——对把世界历史一分为二这个闻所未闻之事件的预期——将什么呈现为尼采视域下的哲思本质元素？别忘了，这个预期发生在激进的虚无主义中，它甚至预测到了虚无主义最超前的效应。尼采补充道：

> ……我将对激进虚无主义的所有可能性进行预测，以从相反面达成对这个世界酒神式的接受，最终让这个世界如所是地存在，而不对其进行任何消除、驱逐或选择。

他对最为激进的虚无主义进行预测，从而实现以事件的方式让"相反面"（l'inverse）得以涌现："对这个世界酒神式的接受"，而虚无主义本身则变成对虚无的允诺。因此，哲学家既是事件的发起人，同时也是事件的酝酿者。

让尼采彻底迷失的裂缝（faille）正是产生于此。这个

裂缝就是实验性哲学本身，该哲学同时既是行动的意图，
又是对行动的酝酿。我们后面会再次论及。确切来说，酝
酿一个事件究竟意味着什么呢？要知道，在事件可能的激
进断裂维度，也就是在尼采所理解的事件形象中，事件似
乎并不能被某个酝酿所安排与控制。然而，实验性哲学却
正是如此：酝酿事件，而且在某种意义上，成为事件本
身——"我足够强大，能够将人类历史一分为二"。因此，
尼采既是行动的力量，又是对这一力量的酝酿实践。这就
意味着，实验性哲学总是处于对其自身的预期中，因为它
总是处在对其行动的预期中。它既是其行动，又是对这一
行动的预期。这一对自我的预期维度，即对哲学行动的署
名，正是尼采在《查拉图斯特拉如是说》中题为"论败坏
的道德"（De la vertu qui amenuise）一文中的著名段落里所
表达的思想：

> ……在这个民族中，我是我自己的先驱，雄鸡鸣叫，
> 宣布我来到黑暗的街道。（格言5）

这就是实验性哲学的地位：它是自己的先驱，是对它
自己所是之事件的预期，该事件将成为让酒神式的接受或
肯定在破裂、裂缝或绝对断裂中到来的哲学行动。哲学将
成为这一事件的哲学，就是事件本身，同时也是宣告这一

事件的鸡鸣声——亦即对自我的预期。

　　这就是哲学行动的面貌。这样一个面貌很自然地将我们引向了法国大革命的问题。在虚无主义的激进经验中将世界历史一分为二，同时，这样的经验将自身预期为行动，并预测到自己处在最极端的虚无主义中的事实，这难道不正是哲学的革命形象吗？或者不正是严格意义上作为革命的哲学行动的革命形象吗？我认为是的。在我看来，尼采就是在革命年代或者在革命元素中思考哲学行动的典范。或者我们也可以说，尼采的哲学维度就是革命，而革命在尼采那里始终指的是法国大革命。不要忘了，19 世纪那些庞大的思想体系都是作为某种稳定性总结而与法国大革命相关联的，即更多是后革命的，而非革命思想本身。无论是黑格尔还是奥古斯特·孔德，他们所尝试的都是此类的综合。这是对问题的法兰西-德意志式筛查。他们的哲学问题在于去了解，哪个思想命题能够在恰当的基础上重建被大革命打破的世界。无论他们对大革命表达出何种欣赏或判断，他们的意图都在于将大革命当作一个起点，并且期望从这一起点出发，哲学能够拥有新时代的坚实土壤。因此，其间涉及某种复兴的元素，但不是对过往的复兴，而是以革命的断裂为依据，在不对其进行模仿的前提下，建立起行动的稳定性。因此，严格来说，这样的思想并不是革命性的，而只能算作对革命的总结，以及对新秩序的系统性构建。

　　然而，在我看来，尼采却是一位与大革命保持着另一种关系的思想家。他所提出的问题并不是去寻求大革命过后的稳定，也不是走向革命的相反面，更不是超越这一事件以吹嘘思想的新时代。事实上，我坚持认为尼采与大革命之间存在着某种敌对关系。他的目标在于指出，他所说的哲学行动才是真正的激进性，而大革命事实上不过只是这一激进性的相似物（semblant）。尼采这样的操作意味着与革命的全新关系：既不是对革命的总结，也不是对历史、政治革命断裂思想的归并，而是在参考1789年革命范式的同时将其推翻或废除。此外，之所以将之推翻，并不是因为其革命特性，而是因为它还不够具有革命性。必须清楚的是，尼采文本中显而易见的反革命维度是对法国大革命革命维度的蔑视。在尼采看来，法国大革命并未成为它声称会成为的样子，也未达成它曾宣称将达到的目的，即将世界历史一分为二。尼采的观点是，大革命什么都没有打破，其主要依据是：大革命依旧是基督教的，而且还停留在旧的价值元素中。对于尼采文本中众多具有反革命色彩的段落，我们都应该按照这种方式进行理解。在这里，我列举一个出现在《敌基督者》中的例子：

……"上帝面前，灵魂平等"的说法不过是一个诡计，不过是为所有卑鄙灵魂的仇恨提供了借口。这是一个爆炸性的概念，该概念最终变成了革命、现代观念以及一切社会秩序的衰落准则——是一种"基督教"烈性炸药。（格言62）

这就是尼采有关革命的论述。进一步考察，我们会发现，它非常复杂：在这段话的开头，尼采说道，在平等中涉及的不过是一个爆炸性概念，这一概念最后变成了革命，而革命则遵循所有社会组织衰落期的准则。但最后给出的判断却是，这样一种爆炸或者炸药不可动摇地处在旧价值空间中。这虽然只是某种爆炸，但却是位于被引爆之物内部的爆炸："基督教炸药"。然而，尼采想要做的，却是找到一种非基督教的炸药。为何？因为尼采之所以可被称作反革命，并不是出于相较革命价值而言，他捍卫复兴的、旧世界的或者稳定的价值，而是在于尼采认为法国大革命不具有革命性。尼采之所以这样认为，是因为此次革命在旧世界所引发的爆炸正是出自这个旧世界本身，即是说用以引爆的炸药就是这个旧世界的一部分。因此，问题的关键在于找到一种不处在现存评估体系中的炸药，也就是去找到另一种爆炸物。这也解释了哲学行动为何也将根据爆炸模型进行构思。从形式上说，哲学行动与革命行动是一致的，只不过革命行动未能完成将世界历史一分为二的任务，其中，革命失败的原因在于其爆炸依旧拥有某个此世界的形象。因此，法国大革命不能算作革命，只有处在哲学行动元素中的尼采革命才能算作真正革命，因为尼采革命将求助于一种未知的爆炸物。莎拉·科夫曼将她的作品命名为《爆炸 I》（*Explosion I*）是有理的，因为在晚期的尼采那里，重要的是要检测、构建和提出一种此前从未存在过的爆炸物。在《瞧！这个人》中，尼采如是写道：

> ……我将哲学家构思为会给整个世界带来危害的恐怖爆炸物。

千万别误以为这是一个有关哲学家的极端主义定义！尼采关心的是两种爆炸物、两种炸药、两种革命以及世界历史的两个裂口。其中，第一种爆炸物、第一种炸药和第一个裂口不过是一个附加步骤，伴随着对人类的虚无主义歪曲进程。因此，尼采并不反感多次用到爆炸的暗喻，比如在 10 月 18 日写给都灵的弗朗茨·奥弗贝克的信稿中，他说道：

> [这一次，我派出了我的大炮兵！]：我恐怕会让历史炸裂成两半。

在这个革命模仿（mimétique）中，尼采甚至进一步提出或指出了实施革命意义上"恐怖"的方法：于是，在将世界历史一分为二后，他当然会将那些旧秩序下的名称送上自己的法庭，即革命的法庭。不知你们是否还记得这句话："我刚刚下令枪决了所有反犹主义者。"此外，他还在1889年1月3日于都灵写给梅达·冯·萨里斯的信稿中说道：

> 就在刚才，我抢回了我的财产，将教皇投进了监狱，并下令枪决了威廉、俾斯麦和施托克。——耶稣

尼采主义的福基耶-丹维尔①式决定是毋庸置疑的。

至此，我们可以说，从严格意义上的哲学行动看来，尼采的哲学行动其实是一个模仿进程。尽管该行动一直尽量与大革命保持距离，但它至少在形式上逐渐具有了法国大革命范式的主要特征：彻底断裂的隐喻，爆炸和炸药的风格以及"恐怖"那不可避免且合法化的形象。那么，我们能够说尼采是某类思想家的独特范例吗？这类思想家处在与历史-政治革命主题的模仿对立面，因而会从革命行

---

① 安托万·福基耶-丹维尔（Antoine Fouquier-Tinville）1746年6月生于法国，是革命和恐怖统治时期的法国检察官，是革命法庭的民众控告人。——译者注

动的形式特征出发去决定哲学行动本身。诸多元素让我们认可这一点。事实上，尼采所做的是一个既绝望又被动的尝试，他想要使哲学行动充满所有被他鄙夷的法国大革命的模仿特征。

然而，这样说可能太过简化。为什么呢？因为在彻底断裂（将世界历史一分为二）的理念基础上，还叠加着另一个可能稍显错位的形象和主题，即"无时间性"（intemporalité）主题。这个"无时间性"几乎只能在爆炸的反面通过漠然和距离获得。我倾向于认为，尼采的哲学行动体系就是这一重叠本身：即对以下两个主题的重叠，一个是绝对断裂的主题，另一个是获得漠然孤独之无时间距离的主题。以《瓦格纳事件》为例，你们将在下面这句话中感受到尼采表述中所有的含混性与巧妙性：

……一个哲学家首先以及最后要求自己什么呢？（前言）

人们可能预计，哲学家对自己提出的要求就是出现某个足够强大且能够将人类历史一分为二的东西。但尼采却写道：

……（哲学家要求自己）于自身中克服他的时间，让自己成为"无时间的"。

该陈述并不一定与前面的陈述相矛盾，它只是根据某个错位的规定与那个陈述叠加在一起。在这里，关键点并不在于指出尼采在以下两个陈述中所产生的形式上的矛盾：尼采一方面认为，要于自我中克服自己的时间，让自己成为"无时间的"，而另一方面又认为，哲学家应该将世界历史一分为二。事实上，在尼采那里，指出这一形式上的矛盾没有任何意义。"反"逻辑并不等同于矛盾逻辑。这里不过是一种叠加，是对另一个主题几近和谐的探讨，仿佛两个足够异质的主题在某个过渡片段中叠加在了一起。在《偶像的黄昏》中，尼采甚至将下面这句话当作哲学的箴言：

> ……要创造一些客体，在这些客体身上，时间被彻底打败；然后，再通过形式和实质抵达某个短暂的不朽。

重叠发生在以下两者之间：一个是拥有最大限度空间的某个断裂原则，另一个是作为作品之胜利的无时间性或不朽主题——"创造一些客体，在这些客体身上，时间被彻底打败"。由此引出的将是永恒回归（retour éternel）的元素。在我看来，这一重叠在《敌基督者》这本出乎意料的书中似乎表现得非常明显。在尼采眼中，这本书至关重要，并不是任意其他一本书。我简要回顾一下这本书的历史。这本书是长久以来被人们称作《强力的意志》（*La Volonté de Puissance*）这本并不存在之书的一部分。在对尼采的阐释中，海德格尔和德勒兹都曾在不断参考《强力的意志》这本书的同时，不遗余力地否认其"存在"。不禁感叹，这本不存在之书拥有着怎样超凡绝伦的持久"存在"啊！如今，我们已经明了事情的原委。事实上，尼采原计划写一本名为《强力的意志》的兼具概括性与决定性的书。然而，自 1888—1889 年以来，他放弃了这个标题，而采纳了另一个标题，即《对所有价值的颠覆》（*Renversement de toutes les valeurs*）。此后，这本聚焦于"将世界历史一分为二"行动的书，将成为"对所有价值的颠覆或重估"。这本尚且处在假设或计划阶段的书籍，其引言或第一章就是"敌基督者"。尼采将之视作计划的全部，视作这样一个复杂进程的唯一终极结果。在该进程中，作品一开始被称作《强力的意志》，后又更名为《对所有价值的重估》，最终，该作品除"敌基督者"部分外，只留下一些残骸。《敌基督者》使用的是一种特殊的文体：诅咒（*imprécation*）。它的副标题不正是"对基督教的诅咒"吗？该书再次以读者理解该文本所需满足的条件开篇：

> ……俯视政治和民族利己主义的可怜废话。人们必须变得漠然……

因此，为理解这本书，即这本让自身聚焦于将人类历史一分为二行动的书籍，读者被要求遵循某个漠然的原则。就在同一时期，尼采在一封信稿中说道："我将启动这个以'颠覆所有价值'为目标的异常孤独的行动。"再一次，在将世界历史一分为二的纲领性胜利愿景及其所拥有的革命模仿维度之上，明显还叠加了另一个体系，即孤独和漠然的体系。这便是为属于、理解并加入这一行动所提出的要求。

下面让我来为大家解释一下这个叠加。一个如此明显具有革命模仿维度的行动，最终为何会被决定为某种孤独和漠然？一旦能够思考或解决这个问题，那么我们就已经处在尼采的陈述中了。我们将处在从行动出发、能够释放出行动最深刻意义的东西之中。或者，我们可以用另一种方式提问：为何《敌基督者》最终竟以一个律法结束？或以一个法案结束？提出这个问题的原因是，这一激进行动雷鸣般的提议是在反基督教的一个律法草案中被提出的。可以说，在《敌基督者》（尼采找到的新爆炸物的提炼物，即非基督炸弹！）之后，该书以一个律法结束。然而，当人们引爆某物时，他们期待的并不是一个律法。为何呢？因为在炸弹逻辑和律法逻辑之间，并不存在明显的组合可能性。这里的连接并不必然。下面，让我为大家简短地读一下这个发布于元年第一天救世日（虚假日历中的9月30

日）的反基督教律法：

为反对恶习而战斗到底：这个恶习就是基督教。

第 1 条：任何形式的违逆自然都是可恶的。人类中最可恶的是教士：他**教导人们**违逆自然。为对付教士，我们无需说理，只需判其刑罚劳动。

第 2 条：每参加一次弥撒都是对公共道德的一次违背。对待新教徒应该比对待天主教徒更加严苛，而对待自由派的新教徒又要比对待严格遵守教规的新教徒更加严苛。越是接近科学的基督教徒越是有罪。因此，罪人中的罪人就是**哲学家**。

第 3 条：那让基督教孵出怪蛇蛋（œufs de basilic）的应被诅咒之地将被夷为平地，并作为地上被诅咒之处让后世永感恐惧，人们将在那里喂养毒蛇。

第 4 条：宣扬贞洁就是公开鼓动人们违逆自然。蔑视性生活、以"不纯洁"之名将之玷污是一种真正的罪，是对生命神圣精神的践踏。

第 5 条：与教士同桌吃饭要遭驱逐；一个人因此而让自己远离了诚实的社会。教士就是**我们**的贱民①——应该将他隔离，使他挨饿，将他放逐到最恶

---

① Tchândâla，印度教中最低等的人。——译者注

劣的荒漠。

第 6 条："神圣"历史（Histoire）将获得它该有的名称，即**被诅咒**的历史。"上帝""摩西""救世主""圣人"等词将成为侮辱词汇，被用来指称罪人。

第 7 条：剩余部分由此引出。

——敌基督者。

好的，今晚先讲到这里！……

III

1992 年 12 月 16 日

1888 年，沐浴在其边界线（horizon）崇高光晕中的尼采哲学行动是绝对的断裂，是纯粹的事件：将人类历史一分为二，并从对旧世界或旧价值的阐释角度出发，迎接某个完全肯定的新鲜事物（nouveauté）的到来。这是一个非凡的决定，因为它不像海德格尔所认为的那样，是一种克服，即对虚无主义的克服，而是一个裂缝——正如尼采自己所说，"我正在酝酿一个极有可能会把人类历史一分为二的事件"——拥有着某个显著的与革命尤其是法国大革命相对抗的模仿维度。在我看来，正是在这个意义上，尼采行动得以揭示出某个"哲学的原型政治概念"（conception archi-politique de la philosophie）。这里的"原型政治概念"当然不能理解为哲学元素中某个传统的基础政治主题，也不能理解为对某个内在于所有政治的本质源头的决定，更不能理解为某个对政治本质的决定。相反地，应该将之理解为对所有基础观点、道德观点以及处在对政治进行某个哲学关照之范畴的观点的拔除。"原型政治"应该被理解为对哲学行动本身的某个决定：正是这一作为人类历史断裂的行动本身将自身决定为本原（principiel）意义上的政治，该政治理念并不被本义上的"政治"一词所包含。以某个晦涩的专有名称为名成为历史之断裂的，正是行动本身，而这个专有名称不是别的，正是"尼采"。该名称不是被清除意图的主体或作者，而是一个范畴化的专有名称，是一个在其思想体系内部亦即在其思想本身中起组织作用的专有名称。以"尼采"这个晦涩的专有名称为名，哲学因实施了对人类历史的一分为二而变成原型政治。

为给出完整定义，还需进一步明确：哲学行动是原型政治的事实意味着，它既是权力或政治力量的无限"扩张"（extension），又是对所有非原型政治意义上之政治的"消解"（dissolution）——原型政治同时意味着这两个方面。这也是为何，尼采一会儿宣称他的行动将取消所有政治，一会儿又称其行动是极其卓越的政治。例如，不知大家是否记得尼采曾在1888年写给格奥尔格·勃兰兑斯的信稿中说道："我们刚刚进入了伟大政治的时代，甚至是超政治的时代……"这便是我所说的"超政治"或激进政治层面。相反，尼采却在写给纪尧姆二世（Guillaume II）的信稿中说道："政治概念在某个精神战争中被完全消解，所有权力意象瞬间崩塌——前所未有的战争一触即发。"你将看到，原型政治行动决定将始终在以下两方面摇摆：

一方面是让政治本身产生激进扩张，另一方面是让政治的有效性消解。但前面引用的两个信件都还只是草稿，不曾投寄。"无法被投寄（言说）"——应该将此视作原型政治的一种本质影响吗？正因如此，原型政治才在其与政治之间的不可能关系中，成为尼采行动的折磨（tourment）本身？这样的观点将使海德格尔的阐释学遭遇阻碍，构成阻碍的既是这个摇摆于超级政治与政治消解之间的混乱形式，也是这个"伟大"与"消解"的原型政治事件性"共存"。海德格尔与尼采都承认，"政治"这个直接名称不过意味着对现代虚无主义的呈现。尼采以一种冷峻的洞察力，将作为"政治"一词真正内容的"虚无主义"赋予了德国人。对尼采而言，"德国人"这一名称意味着对所有肯定性事件的删除，对所有实在之事件性的删除或挫伤，或者更确切地说，意味着对实在之事件性的划除、覆盖或掩盖。"德国人"一词意味着的就是这些。让我们以《敌基督者》中的这段话为例：

> ……改革；莱布尼茨；康德和所谓的德国哲学；"自由"战争，德意志帝国，所有这些都不过是"徒劳地"书写在"已存之物"或"不可替代之物"上面的词。（格言 61）

在尼采命名范畴内，"德国人"一词其实就是"徒劳地"书写在"不可替代之物"上面的词。"政治"一词在通常意义上及在尼采所认为的德意志意义上，正是对不可替代之物的删除或掩盖，是对所有事件性肯定的否认。有关"政治"一词作为对事件性之删除的观点，尼采和海德格尔殊途同归。不过，尼采并不打算克服这个局面，或者予以反击。他想做的是摆脱对这一机制的所有辩证处理，因为他的行动（我们可以如此定义）呈现出的是重新确定不可替代之物的意志，该意志需要在一种具有消解力量的"溢出"中，而不是在某个"反对"或颠覆的形象中实现。该行动将能够支撑某个包含着自身之"溢出"的政治，即某个类似超政治的政治——"具有消解力量"意味着这个"溢出"同时也是对所有政治的消解。同时，这个具有消解力量的"溢出"正是对被通常意义上的政治所删除的不可替代之物的重新肯定。有关尼采，海德格尔如是写道：

> 反形而上学、对形而上学的颠覆以及迄今为止对形而上学的捍卫，所有这些不过是相同的把戏，体现出了长久以来人们对缺乏"存在"（Être）之愚人（demeuré）的遗忘。

海德格尔告诉我们，对形而上学的翻转、对所有价值的回归以及反形而上学，所有这些从源头或者共同源头出发，都与对形而上学的捍卫处在同一维度，而且都通过"存在"的历史，延续着对"缺乏'存在'之愚人"的掩盖。然而，我认为在这个评论中存在着某种误解：尼采行动本质上并未以"反对"的辩证形式呈现，即使在"反形而上学"中亦是如此。尽管存在着"翻转"和"回归"的明显隐喻，尽管《敌基督者》中出现了"反对"的字眼，但"反对"那敏锐、敌对的形象并非尼采行动表征中最深刻的独特形式。行动并不处在"反对"的形式中，也不处在"翻转"或"捍卫"的形式中。它是一种"断裂"，这一断裂将重新肯定不可替代之物，且不会将之替换：对不可替代之物的重新肯定既是某种超政治又是对政治的消解，它并不处在替换的形象中，而是对已存之物的重新肯定，只不过这些已存之物被通常意义上的"政治"所删除或磨灭。或者也可以说，在政治将某个曾经存在的断裂抹去之处，尼采行动会把人类历史一分为二。很显然，正是在这个意义上，行动可被视作在"永恒回归"的元素中被把握与实施，而曾经存在、只不过被政治所磨灭的那个断裂则是回归的场所。相应地，对于尼采行动而言，被删除的不可替代之物就是事件的场所。该事件处在某个"曾经存在但后被删除"之物中，由此使得对其不可替代性特征的重新肯定无法通过简单的接替或替换达成。这就是为何尼采

的原型政治行动属于"掷骰子"的形式——这也是德勒兹
始终坚称的一点。

在这里,"掷骰子"指的是能够想象或表示出以下事
物的东西,这个事物不处在"反对""翻转"或"替代"
的形式中,而是处在对"不可替代之物"进行重新肯定的
形象中。大家只需参照德勒兹的《尼采与哲学》一书,翻
到第一章第 11 段,便能发现德勒兹曾如何严谨地讨论马拉
美有关"掷骰子"的问题。在某种意义上,"掷骰子"就
是行动本身。德勒兹提出了其三大特征:

首先,"掷骰子"是独一无二的:它既不是概率性的,
也不是一连串有规律的动作,并不是为了最终得出某个平
均数或某个数据结果。它只能被一次性完成,正如尼采将
"一次性"地重新肯定"不可替代之物",并将世界历史一
分为二。

其次,"掷骰子"肯定了偶然的存在:它既是对偶然
的肯定,也是对偶然的再次肯定,并由此将偶然变成了一
种必要性。这一必要性不是别的,正是偶然的肯定元素。
这就是为何"掷骰子"的动作最终将会得出一个数字,而
且正如马拉美所说,"这个数字独一无二,不能是其他任
何数字"。

最后,"掷骰子"是一个非人类的行动:它无法在某
个意志的主体形象中被完成。承认尼采行动处在"掷骰

子"的形象中，而且这个"掷骰子"的动作是作为非人类行动呈现的，因而具有两面性，同时承认该行动处在偶然及其所确定的必然性的形象中，所有这些都将让尼采得以摆脱主体形而上学形象所设的限制——在这个限制下，海德格尔曾尝试将尼采视作困于其与笛卡尔之间命定关系的俘虏。"掷骰子"是一个非人类的行动，在这一行动中，偶然作为必然性出现，并重新肯定"不可替代之物"，这一切使得尼采可以同时既宣称"我总是与偶然同在"，又宣称"我就是命运"。这就是德勒兹在分析中所说的"我是一记掷出的骰子"或者"我就是'掷骰子'这一行动本身"。这样一来，被抹去的"不可替代之物"将被偶然地重新肯定，历史将被一分为二。这就是为何尼采可以宣称"他不是一个人"。但这并不是说他就是超人。只不过，"不是一个人"是"掷骰子"这一非人类行动的内在条件。正如尼采所说"认为我是一个人的想法是一种偏见"，是对那个不是"尼采"的尼采所持的偏见。"尼采"更应该是对行动而言的一个晦暗的专有名称，应该与那个我们由于理性的偏见认为"他是一个人"的尼采区分开。

此处，我想插一句题外话：在这一点上，德勒兹与马拉美产生了一个形式上的矛盾。在《尼采与哲学》一书中，德勒兹小心翼翼地将两个不同的"掷骰子"进行对比，一个是尼采式的，另一个是马拉美式的，并最终对后者进行了猛烈的抨击。他认为马拉美对"掷骰子"的阐释更多是对尼采式"掷骰子"的虚无主义阐释或者是其虚无主义重复。我引用其中的一段话：

> 马拉美的确提出了"掷骰子"，但却是一个被虚无主义所侵袭的"掷骰子"，他所做的不过是在坏意识和愤恨视角下对其进行的阐释。

你能想象到这段话让我愤慨不已！将马拉美归为"坏意识和愤恨视角"的做法着实深深地激怒了我。可以说，我支持完全相反的论题。但"完全相反的论题"指的是什么呢？是好的意识或某种满意吗？不是的！从尼采式"掷骰子"的角度出发，人们会承认，马拉美的"掷骰子"完全逃离了意志的疯狂绝境——我们将看到，意志的痕迹将停留在被我称作的"尼采行动循环"中——最终作为纯粹的"有"（il y a）被诗意地思考。换句话说，马拉美不会以自己的专有名称为名来对行动本身进行假设，而是会诗意地假设该行动的"有"。他可能会说：有行动，有肯定偶然的可能性，而且从这个肯定出发将产生"独一无二的、不能是其他数字的数字"，将产生大写的星丛（Constellation），但事件本身将处在"有"的悬置（suspens）中。马拉美提出用事件性的诗意来代替尼采的观点或假设，亦即原型政治行动的疯癫。还得指出，事件性的诗意所代替的还有行动的原型政治决定。后面我们会回到这一点。无论如何，值得注意的是，尼采行动与翻转形而上学的形而上意志并无太大关联。从偶然角度出发，尼采行动是会消解所有政治的行动；从对偶然的肯定角度出发，尼采行动又可被称作命运，将在政治那"不可替代"的伟大之中构建政治。这便是纯粹的"掷骰子"行动所具有的两面性：当偶然涉及其中，就必定意味着对所有政治的消解；但当涉及对这一偶然的肯定时，相反地，又将与政治那不可替代的伟大相关。

除对行动已发生之事实的假设，以及对行动内在逻辑的决定外，还存在着一个纯粹减法（soustractif）的维度：尼采必须忍受行动永远无法在一般空间，即人类历史中发生的事实。那么，有什么可以证明行动曾发生呢？行动的证据是什么？识别原型政治行动有效性的信号是什么？或者识别"掷骰子"有效性的信号是什么？必须得说，这里既涉及在行动中指示出其自身"存在"之物的问题，同时也涉及其见证者或潜在见证者的问题：谁会或谁应该响应"尼采"这一晦涩名称的召唤，成为这一名称所命名或指称之行动的见证者？与行动的强调效应或原型政治效应相反，尼采承载着行动的孤独和静默特征。在这一静默与孤独中，人们无法识别出行动的有效性和其实在的证据。尼采在他的信件中如此描绘这一行动："我将执行……"，始终都是"我将"，总是存在着与行动的这一差异，行动始终"将到"，但这个"将到"却总是遥不可及："我将执行对所有价值进行翻转这个极度孤寂的行动"，以及在《敌基督者》序言中，他如是写道：

> ……必须变得漠然……（既是为了行动，也是为了对行动的见证）

孤独、静默、漠然，最后还有无时间性。行动的这个维度——这个孤独、静默、未经证实和漠然的形象——与前面所说的另一个维度相叠加，正是在该维度下，产生了无时间性。这个无时间性首先似乎就与行动本身的时间相矛盾，亦即与将世界历史一分为二的行动时间相矛盾。尼采在《瓦格纳事件》前言中写道：

> 一个哲学家首先以及最后要求自己什么呢？于自身中克服他的时间，让自己成为"无时间的"。

他还在《敌基督者》的序言中写道：

……俯视政治和民族利己主义的可怜废话……

我们不禁追问：那将世界历史一分为二的东西如何能够通过"无时间"实现自我证明？非基督的爆炸性事件，以及在爆炸中心找到非基督炸弹的人，如何得以将自己置身于他们将要毁灭的对象之上？我所说的叠加正是意指于此。在行动的这一直接定义之上——认为行动就是将世界历史一分为二，哲学从此肩负起原型政治的任务——叠加着另一个定义和决定，这一定义将行动交给了无时间的静默，交给了某个拥有不可视性、潜在性和差异性的元素，该元素显然与行动在其最初形象中所宣称的耀眼的历史真实性不在同一个范畴。

我想要找到其中的关键，并由此出发，进一步深入尼采哲学决定的悖论。这个叠加与什么相关联？作为原型政治的哲学行动是一个宣言：有东西被宣称，而且正是这个被宣称的东西将把世界历史一分为二。然而，这个行动宣称的是什么？什么被宣称了？事实上，被宣称的，正是行动自身的逼近，正如查拉图斯特拉所说，这一行动总是被视作它自己的先驱。作为宣言的行动宣称着自己的到来：查拉图斯特拉会说，行动就是在行动到来之前的鸡鸣。行动是对倏忽而至之物的预测，或者诸如此类的东西。这是第一个可能性，但这是一个循环的可能性，因为它将哲学行动置于了自己的"前项"（antécédence）位置。尽管这个形象在尼采那里有迹可循，但即便对他自己而言，这也是不足够的。因此，必须再次回到"在作为行动的哲学宣言中，究竟宣称了什么"这个问题。表面看来，宣言的内容在于对旧世界及其旧价值的审判。我们也很清楚，代表这个旧世界的类属名称就是"基督教"。因此，被宣称之物的内容就是对基督教的审判，以至于无论在描述还是现象层面，作为宣言的行动都首先拥有某个判决的形式。此外，作为行动的哲学思考也以判决的形式呈现，即对旧世界和旧价值体系的审判，其中，这些旧价值都被归入"基督教"这一范畴名称中。《敌基督者》的结论正是由此展开的。不知大家是否记得，署有尼采名称的书籍或小册子就是行动本身。那是一个缓慢的进程，从一开始的强力意志，到后来所有价值的某种回归，再到最后，这一回归被还原为《敌基督者》的第一部分。这本书是如何得出结论的呢？是这样：

> ……我现在得出结论并宣布我的判决。我判基督教有罪，我将向基督教会提出任何控告者都未曾提出的最为恐怖的控诉。对我而言，基督教是所有能够设想之堕落中最为糟糕的一种，它有意想要达到可能的最糟糕堕落的顶点。基督教会的堕落没有让任何事物

幸免，它将所有价值变成某个无价值，将所有真理变成某个谎言，将所有诚实变成某个灵魂上的无耻。（格言62）

这就是判决部分，是在某个公共维度中所产生的行动宣言或判决，因为尼采在不远处进一步说道：

……这一对基督教的永恒控告，我要将其张贴在所有墙上，张贴在所有存在墙的地方——为此，我拥有一些即便盲人也能看见的字母……（格言62）

原型政治是对咒骂或判决的公开宣告：要将其张贴在所有墙上。因此，在其首要或描述性的决定中，行动是对旧世界的审判，这个审判需要传达给普罗大众，因为"所有墙"意味着对话对象是普世的或任意的——"在所有墙上"。在这里，请注意作为判决宣言的行动决定可能产生的摆动：

——一方面，"……我将向基督教会提出任何控告者都未曾提出的最为恐怖的控诉"。行动不仅只是判决、控告或咒骂，同时还能够被证实为是有史以来最恐怖的行动。这一点不容忽视。对基督教和旧世界的判决应该被证实为有史以来最恐怖的判决。注意由此必然产生的"溢出"维度：只有当控告是原型政治的控告，而且不同于以往任何控告，比以往任何控告都要卓越时，这一控告才能成为行动的实质。

——另一方面，"……这一对基督教的永恒控告"，其中，行动总是处在重新肯定的形象中，也就是说，行动总是已经发生，而尼采则是对该行动偶然而又命定的重新肯定，正如所有"掷骰子"式的重新肯定一样。

如果仅将哲学行动理解为需要对旧世界做出激进的评判，并公开宣称对旧世界永恒的诅咒，那么我总觉得此时骰子尚未被掷出，存在于其激进性与张力中的东西尚且只是"掷骰子"的潜在阶段，而不是对骰子的真正掷出。之所以说是潜在阶段，那是因为咒骂和判决在我看来不过是"掷骰子"的形式，而不是其具体的姿势或动作。我将之类比为马拉美"掷骰子"的时刻，在那一时刻，骰子正在握紧的拳头中蓄势待发。尼采"握紧的拳头"正是对基督教的咒骂和猛烈抨击。然而，由此将被肯定之物——由此将产生的星丛密码（nombre stellaire），这个重新肯定的"偶然"注定会完成的动作——还无法被我们解读。正如马拉美所说，我们还处在主人（Maître）出于习惯犹豫"是否越过无用的头脑，打开僵硬手掌"的时刻。现在依旧处在这一状态。在其尼采形象中，宣言依旧被束缚在循环内。一方面，这个宣言对旧价值进行咒骂，并在咒骂的同时，赋予哲学某个激进的断裂，但另一方面，宣言完成的方式却使得宣言本身成为这一咒骂的有效内容。换句话说，判决的肯定元素，这个我们在将世界历史一分为二的彼岸期待已久的元素，正是判决本身的强度。正因如此，尼采才必须确定那是对基督教有史以来最恐怖的评判。又或者，宣言的有效性在于作为宣言本身而存在。行动唯一的肯定维度依旧是尼采本身，他必须亲自占据这个位置。正因如此，在尼采这个时期的写作体系中，《敌基督者》与《瞧！这个人》完美组合在一起，提出了一个共同的命题。《瞧！这个人》是以什么开始的呢？它是这样开始的：

> ……鉴于预感到不久后，我将需要向人类宣告一个前所未有的十分严峻的挑战，因此，在这里，我似乎有必要先说明：我是谁。

"预感"以及随后总会出现的"我将""很快""立马""将成为"等字眼标志着行动的边缘，而"我是谁"则是对宣言之肯定不可或缺的部分。在不远处，尼采还将发出这个撕心裂肺的呐喊："听我说，因为我是如此这般的一个人。"这一切仿佛，咒骂基督教及处死旧世界的宣言，与行动本身即宣言的积极效力之间，尚且存在着不可还原的见证者问题：无论是见证者、观众还是听众——或

085

者某人——无论如何，得要有一个人。这里的"某人"指的是知道宣言中是谁在讲话的人。这里涉及的不是宣言本身，宣言是可读的，它就在那里。行动只有作为宣言才是明晰的，但是，是谁在宣告呢？仅这个人宣告还不够，还得有人知道这个宣告的人是谁。因此，在尼采思想中，观众的问题或者"某人"的问题，又或者如果我们愿意的话，"他者"的问题始终横亘在宣言与宣言的有效维度之间，即宣言与宣言自身之间。这个问题无关宣言的内容，而是与"谁宣告"相关。这便构成了我所说的作为宣言的"行动循环"：陈述主体本身应该被宣告，从而使作为陈述内容的宣言被言说。因此，这应该是一个双重的宣言。所有呈现为尼采意义上原型政治宣言的宣言都应该是双重的：宣言必须始终包含着"谁宣告"的元素，即便它无法靠自己将其宣告出来。必须为这一宣言附上某个二级宣言，在这个二级宣言中，"我是谁"被陈述出来，不过自然要以能够被听见为前提。这样，"我是谁"的问题将不再依赖于陈述内容的可理解性，而是要么被言说，要么不存在，或者要么被听见，要么什么都不是。这就是为何尼采的呐喊——"听我说，因为我是如此这般的一个人"——使行动本身生效。如果"我是谁"未被听见，如果在宣告结束后没有出现第二级宣言来让第一级宣言生效，那么其哲学行动是不可能发生的。必须产生某种识别。识别是必须的：

这并不仅仅意味着宣言被识别的事实。为产生宣言，必须让"谁宣告"本身被识别出来。最终，这一对"谁"的识别不就是事件本身，即总是处在其不可还原之突然发生维度中的事件吗？不就是人类历史真正的断裂点吗？最终被识别出来的不是作为批判结果的对基督教的咒骂，而是"谁宣告"或"谁宣告"的强度，难道不是这样吗？那么，如何进行识别呢？尼采思考的正是这一问题。《瞧！这个人》正是为获得或强制取得识别而写，事实上，尼采对该识别的预设是：如果他自己不是"谁宣告"中的"谁"，那么他为何要对这个"谁"感兴趣呢？然而，为让宣言生效，这个"谁"还必须被识别出来。因此，必须出现某个无条件的识别：尼采必须被识别。但是，对他的识别只能处在事件性维度：识别即将到来。此外，这正是尼采在《敌基督者》序言开头部分所说的内容："或许我的读者尚未出生。"不过，读者尚未出生，这其实意味着读者的出生将是真正的事件。真正的事件，真正的突然出现，真正的革新，这指的就是有人走过来并说道："尼采发生了！"，这个人识别出"尼采"曾发生。识别之所以是事件性的，那是因为它没有律法、不可估计。识别不会让自己咒骂，也不会成为宣言的结果或效果，而是事件得以被宣告的条件。此后，尼采的整个事业都将依赖于这样的事实，即有人站起来并说道：尼采发生了，尼采发生过，尼采已经发生，或者这就是依附于"尼采"那不可还原之身份的宣言。在此期间，可以做什么呢？要知道，在其中，我们瞥见了某种等待，这个等待被陈述为对行动可能性之宣告的某种延迟或悬而未决的中断。可以做什么？在此期间，他将用律法占领阵地，这恰恰是因为识别元素是没有律法的。由此导致了令人惊讶的结果：对基督教的咒骂同时意味着反基督教律法的诞生。因此，对于"何为律法"这一问题，人们将用一个普遍的定义作答："律法就是当某个识别尚未发生时将出现的东西。"也就是当"谁"还未被"他者"宣告时。这就是对律法的类属定义。只要"他者"未将"谁"宣告出来，那么就需要律法将那个或许会变得无限的等待填满，等待的则正是对"谁"的识别。又或者：如果没有任何人识别出"我是谁"，那么某个匿名的共识（partage anonyme）就应该以律法元素的形式呈现。正是在清楚地认识到这一点后，在等待读者诞生期间，即等待有人宣告他"已发生"期间，尼采提出了一个反基督教律法。

类似的思想决定值得予以重视，值得我们去仔细探查其具体细节及由此引发的困难。请大家注意标题："反基督教律法"。其中的所有措辞，包括"律法""反""基督教"都与行动维度相违背。让我们进一步思考：

——律法：律法似乎完全与行动和事件性背道而驰，因为如果世界历史被一分为二，那么将不会有任何律法出现并声称反对基督教。这是必然的。然而，事实上，律法却得以诞生，用以填补行动条件暂时的"不存在"，并成为对"尼采"之识别的"不存在"本身。

——反："反"似乎也违背了行动的肯定本质，因为按照尼采的定义，行动不是辩证意义上的"反对"，不是某种"翻转"，也不是敌对或对抗，而是一个肯定的裂口，或者如我所说的"一个具有消解力量的溢出"。不知大家是否记得尼采对哲学下的定义：

> ……哲学想要达成对这个世界酒神式的接受，最终让这个世界如所是地存在，而不对其进行任何消除、驱逐或选择。（1888年春遗作片段）

这里揭示的是处在其行动肯定面的哲学，由此便产生了与"反"这一说法的矛盾。

——基督教：基督教是虚无主义旧价值的类属名称，无需对它作其他理解。不过，在尼采后来的律法文本中，基督教却并未被视作虚无主义的类属名称，而是被当作具体的宗教来接受。这个问题我们后面还会探讨。因此，这是一个具有双重模糊形象的名称。一方面，在其类属意义上，"基督教"是虚无主义价值或评估之虚无主义生成的名称，或者是虚无意志的历史名称。另一方面，基督教是某个独特的构型，是教士形象某个独特的生成。让我们来看其中的巧妙之处：在某种程度上，反基督教律法更多是一个反对教士的律法，而不是一个反对虚无意志的律法。为什么呢？因为这是一个律法，而不是行动。行动本身会打破虚无意志，而律法则是行动不在场时的行动，或尚未激活的宣言，更多针对的是宗教具体形象、教士体系或团体。这才是标题所指的内容。

然后，"律法是在救赎日，即元年第一日（旧日历的1888年9月30日）被颁布的"。这一点我就不再赘述了。我只想提请大家注意我所说的"革命模仿维度"：这个律法完全处在传统法令的模仿维度，尼采作为奠基人对新日历和元年的创建正是如此。然而，人们能够通过一个律法开启一个时代吗？这正是巧妙所在。让我们来看这个循环：这一天之所以成为元年第一日，仅仅因为这是颁布律法的日子。除了那天是颁布律法的日子外，没有任何东西可以证明那天就是元年第一天。律法所推定的日期不过是律法自身的结果。这是一个完美的闭环。可以说，律法将自身推定为了初始日期。由于占据了事件的位置，因此，它是对尚且处在等待中的事件的填补，可以成为它自身日期的基础，或者成为让它与自身日期产生联系的事件。

最后，副标题："为反对恶习而战斗到底：这个恶习
就是基督教。"在这里，正是"恶习"一词使得表面看来，
我们还未完全"超越好与坏"的对立。如果已经超越了好
坏，那么我们就不会将基督教宣告为恶习了。这里涉及一
个纯粹简单的转换：曾经神圣的东西变成恶习，曾经是恶
习的东西变得神圣，又或者，曾经是肯定的东西变成否定，
曾经是否定的东西变成肯定。但是，这个转换元素并不与
将世界历史一分为二的理念同质。如果只涉及术语之间的
对调或翻转，那么实际上，人们依旧处在某种接替或结合
中。那么，言说"为反对恶习而战斗到底"或者"这个恶
习就是基督教"，这意味着什么呢？这意味着，人们依旧
处在事件本身的先在性（antériorité）中，依旧处在否定宣
言中，而尚未处在这一宣言作为行动力量所构建的东西中。

为满足那些被宣言本身所诱惑的人，让我们迅速依次
看一下该律法涉及的七项条款：

第一条：

任何形式的违逆自然都是可恶的。人类中最可恶
的是教士：他**教导人们**违逆自然。为对付教士，我们
无需说理，只需判其刑罚劳动。

让我们迅速带过。我刚刚已讲出其实质：律法将指向

教士的形象，而不会对其类属存在和虚无意志进行评判或
将之打破。它将处在某种笼统的自然标准之下："任何形
式的违逆自然都是可恶的"，其中包括两对词组：自然/违
逆自然，可恶/非可恶。因此，合理的做法将是采取恐怖主
义的模仿维度。不知大家是否还记得以下这个宣言中革命
模仿维度所呈现的恐怖形式："我刚刚下令枪决了所有反
犹主义者。"在此处则涉及颁布法令，判罚教士刑罚劳动。
在整个过程中，没有任何论证，也没有任何证据。这里可
以参考尼采这句具有决定性的陈述："凡需证明清楚之物，
通常没什么价值。"因此，在"反教士"的表述中，无需
证明其可恶和违逆自然的本质，便可判定其刑罚劳动的惩
罚。对于此，我们无需惊讶。

第二条：

每参加一次弥撒都是对公共道德的一次违背。对
待新教徒应该比对待天主教徒更加严苛，而对待自由
派的新教徒又要比对待严格遵守教规的新教徒更加严
苛。越是接近科学的基督教徒越是有罪。因此，罪人
中的罪人就是**哲学家**。

在这里，对"违背公共道德"概念的使用与之前对
"可恶"和其他相关概念的使用属于同一范畴。这不过是

新的名词创造。我后面还会谈及这一有关名词的转变问题。接着又用到了"罪人"一词，然后再逐渐将矛头指向哲学家，当然这里指的是唯心主义哲学家：似乎对这样的哲学家而言，刑罚劳动根本不足够！但也不至于判处死刑。与柏拉图在《法律篇》第十卷中对诡辩家的看法不同，尼采在这里并不以死刑相要挟——让我们对其进行备案！但无论如何，他在第二条中说道"罪人中的罪人就是哲学家"。这是尼采作为反哲学家的独特模式。难道不正是他自己宣告了这一模式吗？尼采是现代反哲学家众多关键形象的首位奠基者。之所以是现代的反哲学家，那是因为，第一个伟大的古典反哲学家是帕斯卡。尼采与帕斯卡之间存在着本质、亲密而又复杂的关联。以上是理解尼采反哲学的第一个要素。事实上，在反哲学视角下，哲学不过是在科学性及理性伪装或装饰下的宗教。因此，这是一个难以察觉的宗教，是处在非宗教元素中的宗教。自柏拉图以来，历史哲学并未被定义为某种对宗教的服务、某种简单的宗教或某种乔装的宗教——这些说法依旧太过形象化——而是被定义为某个无法与非宗教元素相区分的宗教，某个像寄生虫般附着在一开始便与宗教相异质的元素上的宗教。总之，哲学就像一个病毒，在其所寄生的有机体中不可视，其身份无法被识别而只能被借用。在尼采看来，哲学应该就是病毒状态的宗教，表面上与现行思想有机体同质，但实际上涉及的不过是宗教，即虚无主义。从这个角度出发，反哲学首先是使某个东西变得可视，它使哲学以分解或不在场的方式所隐藏的宗教元素变得可视。正是在这个意义上，尼采总是自诩为基督教最伟大的心理学家，因为他能够在基督教无法被辨别之处将其辨认出来。一旦哲学接受这一点，人们便可以说："罪人中的罪人就是哲学家。"

第三条：
　　那让基督教孵出怪蛇蛋的应被诅咒之地将被夷为平地，并作为地上被诅咒之处让后世永感恐惧，人们将在那里喂养毒蛇。

在这里，我希望提请大家注意，我们依旧处在革命模仿维度的理念中：踏平象征物，锤击盾牌，将国王从墓中拖出并让其曝尸荒野……然而，在《查拉图斯特拉如是说》的一个段落中，尼采曾批评革命者投身到诸如推倒雕像的荒谬行径中，并将这些革命者视作政治革命而非原型政治革命的轻浮而又浅薄的典范。这难道不会与上面的说法产生矛盾吗？不过，这个律法存在于事件之外，在这个律法中，革命模仿维度再次占了上风，因而"尼采"也投身到了诸如推倒雕像的动作中，即摧毁象征物。这里的确存在着一个矛盾，涉及思想体系的转变。我们可从中看到，从法国大革命的革命范式出发，哲学行动模仿具有不稳定性特征。

下面，我们跳过第四条，直接进入第五条：

第五条：

与教士同桌吃饭要遭驱逐；一个人因此而让自己远离了诚实的社会。教士就是**我们**的贱民——应该将他隔离，使他挨饿，将他放逐到最恶劣的荒漠。

在这里，我们又回到了"教士"的主题。在这一条中，令人惊讶的是它相对的节制，尤其当我们想到，尼采曾让基督教遭受其从未遭受过的最为激进和恐怖的控诉。不过，坦率来讲，相对那些法国大革命敌基督人士的文章，这的确算不了什么。可以肯定的是，有关教士及其放逐方面，处在反教权时期的那次历史革命①从未在流放、断头台和持续的虐待面前却步，期间充满如此多的暴力，以至于我们不得不承认，此处存在着某种尼采式的仁慈：与教士同桌吃饭，这是不好的，这不是一个诚实的社会，既然这样，那我们将其隔离开，随后可能又变得稍微严酷些：令他挨饿，将他放逐到最恶劣的沙漠。不过，这里所使用

---

① 指法国大革命。——译者注

的暗喻更多是以一种令人愤慨的口吻陈述出来的，而并非一种致命的口吻。至于对教士形象致命性的陈述，我们可以在由艾伯特于 1790 年到 1794 年期间发行的《杜彻斯神父报》① 中找到，且并不仅限于此。事实上，尼采也曾对富有浪漫主义色彩且颓废的基督教做出激进批判，且这一激烈中甚至还夹带着几乎所有浪漫主义的特征。那么，这样一个批判究竟被什么所缓和？……或许是被一种极端的仁慈所缓和。所有认真阅读尼采并被他的内在圣洁所打动的人，都会意识到在这个人那里，以及在越来越让他暴露于其疯狂行动的运作中，都存在着某个巨大的仁慈。每一次抨击都被他自己所征服，亦即出于尼采的仁慈，被"尼采"所征服。每一份狂热背后都隐藏着其无尽本质的仁慈。这份仁慈就在那里，我能感觉到，每当尼采的内在逻辑需要将其陈述呈现为致命性的时候，其中总会有某种保留。尼采的陈述从来都不会是致命性的，哪怕当该陈述处在对残忍表象的辩解元素中时。作为敌基督者，他等待着有人能够回应他，而且这个人不是出于害怕或恶意进行回复，而是出于友好的纯粹反题（antithèse）给予回应；从人到超人；从人到人。耶稣等待着酒神。尼采等待着反尼

---

① 《杜彻斯神父报》（*Père Duchesne*）是法国大革命期间极端激进的报纸，由雅克·艾伯特（Jacques Hébert）编辑，1790 年 9 月至 1794 年 3 月 24 日出版了 385 期。——译者注

采，不过，这个反尼采者应该对前者呐喊的光芒充满敬意与感激，因为正是这个光芒使他本打算处死的东西重见光明。

第六条：

"神圣"历史将获得它该有的名称，即**被诅咒**的历史。"上帝""摩西""救世主""圣人"等词将成为侮辱词汇，被用来指称罪人。

"摩西那家伙，肮脏的救世主，猪一样的上帝"：这些都是亵渎神明的传统话语。人们通常在感叹句和辱骂中使用这些词。尼采也不例外，他让自己处于神圣词汇与咒骂词汇的传统矛盾命名之中，这些词汇总是拥有着替换或认同的关系。上帝既是我们祈祷的对象，在某些恐怖的行为面前，也是我们召唤的对象："上帝啊，他都做了些什么！（或我都做了些什么！）"顺着这一思路，在名称的模糊性中，尼采只是提议单方面地操控这个模糊性，从而使神圣词汇立即偏向其咒骂的一面。

第七条：
剩余部分由此引出。

　　这确实是整个反基督教律法中最神秘的部分。在其普遍的论证体系后，出现了这个"剩余部分"。这里指的究竟是什么呢？我倾向于认为，由此引出的"剩余部分"就是事件本身，是物本身。这不是律法的结论，不是对前面六个条款的简单执行。那么，由此得出的是什么呢？"剩余部分由此引出"，这是事件的沉默名称，在这个事件中，律法停止成为律法。因此，得以作为"剩余部分"从某个律法中引出的，是作为非律法的事件，或者作为律法之插入的事件，又或者作为某物之有效性的事件，对于此物，律法只能赋予其以法规。因此，由此引出的，是"发生"（l'avoir-lieu），是被律法搁置的"发生"。又或者：是元年第一日真实的到来。必须让元年倏忽而至，必须要元年第一日到来，或许当这一天到来，律法及由此引出的所有一切都将会来到。然而，什么都没有到来，到来的只有宣言，而宣言本身并不是被宣告的行动。第七条"剩余部分由此引出"是一个事件性的条款，这一条款意味着：所有这一切的生效必须以一个"到来"为前提。元年必须到来，而将要到来或在未来某刻已到来之物，只是作为"剩余部分"从律法引出的东西。

　　现在，我们有了宣言，对宣言强度的识别以及"发生"。原型政治体系勾勒出了一个同时包含某个宣言、某个识别以及某个事件逃逸点的三元组合（triplet）。又或者，原型政治将一个律法及一个"谁是……"连接在了一起，但并未能对行动做出规定。这一连接将勾勒出一个对事件的独特表征：作为逃逸之物，事件将被某个论证其逃逸的事件理论关涉并被重新抓住。原型政治体系处在由陈述对象、律法和诅咒，或由"谁是……"、未被证实之事件及无法被证实之事件组成的三位一体形象中，最终，通过对自身的合法化，该体系将产生某个事件形象，该形象本身无法被证实。因此，所有事件都是无法被证实的，这就是为何原型政治的事件性维度从未被证实。又或者，对宣言的合法化基本都是不可视的。又或者，"发生"不具备被识别的特征，"发生"本身就无法与"未发生"相区分。在尼采那里，以上所有陈述都将以这样的方式被表述：事件完全就是沉寂之物。沉默将是对事件始终无法被证实之特征的暗喻。这正是我们在《查拉图斯特拉如是说》第二部分一篇名为"大事件"的文章中将看到的：查拉图斯特拉在地狱门口遇见了"火狗"（chien de feu）的寓言。

"火狗"指的是谁呢？"火狗"是民间的反叛事件，是事件的平民形象，或者如果你愿意的话，是事件的古典革命形象。查拉图斯特拉说道，火狗是"反叛和败类的恶魔"。它是暴动的残忍表象，这一表象令有产者战栗。它也是"大地的腹语",深受人类所害的大地,自顾自地疯狂谈论着其显而易见的暴动:所有这些都是火狗。查拉图斯特拉是这样对其进行痛骂的:

> ……你善于咆哮,善于用灰尘蒙蔽双眼!你是最爱吹牛皮的人,最深谙将烂泥煮得滚烫的艺术……
>
> "自由!"这是你极其喜欢咆哮的话语,但现在,我已不再相信伴随着诸多吼叫和喧嚣声的"重大事件"了。
>
> 请相信我,亲爱的地狱噪音之友!最重大的事件不会在最喧嚣的时刻,而是会在最沉默的时刻降临我们中间。
>
> 世界围绕其旋转的中心不是新噪音的制造者,而是新价值的创造者;只不过,旋转将在"沉默"中进行。
>
> 你就承认吧!一旦你的噪音和烟雾消散,人们总会意识到,什么事情也没有发生。一座城市瘫痪或者一尊雕像被推倒在泥潭中,这些又有什么关系呢!

有关这几段话,我想说三点:

首先,与事件相关的所有问题都集中在"噪音"与"沉默"的对立上。"火狗"是尼采所说的"重大事件"的象征，它通过噪音和烟雾来宣称自己。它之所以是事件，那是因为它的偶然发生是对它自己的宣称：噪音和烟雾意味着，事件就蕴藏在现象本身之中。与之相对立的是查拉图斯特拉以自己之名提出的事件形象。这是一个沉默的形象，不会产生"新噪音"，该形象在陈述新价值的同时，将自己置于一个"沉默地旋转着"的世界之中。查拉图斯特拉-尼采认为，这样一个事件无法为任何外部的或现象的符号所证实。通过切断模仿路径，这一点与作为事件或断裂之自我宣称的革命喧嚣器形成对比。

让我们回到"新价值的创造者"这一表述上，完整的句子是："世界围绕其旋转的中心将不是新噪音的制造者，而是新价值的创造者；只不过，旋转将在'沉默'中进行。"这就是说，同平民革命者相对立的新价值创造者无法在他自身的到来中被宣称，换句话说，这个世上的任何东西都无法让他的"到来"显现。可对其进行宣称的或将为其到来鸣叫的"公鸡"，只能是他自己。再一次，我们在这里看到了以自身为前提条件的"循环"的独特形象。查拉图斯特拉将成为宣称查拉图斯特拉之到来的人。这就是为何世界可以沉默地旋转。

最后，查拉图斯特拉提出了与反基督教律法截然相反的论点。反基督教律法完全是依据摧毁象征物、迫害教士的强烈意愿进行构思的，但查拉图斯特拉却提出："一座城市瘫痪或者一尊雕像被推倒在泥潭中，这些又有什么关系呢!"既然这样，我们为何不能说：夷平基督教用以孵化其蛇怪蛋的地方又有什么关系呢？敌基督教者不过是一个平民革命者，难道不是这样吗？查拉图斯特拉继续说道：

> ……至于那些雕像的摧毁者，有关这些人，我要对你们说的是：没有什么比将盐扔到海水里和将雕像扔到烂泥里更糟糕的疯狂了。
>
> 雕像被推倒在由我们的鄙夷所形成的烂泥中，但它的教义就是想让它在我们的鄙夷中获得重生，变得更有活力、更美好。
>
> 在遭受苦难之后，它将变得更具神性，更有吸引力。事实上，雕像破坏者们，它将感谢你们将它推倒在地!
>
> 于是，以下是我给教会及所有在年纪上、德行上变得衰弱之物的忠告：尽管让你们自己被推翻吧!这样，你们将重获新生，德性也会重返你们身上!

这里出现了一个非常惊人的悖论：将所有价值摧毁，这一尼采标志性的计划，在这里却被表述为教会本身最深沉的意愿：即建议旧价值让自己被打倒，从而以相较从前更加荣耀、更具生命力的方式重获新生。因此，查拉图斯特拉完全意识到了颁布一项反基督教律法于事无补的事实。在众多反对基督教的律法中，基督教总是能够收复失地、重获新生。

在这里，我们再次看到了尼采行动中非同寻常的犹豫不决，他仿佛始终在以下两个模式之间左右徘徊：一个是具有宣称性质的革命模仿，具体表现为推倒雕像、打倒偶像以及遵循迫害准则；另一个模式则与前者相反，它以自身为前提条件，低声宣称着总是逃离或不断逃逸的事件，因而不会颁布任何产生憎恨或推倒建筑、雕像的律法。为什么呢？因为推翻总是意味着加强。尽管海德格尔并不认同，但尼采对推翻的意识并非形而上意义上的，查拉图斯特拉深知这一点：事实上，任何被推翻之物总会再生，任何推翻都是一次重生。他知道形而上学的推翻计划意味着形而上学的完成，正如海德格尔后来所指责的那样，他也知道对虚无主义的推翻将意味着让虚无主义与其自身的本质分离并最终爆发。查拉图斯特拉表达的正是这一观点：任何推翻都是一次上升，任何迫害都是一次重生。不过，这样一来，行动又是什么呢？要知道，《敌基督者》向我们宣称的内容正是属于推翻和迫害的范畴。因此，我们必须换一种方式来思考对否定性或摧毁性宣言进行重复的必要性，以及对《敌基督者》这个废除法令进行重复的必要性。必须让某物以另一种方式或在另一个地方言说事件本身，而且该事件本质上不再是命令式的宣言，也不再意味着将雕像推倒在污泥中。那么，如何才能让"敌基督者"不变成基督本身？如何才能避免让"敌基督者"成为基督在其现代颠覆形象中，亦即在尼采通过署名《敌基督者》所承载的形象中的终极重生？事实上，当尼采在《疯癫信札集》中漠然地署上"酒神"和"耶稣"这两个作为"将世界历史一分为二"之两极的名称时，我们遇到了相同的问题。正如我们在前面所说，"尼采"这个专有名称如何得以通过"酒神"和"耶稣"来同时命名这两极，并置于这两极之上？

在这里，问题将以另一种方式呈现：除"敌基督者"外还有什么？在"敌基督者"基础上还应加上什么才能让"酒神"涉及其中？还有就是此次研讨班主要向尼采提出的问题："酒神"在何处？这是一个犹如迷宫般错综复杂的问题。尼采不就自称是为迷宫而生的"存在"，因而是唯一理解阿丽亚娜的人吗？以上便是我们在下次课将继续探讨的问题，下次再上课就得等到明年了……

IV
1993 年 1 月 6 日

今晚，我们将沿用之前的战略继续讨论尼采。我们将从以下三个相互关联的方面进行探讨，让我们回忆一下，这三个方面分别是：

——首先，从哲学之所是出发指出尼采话语或其陈述中的反哲学本质。

——其次，通过以一种更为历史性的方式对尼采的反柏拉图主义进行评估，从而指出在何种意义上整个世纪曾是，曾声称是，或曾得以声称是尼采的世纪。

——最后，第三点，事实上也是最重要的一点，即以尼采为媒介，指出哲学与艺术之间可能存在的当代关系，并借助这一关系，将哲学置于艺术的语境下，但同时不使用任何意味着缝合或同一化的术语。

如果说尼采所呈现的哲学或/和反哲学行动从本质上是原型政治的——通过思想的肯定力量将世界历史一分为二——那么我们就必须弄清楚，在哲学内部，以"政治"

一词为前提出现或再次出现的东西是什么。某个即刻的或经验的决定并不足以说明这个问题。有关这个问题，我们去年曾有过深入的研究。不过，假定你们并不了解该词，那么可以说，"政治"一词主要包含以下两层含义：

——一方面，我们可将"政治"一词理解为"至高权力"（souveraineté）的不同思想模式。这样一来，该词就处在"国家"（L'État）模式下。政治与哲学的关系则与国家问题在哲学内部被处理的方式相关。当下正流行的政治哲学就是按照这个方向被定义的，尽管事实上，这不过意味着哲学在政治面前的让位。

——另一方面，该词的另一层含义在于，我们可将之构思为"真理进程，或者对集体境况之内在无限性的思考"。在我看来，这一层面的意义才能使哲学真正意义上以政治为先决条件。这样一来，政治将变成忠实的事件性进程，会对通过其无限性被抓住的集体境况产生某些真理。由于并没有以至高权力的形象处在国家模式之下，而是体现出了对事件的忠实性，政治反而会在集体中载入与国家保持一定距离的能力或可能性。正是这一能力使得思考集体境况的内在无限性成为可能。

那么，尼采赋予"政治"一词的含义是什么呢？或者当我们用原型政治来指称尼采的哲学行动时，我们赋予了"政治"一词何种含义？让我感到吃惊的，是在某种程度上复制了"政治"一词双重性的尼采本身的双重性。尼采1888 年春遗作的两个片段很好地为我们证实了这一点。第一个的标题为《弗里德里希·尼采政治论》（*Un tractatus politicus de Friedrich Nietzsche*）（这里的"标题"一词取其字面意，尼采自己将这个标题置于页码中间，还标出了其作者，仿佛它是一本真实存在的书，但其实这本书并不存在）。这是一本"政治专论"（traité politique），其中"尼采"是一个范畴而不仅仅只是一个名称。尼采在这本书中构思着某个至高权力谱系纲领，即美德的至高权力谱系纲领。通过其标题"政治论"，尼采赋予了该纲领被称作"政治"的可能性。在这里，"政治"一词似乎按照第一种含义被理解，指的就是有关至高权力的思想。然而，第二个片段却表达了国家幻想的彻底破灭，认为国家不再能成为思想或原型政治行动的重心。这个片段是这样说的：

……一个人为国家服务所做的任何事情都是违背本性的……同样地，这个人为在将来服务于国家而学习的任何东西也都是违背本性的。

从这个角度来讲，"政治"一词似乎又转向其另一个可能的含义：要想有政治，尤其是原型政治，就必须处在国家形象的某种不在场中，这个不在场不仅体现在行动方面，而且也体现在知识方面。一个人为国家所做、所学的任何东西都将导致其本性的变质。从尼采赋予"本性"一词的价值出发，可以说，人们为国家服务所做的事情，或为将来服务于国家而学习的东西，都外在于任何真实思想。

那么，应该如何解决至高权力与同国家的绝对远离之间的双重性呢？我们需要求助于"本性"一词或"生命"一词的模糊性。这个模糊性体现在，生命是所有评估中"不可评估"的基底。"生命"的本质属性归根结底是"本性"的本质属性，它不可评估，它是相对所有评估基底而言不可评估的部分。正是"本性"这一不可评估的维度支撑了"政治"一词的模糊性。事实上，尼采意义上的至高权力是生命强力的所有加强（intensification）都将趋向的对象。尽管至高权力总是倾向于变成不可评估之基底的现象，但它自己本身总是可评估的，因为它是任何对生命强力的评估、任何此类对本性的加强所趋向的对象。这就是为何，1887 年秋，尼采将其纲领规定为"用一个至高权力形成论代替社会学"。因此，在思想上，"政治"一词确实可以指称某个至高权力形成理论，某个与生命强力之加强类型相关的理论。不过，从"不可评估"的另一个角度出发，我们将为此付出代价：至高权力总是反动的（réactive）。它不仅是对生命强力的激活，而且同时也将是反动的：尤其在国家模式下，至高权力是对新的生命肯定以及正在加强之肯定的压制。由此便产生了"政治"一词所表达和保留的平衡或犹豫：一方面是将至高权力视作生命或本性之所是的无法评估之基底的现象；另一方面是将至高权力视作可评估的对象，将之视作一个既定的、可评估的至高权力，从所有正在加强之物的角度出发，由于其加强只能通过权力与权力的对抗也就是对既定至高权力的反抗才能完成，因此，这个至高权力将不可避免地具有某种反动本质。

"原型政治"始终应该在这个模糊性中被理解，其中包含行动本身亦即原型政治行动的模糊性。无论原型政治行动是哲学的或反哲学的，它的目标都不是建立一个新的至高权力。不过，在思想的本质运作方面，必须明白的是，将世界历史一分为二的行动虽以革命范式为模仿对象，但与后者不同的是，它不会让一个至高权力代替另一个至高权力，也不会用一个积极主动的至高权力来代替反动的至高权力。类似的观点不过是对尼采哲学行动纲领的简化。尼采行动并非对某个新的至高权力的创造：尽管尼采曾发出截然相反的宣言，而且海德格尔也曾极力复述这些宣言，但行动的本质并不在于对新价值的制定。将所有价值推翻的本质并不是制定新的价值，也不是用另一个既定的至高权力形式去取代基督教或教士的至高权力。事实上，原型政治行动应该创建的是某种肯定世界的能力，而肯定世界的能力并不能被还原为某个新的至高权力。无论如何，"政治"一词的模糊性——一方面是对至高权力形象的评估，另一方面是对任何至高权力尤其是国家的远离——尤其让以下事实凸显出来：原型政治行动是对这样一个肯定力量的释放，这个力量内在于所有可能的至高权力中。这便是尼采所说的"我通往'是'（oui）的新道路"。核心问题是有关"是"的问题。在何种条件下我们可以言说"是"？是相对什么言说的"是"？事实上，需要被创立的是"对如所是之世界言说酒神式'是'的力量"。作为尼采哲学行动之决定的原型政治不应该从至高权力的角度来理解。应该从至高权力角度来理解的，是对现存至高权力的摧毁式评估。这就是为何，这样的评估将代替社会学："一个有关至高权力的学说将代替社会学。"相较一个实证的社会学，更应该出现一个对至高权力之形成进行评估的社会学，也就是一个阐释的社会学。在知识及科学层面，则应该用一个评估协议来代替分析性描述，这个协议只与既定的至高权力相关。至于行动纲领，这里并不是要用一个至高权力来替代另一个至高权力：行动是对世界进行肯定的新制度。肯定将作用于加强形象的整个空间，因此也就是作用于潜在的或可能的至高权力的整个空间。这就是为何，这是"对如所是之世界言说酒神式'是'"的进程，当然也是对"可能是"之世界言说"是"的进程。因此，我们将看到，行动并不意味着本义上的对世界的改变。尽管具有与革命范式相对应的模仿"形式"，但行动本身并不以"改变"为内在规定性，因为这里涉及的是如所是的世界，这个世界不会呈现出其他的样子，除非从总体上让对这个世界的肯定性评估变得可能，也就是可以对已完结之行动言说伟大的"是"。

在我看来，这个"是"的可能性问题贯穿了从 19 世纪末到 20 世纪初的整个过渡时期。乔伊斯作品《尤利西斯》的结局就暗示了这一点：摩莉·布卢姆（Molly Bloom）的独白聚焦于对终极之"是"的思考。这一切仿佛，小说的庞大建构以"是"为命运，以"是"为终极形象；仿佛文学的、韵律的诡计不过是一个让完整之"是"的不大可能的可能性显现的虚构。阅读这段独白，我们会发现，将在"是"之维度被再次抓住的，其实是如所是之经验的总体性。不是对这个经验的改变，而是在一个完整的"是"中对经验的再次抓住。无论如何，从行动方面来看，也就是从在行动一开始便让之成为可能之物——完整的"是"——出发，《尤利西斯》的结尾部分拥有尼采的维度。换句话说：尼采主义中具有摧毁性的部分意味着一个有关至高权力的词法，以及通过对该词法的阐释而对基督教的摧毁，由此揭示出"基督教"是反动至高权力形成

的一般名称的事实。这一摧毁行动只会产生多重构成
（composition multiple）的肯定。这个肯定无法被某一个单
独的构成所替代：它将在效果及多重状态下释放出那个有
待重新肯定的世界。将作为物质世界之多重性被肯定或重
新肯定之物，由旧价值的残骸或碎片组成。又或者：对尼
采而言，"多"（multiple）中并没有新的东西。"多"，即
处在其多样性"生成"中的"有"，与其自身为同一
（identique）——此外，这正是永恒回归的意义之一。同
时，在碎片的形象中，这个与自我的同一性将把它自身暴
露在一个新的酒神式"是"中，这个"是"会从"多"自
身出发而不是在另一个世界或另一个至高权力的虚构形象
中对这个"多"进行重构。让我们思考一下尼采在 1888
年夏天写下的这个段落（该段落也收录在《酒神颂》中）：
"……星星的碎片，在这些碎片之上，我构建了一个宇
宙。"这正是在肯定性行动中起作用之物的准则："星星的
碎片"，或者曾经以恒星方式统治人类天空之物的准则。
我们难道不是已经用锤子进行了充分的哲学思考，从而让
天空不再仅有星星和碎片，而是将之打造、构建成一个由
这些碎片组成的宇宙吗？这个宇宙不会以其他形式构成，
而只会变成对作为碎片之碎片的肯定。新宇宙赋予了我们
世界本身，在这个意义上，新宇宙的组成将意味着对旧世
界残骸（碎片）言说"是"的可能性。同时，作为"世

界"的世界残骸（碎片）正是在酒神式"是"中需要被肯定或重新肯定的东西。

在这个如此湍急的灵感漩涡中，在这个令人眩晕之思想的无尽流动中，尼采使用了"跳跃"和"舞蹈"的暗喻来界定他的行动。在一阵隐秘狂喜的激动后，尼采大喊道："我产生了跳跃！"为何是"跳跃"呢？因为如果说尼采行动的目标是用酒神式的"是"来肯定或重新肯定如所是之世界或处在其碎片化状态下之世界的总体性，如果说这个行动是在超越破裂和碎片之后对被打破之物所言说的"是"，那么它就可被简单地视作跨越生命本身所设置之障碍的一记跳跃。行动将呈现为在碎片中相对碎片的跳跃，从而使人们得以实现超越。不过，这个超越只能是相对自身的超越，因为宇宙只是从碎片出发而被创建或重建的。总之，行动是自我超越的生命强力。这正是"跳跃"一词所指示的内容。生命强力的时刻（instance）作为至高权力的形成以及反动的至高权力被给予（se donner）。正是生命强力的时刻创造了至高权力，因为除此之外，别无其他。对该创造的打破言说"是"，其实就是让生命超越生命强力自身所创造的障碍，在打破该障碍的同时产生跳跃。因此，作为思想事件的哲学行动将是某种"内在的溢出"。这个"溢出"是相较旧价值形象而言的，但它同时还处在溢出之物的内部。这并不是一个否定性（négativité），不是

黑格尔意义上的超越："跳跃"意味着在自己影子上相对
自身的跳跃。由此将不可避免地产生一个全新的肯定时刻。
我们将在这里引用《酒神颂》里的另一个片段，以进一步
说明这个时刻的强度：

> ……这个至高障碍，这个无法被思考的思想，是
> 谁为自己创造了它呢？是生命自身为自己创造了至高
> 的障碍。现在，它在自己的思想之上并脚跳起。

有关这个文本，我在这里做两点评注：

——一个与"至高障碍，这个无法被思考的思想"这
一表述相关。显然，这个思想指的正是反动至高权力的形
成，它还有好几个名称。让我们记住到目前为止一直被我
们当作类属名称来使用的"基督教"一词，即这个让现代
世界蒙上阴影的词。那么，是谁为自己创造了这个障碍？
是谁为原型政治行动制造了这个独特的政治障碍，亦即至
高权力的形成？是生命本身。

——另一个与"现在"这一表述相关：在行动的"现
在"中，生命应该在它的思想之上产生跳跃。这便是我所
说的"内在的溢出"。

为让行动发生，为让这个"内在的溢出"发生，必须

得让行动被宣称或宣告——除对它的宣告外，它的到来没有任何其他可能性或痕迹——不过，这个宣告同时以行动为前提。或者也可以说：对将世界历史一分为二的激进事件所进行的这个宣告，不过是对这个尚未发生之事件的预先命名。于是，尼采的原型政治行动进入一个循环。有关这点，我在前面已多次强调，因此不再赘述。总之，这里涉及的正是以自身为先决条件的查拉图斯特拉形象。他是自己的先驱，或者正如尼采在另一个地方所说，他是作为"应到之人的影子"而呈现的人物。查拉图斯特拉就是这个循环的形象，这就是为何与他相关的动物是蛇。然而，支撑起尼采行动循环性的，是事件与其命名之间的关系。我甚至会说，这便是尼采思想的十字架之路或大马士革之路①，这条道路不是别的，正是查拉图斯特拉的形象。为什么呢？这是因为，很显然，无论一个怎样的事件，作为事件本身，它只能以自身的"消失"为"存在"——正是这一点让它成为相对"存在"本身的溢出——只能通过对它的命名得到保留。事件作为场景再现的可能性，或在不断超越事件性强化（supplémentation événementielle）之物的内部实现再现的可能性，均以对某个名称的运算为前提。

① "十字架之路"（chemin de croix）即"苦路"，指耶稣背着十字架走过的路。"大马士革之路"（chemin de Damas）指的是圣保罗在耶路撒冷和大马士革之间的信仰转变。——译者注

我们可以说，事件的未来与其名称息息相关。由此产生了需要知道这个命名从何而来以及如何展开的问题。这是一个极其复杂的问题，它同时要求存在某个循环性以及对这个循环性的打破——两者必须同时存在。在尼采那里，总是存在着某种命名的先在性：这一切仿佛，命名先于事件，仿佛在事件与其命名之间，同时存在着某种模糊性或某种本质的不可判定性（indécidabilité）。这里并不只简单想说，事件性的消失只能通过其名称留下痕迹，而是想说，我们是在与事件本身还是与其名称打交道这个问题，已经变得不可判定了。在我看来，这正是尼采悖论的核心，亦即他的疯癫。这个疯癫指的不正是去到打破循环的位置并以自身为代价让这个循环得以敞开吗？事实上，尼采的疯癫就是一个断裂，一个在最终发狂的、无声的分裂中与其自身相分离的断裂——与尼采相分离的"尼采"。正因为他以自己的名称为名并带着自己的躯体来到了循环需要被打破的这一点上，这才使得，只有以他自己的疯癫为代价，事件与事件的名称才能相互分离。

那么，这个疯癫将如何喊叫呢？"尼采"创造了世界！这是因为，无论是宣称"把世界历史一分为二"还是宣称对世界的重新肯定，让这些宣称成为可能的特殊模式都始终与这样的事实相关，即世界已经被创造以及循环将在疯癫中被处理：我有权重建世界，因为我曾是世界的创造者。

陈述创建和重建这一循环，这也将使"一分为二"（la cou-
pure du deux）得以实现，因为曾创建了世界的人可以对其
进行重新肯定。事实上，尼采的疯癫指的正是"永恒回
归"本身，是"永恒回归"的效度（effectivité），意味着
这样一种特殊的模式，在这个模式下，以重新肯定世界为
目标而行动的人同时也应该是已经对世界进行肯定的人。
重新肯定与某个最初的肯定息息相关：将世界历史一分为
二行动的合理性以"尼采"这个名称，以及"尼采"本就
是曾创建世界之人的事实为前提。

　　事实上，尼采的原型政治行动在其方式、方法、论据
及行文中假设了两大本质思想体系：一个与世界相关，另
一个与言语（langage）相关。唯有以此为代价，即服从于
这两个严格的条件，我们才能进入到行动的命名话语中，
或者进入以"尼采"之名命名该行动的可能性之中。

　　有关世界的核心论题是什么呢？世界不应该是真理和
观点的场所，而应该是类型的场所。世界应该是一个陈述
的类型网络，或一个由拥有陈述力量之物组成的类型网络，
这样，"尼采"才能成为某个类型的专有名称，即让世界
在被打破的同时被重新肯定的终极类型："星星的碎片"
和"宇宙的构建"。由此产生了尼采有关类型学、谱系学、
至高权力的构成、积极力量和反动力量（forces actives et

réactives）之间分配问题等方面的所有学说或描述性章
程——这是尼采最为人所知、但我们却最少谈及的维度。
正如我们所知，德勒兹对这个章程进行了全方位的出色展
示。因此，有关这一点，我想我们无需赘述。目前，对我
而言，重要的是尼采身上的反哲学元素。正如尼采所声称，
一个陈述对象（énoncé）只有从陈述力量的类型出发才能
被评估。要想评估一个历史性存在的陈述对象，只有指出
支撑这一陈述的力量类型，才能完成评估。这便是尼采反
哲学论战的关键点：无论陈述对象为何，都不存在任何内
在于陈述对象的评估章程。任何对陈述对象的评估都要求
找到对其起支撑作用的陈述类型，因此也就是要找到在其
中起作用的陈述力量的类型。任何一个陈述对象都始终只
是对某个力量倾注（investissement）的概括，同时，只有
涉及其中的任意一个"多"的力量倾注类型，才是让人们
对这个陈述对象进行评估的起点。换句话说，无论是哪种
言说，该言说的准则都始终与让它反对另一个言说的力量
相关。在这一点上，评估形象内在地具有论战特征。反映
这一点的是有关战争的暗喻：战争论题在尼采作品中所占
据的位置正是真理论题通常在哲学中所占据的位置。以真
理为名或以其他任何同等名称为名对陈述对象内在评估准
则的替换，如今被某种陈述力量的评估准则所取代，后者
总是以敌对形象出现。因此，对陈述类型的描述将始终是

对某个关系的描述，或对某个力量关系的历史性形象的描述。正是在这个意义上，尼采的类型学是一种"泛化的诡辩术"（sophistique généralisée）。在这里，"诡辩术"指的是这样的学说，这些学说认为不存在对陈述对象的内在评估，或者，这些学说趋向于将对任何一个陈述对象的评估与对其起支撑作用的力量类型联系起来。我并不打算立即探讨尼采与诡辩学派的联系：这将是一个复杂的问题，因为其中将涉及反哲学与诡辩学派之间的关系。我只是想说，谱系学或类型学是一种泛化的诡辩术。此外，尼采对诡辩学派的明确致敬也证实了这一点：他毫不犹豫地指出，诡辩学派是柏拉图时期希腊哲学中唯一健康的部分，因为该学派认为对陈述对象的评估总是与力量评估的争论体系相关。我们可以说，在世界规律，同时也在生成规律或历史规律方面，尼采的谱系学作为至高权力之形成理论或力量类型之类型学，其实就是一种"历史化的诡辩术"（sophistique historialisée）。之所以是一种"诡辩术"，那是因为它认为对陈述对象的评估体系应该在力量关系中被把握；之所以是"历史化的"，那是因为这里涉及的是类型的谱系学，或者因为在这里，任何类型都是在其生成中或在其与艺术类型的关系中被理解。

那么，言语方面呢？在这个方面，显而易见的是，言语无法成为评估共识（partage）的场所。言语无法成为在

他者律法（loi de l'autre）的规定下，论题或陈述对象被阐
释的场所，因为其实并不存在他者律法。因此，无论人们
置身何处，都不存在任何对陈述对象的内在评估。言语从
本质上是肯定力量的源头，因此会遵循宣告式行动或对语
言（langue）本身之能力的见证。言语问题与言语的力量
相关，而与其确切性无关。至于语言本身，那在其话语的
细微毛孔中散发着原初力量的语言，那充满了跳跃与滑稽
的语言，它的能力则在于召唤诗歌，让诗歌在这个如此宏
大的精神狂欢中微微作响。语言被诗歌艺术所俘获。

在这里，我们触碰到了一个非常重要的点：尼采将艺
术视作一种保留的过剩（surabondance）或一种感恩（grat-
itude）。当语言作为评估性语言时，它的职责并不在于让
陈述对象变得正确或恰当，而是在于对某种语言能力的释
放，让语言变得过剩，变得拥有超出之前它看起来所具备
之能力的超能力（surcapacité）。一个可以奔跑、跳跃、伸
展、舞蹈的语言，一个能够承载一切、言说一切的语言。
因此，评估性语言必定是创造性的。它不能是一个可供使
用的语言，而要成为创造性的语言，成为在战争空间中献
出自身的语言，它献出自身的过程就像人们献出某个武器
一样。我们正应该在这个意义上去理解尼采在《瓦格纳事
件》中所说的这段话：

　　真正美妙的艺术，真正伟大的艺术应以感恩为
本质。

　　在尼采那里，与确切性概念相反的正是感恩的概念。
于是，确切语言的概念被慷慨语言的概念所取代。这里的
慷慨语言指的就是能够展示语言之所能并慷慨地散发着这
个能力的语言。同时，这就是为何，该语言也是一个与其
艺术家类型相关的语言，因为，正如尼采所说，"真正伟
大"的艺术，其本质在于"感恩"。

　　人们必定乐于将诗歌视作感恩的语言，或将其视作对
语言之感恩的展示：不是对语言的确切性，而只是对其感
恩的展示。正是在这个意义上，评估言语的本质或哲学行
动言语的本质与诗歌相关。我们可以说，与其思想如此紧
密相关的尼采风格是一种论战的诗学。"诗学"是因为其
本质应该是过剩和感恩；"论战"是因为这个行动力量总
是以另一个力量为度量。

　　即便尼采的生命或其生命的背景是一个悲剧，但其风
格有一个独特的对手，即戏剧（théâtre）。在他看来，作为
感恩的语言与作为表征的语言相对立。无论正确与否，对
尼采而言，让语言拥有表征形象的正是戏剧。可以说，在
这一点上，存在着某种极性（polarité）：一方面是论战的
感恩——诗歌是其最后的源头；另一方面是被表征和被历

史主义所俘获的语言——这个语言的完美形象便是戏剧。在这里，我将引用《瓦格纳事件》中的一段话：

> 应该不厌其烦地在瓦格纳主义者们面前叫嚷何为
> 戏剧：始终低于艺术的东西，始终次要的、粗略的、
> 扭曲的东西。

尼采以《悲剧的诞生》为出发点，在论证悲剧的音乐性的同时，不断将矛头指向戏剧性（théâtralité）及戏剧。对他而言，戏剧是语言的"忘恩负义"（ingratitude）。诗歌在多大程度上是语言的感恩，那么戏剧就在多大程度上是语言的"忘恩负义"，因为语言本身、诗歌，当然还有音乐，所有这些作为语言力量（ressource）的方面，在戏剧中却被表征所俘获、被某种外在性的呈现所俘获。剩下的就是去了解，尼采是否真正理解了戏剧的本质。我感觉并没有，不过这个论点留待稍后或在别处阐释。无论如何，尼采话语是"历史化的诡辩术"与"反戏剧的诗学"的结合。两者之间的组合比较复杂：历史化的诡辩术是赋予世界的命运，反戏剧的诗学则是赋予语言的命运。以上便是让尼采在自我创造之后得以实现自我调节的动力，也正是通过这些动力，他尝试让思想和生命在其自身基础上产生跳跃。这个在自我基础上所产生的跳跃正是行动之先在性

（antécédence）本质。

下面，我们将通过对尼采提出一系列问题，来对他的这一话语进行讨论。我将提出四个问题：

——第一个问题：所有原型政治观点或计划在其批判方法层面上都必将是一种诡辩术吗？这是专属于尼采的一种独特性，即其在谱系学、类型学及"力量"思想体系方面所体现出的独特性，还是我们能够以一种更为普遍的方式认为，原型政治计划亦即将世界历史一分为二的计划，无论其源头或合法性为何，它们在其批判方法层面及在其对旧世界的描述规则层面上都必将是一种诡辩术？在这里，诡辩术一词按照我之前的解释来理解，即对陈述对象的评估不能是内在的，它总是通过对陈述力量体系的评估来实现。

——第二个问题：任何原型政治计划都必将是处在其肯定力量中的一种诗学吗？再一次，这是专属于尼采的独特性吗？或者，如果你们愿意的话，我们还可以将这两个问题结合起来：历史化的诡辩术与反戏剧的诗学，这仅是对尼采风格亦即其思想本身之风格的概括，还是说它们通过尼采并在超越尼采的情况下揭示出了所有原型政治计划——亦即所有旨在赋予思想某个绝对断裂功能或某个对终结之超越的计划——的特征？

——第三个问题：所有原型政治观点都必将对戏剧表现出憎恶吗？考虑到柏拉图也曾表现出对戏剧的憎恶，这个问题也就显得更加独特与重要了。尼采的反柏拉图主义是模棱两可的：在其反柏拉图主义中还隐含着某种潜在的柏拉图主义，戏剧就是这方面的重要元素，不过并非唯一元素。海德格尔朝这个方向走得很远：他不就曾在众多陈述中宣称没有任何人比尼采更像柏拉图主义者吗？无需深入海德格尔这一略显激进的思想体系，我们可以仅考察这样一个问题：任何赋予思想超越、终结、激进改变、绝对终结之理念的思想计划，必定会引发对戏剧的憎恶吗？这告诉了我们有关戏剧的什么内容？最后，这个可怜的戏剧会做些什么？反戏剧的论战在尼采眼中应该非常重要，正因如此，到了晚年，即在疯癫中行动并陷入崩溃的日子里，他才会花费大量精力谈论该主题。《瓦格纳事件》及《尼采反瓦格纳》都首先是反戏剧的。这一点至关重要，而并非可有可无。

——第四个问题：原型政治对艺术有何要求？最终，这个问题对前三个问题进行了很好的总结。在原型政治元素中，艺术所承担或被赋予的功能是什么？对于这个问题，让我们用以下这段话加以说明：

无论人类在何时感到高兴，他在这份喜悦中总是一样的：他是作为艺术家而感到喜悦，他是为作为力量的自己而感到高兴，谎言就是力量……艺术，唯有艺术，是让生命成为可能的伟大之物。

那么，为让哲学或反哲学能够言说出类似"艺术，唯有艺术"（l'art et rien que l'art）的陈述，艺术应该是怎样的呢？在知道了对尼采而言"生命"一词意味着什么之后，大家可以想象一下，"让生命成为可能的伟大之物"可能意味着什么：它指的不仅仅是让生命加强之物，而且还包括了让生命成为可能之物。当语言的"醉"变成舞蹈着的、歌颂英雄式的音乐时，他坦露道，要是没有这种音乐，将没有什么值得被过活："没有音乐的生命只是一场疲累，是一个错误。"音乐，那仿佛喘息着的音乐，是他最后的救赎："现在我已经抵达港口，来点音乐吧！来点音乐吧！"那让人变得轻盈之物，让人得以上升之物，帮助人忘却生命的沉重与黑暗、忘却真理的丑陋之物：唯有这些才是宽恕的源头。由此便产生了对这样一个艺术的热爱，这个艺术让生命成为可能。从此，清亮、自由、轻盈的音乐变成了对这个极度激荡的精神而言最为宝贵的慰藉。我们的问题由此产生：艺术如何才能承担这样一个加强的要求？由此导致，"原型政治对艺术有何要求"的问题变成了对"为让自身能够承载此类问题，艺术应该是什么"

的追问。

以上便是我想探讨的问题。鉴于艺术被认为是"让生命成为可能的伟大之物",鉴于"艺术,唯有艺术"的格言具有某种神性的庄严,鉴于透过以上四个问题,有待讨论的是世界和语言之所是——仅此而已——因此,我们将对尼采的反哲学态度与"存在"这一最重要的问题进行关照。在这里,我并不是要上一堂有关尼采本体论的课程。我的目标是,明确提出一些命题,这些命题内在于我们的策略,即为定位尼采的反哲学而采取的策略。

第一个命题:在尼采那里,"有"被称作"生成"或"生命"。如果我可以这么说的话,该命题是显然的,从字面上看是经验主义的:一开始,"生命"或"生成"不是别的东西,而只是"有"的名称。只有首先在这个意义上理解了这两个词,我们才能接着让这两个词在它们的横向内涵中或在它们预先给定的词义中起作用。在"生命"一词被纳入生物学以及"生成"一词被纳入动力学之前,它们在尼采那里首先是"有"的名称。让我们回顾这件重要的事情:这些名称——"生命"或"生成"——没有与之相对应的相关物(corrélat),这就是说,它们不是某个意义的名称,而是"有"的名称:"有"不是某个意义,因为它逃离了任何评估。任何意义都意味着某种评估,而

"有"却不可评估。因此，由"生命"或"生成"所命名的"有"不指向任何意义。

让我们将 1888 年初的这个片段作为这一关键起点的标志，这是一个非常重要的片段，我在后面还会多次提及：

> ……"生成"必须在任何时刻都是合法的（或者在任何时刻都是不可评估的，两种说法相同）。

需要记住的是："生成在任何时刻都是合法的"这一陈述所揭示的整体合法性，与"生成"本身不可评估的事实息息相关。这个整体合法性是作为酒神式"是"论题的基础，因而也是行动的关键。在我看来，以下这一点至关重要：如果说任何评估或意义的产生都不过是一个权力对抗另一个权力的结果，那么"是"就不是一种评估，酒神式"是"也不是某种至高权力的形象。这是因为，向世界之所是言说"是"，其实不过是对"生成"言说"是"，是对"生成"在"任何时刻"的"合法性"言说"是"，后者意味着"生成"的不可评估性。因此，言说"是"的能力并不意味着对意义言说"是"，而是意味着对无意义之物言说"是"。于是，当"有"被命名为"生成"或"生命"时，当这个"生成"或"生命"需要在酒神式"是"中获得其在"任何时刻的合法性"时，尼采的肯定将不再是某个至高权力的形象，因为它不再是某个意义的形象。事实上，这个肯定将是对逃离意义之物所言说的"是"。不可评估之物逃离了意义，但同时，它也逃离了"无意义"，因为不可评估之物既不具有意义的价值，也不具有"无意义"的价值。可以说，对以"生成"或"生命"为名的"有"所言说的"是"逃离了意义与无意义的对立，即便正是从不可评估之物出发，在其自身的创造中，意义或无意义才得以产生。

下面，我将引用尼采的另一段话来对这一点进行强调。要知道，没有这一点，其他便无从谈起。这段话依旧出自1888年初的那个片段：

> ……"生成"在任何时刻都拥有着相同的价值。其价值的总和等于其价值本身。换句话说，它没有任何价值，因为它缺少一个可以让自己变得可评估或让"价值"一词变得有意义的参照物。（他最后总结道：）世界的总体价值是不可评估的。因此，哲学悲观主义是滑稽的事情。

在这个段落中，"生成""价值""意义""无意义"等词汇相互叠加在一起，出现在表面看来异常复杂的等式中。不过，这些等式不过是用来阐明文本的隐喻：一旦接受了"生成"或"生命"这两个词是"有"的名称，就必须付出相应的代价——代价就是，"有"没有任何价值，因为所有价值都依赖于某个评估，因此也就是依赖于某个固定、独特的"有"，而不是如所是的"有"。于是，"有"的总体（total）将逃离所有价值，或者说，从"有"的角度出发，"价值"一词将不具备意义。此外，需要注意的是，当人们说"从'有'的角度出发，'价值'一词没有意义"时，这同时意味着不存在有关价值的价值，因为任何意义本身都将是一次评估。此外，尤其不存在任何"命定"的意义，以让对世界的总体评估根据其命运得到完成，或根据与"存在"之历史意义相关的某个命定形象获得实现。尼采不遗余力地反对着这些意图，反对着这些救世主般的奢求。从"有"变得不可评估因此也就是变得没有意义的那一刻开始，从意义本身不再有意义、价值本身也不再有价值的那一刻起，尼采便不断地驱逐着那些意图和奢求。这是些拥有着惊人影响力的陈述，以至于我们甚至能够在拉康的作品中读到类似"没有元语言"或"没有有关他者的他者"的命题。在尼采独特的构型中，类似的命题可能变成这样的表述："不存在有关意义的意义"。从这个句子出发，我们怎会不得出"上帝已死"或"一切不可评估"的结论呢？事实上，所有这些陈述都是等同的。

下面，让我们来考虑一下该片段的最后一句话："哲学悲观主义是滑稽的事情。"它为何是滑稽的事情呢？因为这个悲观主义声称世界的无意义是一种价值。它将世界评估为无意义。然而，当言说世界是一个无意义时，这其实已经是一个评估，并已做出"世界是可评估的"这一假设，而不可评估的事实却本应让世界逃离意义和无意义的对立。于是，悲观主义投身到这样一出独特的滑稽戏中：尽可能地靠近"有"逃离意义的事实，但将这个逃离本身变成了一种意义，即无意义的意义，或悲观主义的意义。悲观主义其实就是将"不存在意义"的事实变得有意义的学说，无论这个意义是让它高兴还是让它失落。不过，当悲观主义一方面承认不存在意义，另一方面又继续沉浸在无意义拥有意义之事实中时，它就立即变得滑稽了。那么，我们也会像叔本华一样变成喜剧人物吗？悲观主义的滑稽戏是戏剧性的吗？这些显然是我们可以提出的问题。在进一步追问尼采赋予"滑稽"一词的含义时，我们或许会再次与这些问题相遇。他对"笑"的隐喻非常重要：对于被人们信仰这件事，诸神笑得要死！这件事如此让他们发笑，以至于最后他们命丧于此！在某种意义上，禁欲的反动训练（formation réactive）就几乎被定义为对"笑"的敌意以及对发笑之人的谴责。然而，同时，通过长期阅读尼采，我敢说，他从未真正意义上给人留下笑的印象：我们顶多可称其为"反讽"，它强烈无比，但并不具有太多幽默感，无论对他自身或他人而言都是如此。当滑稽被片面地归为反讽形象时，去了解何为滑稽是一个有趣的问题。此外，去了解何为戏剧的滑稽元素并让两个问题发生交叉同样有趣：幽默、反讽、笑、重复的滑稽——有关所有这些形象，我们非常清楚地知道，它们都是对存在本身所采取的立场。尼采认为这是一个严肃的问题，这是没错的。但问题的严肃性难道不会"严肃地"压制他赋予"笑"的重要性吗？

总之，不赋予"有"无意义之事实以意义，让其摆脱意义和无意义的对立，这是尼采所做的一个极其重要且具有当代意义的判定。在我看来，尼采由此得出的明智结论是：事件、额外部分（supplément），不仅"有"，还有"涌现"（surgir）、"偶然发生"（advenu）等，所有这些都永远无法作为某个意识形象被抓住。"涌现"必须独立于任何对"涌现"的意识才能被思考。还是在 1888 年的那个片段里，有关"生成"，尼采如此说道：

> 必须否定有关"生成"的某个总体意识，即某个上帝，才能避免将事件置于一个既感性又有意识的"存在"的视角下。

要想抓住如所是的事件，思考事件的事件性，或要想与作为"突然发生"之"涌现"产生关联，那么就不能将事件置于某个意识"存在"的视角下，决不能预设某个主体。这就是说，要想保留"所发生之事"（ce qui arrive）的纯粹事件性，就必须让它摆脱任何主体的预存（préexistence）。请注意这一陈述的重要性。要想有主体，必须以事件为前提，而不是相反。主体本身将变成事件性的，而非结构性的。对于一个被预设为可以意识或感知事件的主体而言，永远不会有事件。尼采不无道理地补充道，为了避免为所有事件都预设一个事件主体，首先必须否定"生成"属于意义范畴的说法，必须让"有"在面对意义问题或价值问题时被中性化，或必须指出"有"不可评估的事实。

你们将看到，对纯粹"存在"逃离意义这一问题的肯定，与对事件之事件性的保留，以及与"涌现"本身相联系的可能性之间，存在着很大的关联。这一关联具有决定性的本体论力量：对事件的事件性进行某种思考的理念与"存在"逃离意义问题的事实联系在了一起。在这里，重要的是注意到尼采思想的高度与深度，注意到其强烈的现代性。若不是为了思考名称的天真性（innocence），又为何将"存在"命名为"生命"或"生成"呢？无论如何，问题始终存在。我已经竭尽所能地将这个问题中性化，但最终人们始终还是会提出这样的疑问：为何是这些词而不是其他词呢？没有任何东西强制我们必须将"有"、事件及对意义的逃离命名为"生命"或"生成"。如果"生成"每一刻都应该是合法的,那么由于"生成"无法评估,其生成的维度就会因此被删除:要是评估始终等同于对不可评估之物的评估,那么究竟是"什么"在"生成"呢?如果每一个时刻等同于其他任何时刻——因为作为"有"的时刻无法评估——那么为何还要谈论"生成"呢?人们只有通过评估才能引入差异。如果"有"在本质上是不可评估的,那么它就无法生成,因为无论我们赋予"生成"何种思想,这个思想中都将提前预设差异的思想。如果任何差异都意味着差异性的评估,那么作为"不可评估之物"的"有"必将无法生成。"生成"本身无法"生成"。是的,的确如此,但为什么呢?这个问题始终存在。将之命名为"生命"和"生成",这难道事实上不是一种隐秘的评估吗?言说这个"不可评估之物"应该被命名为"生命",这事实上已经对它进行了评估。在该评估中起作用的潜在范畴是:生命(vivant)和无生命(inerte)的对立,创造(création)与同一(le même)的对立,多样性(diversité)与统一性(unité)的对立,等等。总之,将"有"命名为"生命"和"生成"或许仅仅是一种隐蔽的差异化评估,这便是我们可能指责尼采的地方。

不过,必须为尼采辩护的是,不得不承认,他自己也意识到了这一点,并用永恒回归的理论进行了修正:"生命"和"生成"的评估性倾向在这个"永恒回归"中将被再次中性化。事实上，永恒回归理论想要告诉我们的是，"生成"无法生成，被肯定之物将同时被再次肯定，"有"同时可被说成"到来"（venir）或"归来"（revenir）。正是这一"到来"与"归来"或"转弯"（tour）和"回归"（retour）的重叠，让"有"保持在不可评估的状态，因为当在永恒回归的思想中，人们知道对"有"的肯定同时是某种再次肯定，"生成之物"同时是"同一"，或者"到来之物"同时是一种"归来"时，那么即便是以"生命"或"生成"为名，"有"也会始终保持为不可评估。让我们拯救作为本质本体论名称的"生命"一词吧！它既可指称复数的评估（le pluriel des évaluations）（世界）中那不可评估的基底，也可在永恒回归的规律中指称"同一"的原则。"生命"既是动态评估中不可评估的基底，同时也是不可评估之物的同一或统一性准则。因此，我并不赞同海德格尔有关这一点的阐释：在我看来，在尼采那里，强力意志不是"此在"的名称，永恒回归也不是"存在"的名称。为什么呢？因为在表现为动态加强体系的强力意志与表现为"同一性准则"的永恒回归之间，存在着某种通常被视作"绝对矛盾"（paradoxe absolu）的张力。那么，要如何将两者调和呢？海德格尔不无道理地指出，这里涉及的并不是某种调和，而是某种差异性的寄存（registration différente）。以"强力意志"为名被思考的对象将是如所是的"此在"，而以永恒回归为名被思考或尝试被思考的对象则是"存在"本身。在这个意义上，"永恒回归"将是某个被遗忘或被删除的"存在"，而从该"存在"出发所显现的"此在"则将被命名为"强力意志"。

海德格尔的论证更为精细，不过，其基本研究框架正如上述所说。然而，我不会遵循海德格尔的路线，绝对不会！我会说，永恒回归与强力意志——或者永恒回归与评估，我比较倾向于评估的多样性的说法——是让对生命意义的逃离获得平衡或连贯性的名称。永恒回归与评估或加强的多元性构成了一个双重的命名机制，该机制能够支撑或占有生命对意义问题的逃离。事实上，为说明这一点，必须对"生命"以永恒回归的方式，从动态加强及潜在多元性处所获取的东西进行修正，这个东西将不可评估之物指示为同一的形象。因此，既需要转弯，也需要回归，或者既需要来临（venue），也需要返回（revenue），并同时理解复数的评估及永恒回归：这正是构成尼采"存在"思想的核心。尼采的"存在"思想并非形成于对思想与"存在"之间的某个安排（distribution），而只是形成于他自己的思想构型，因为对尼采而言，"存在"的本质前承条件（prédicat）在于它对意义问题的逃离，在于它的不可评估性。这里便是他与海德格尔的真正分歧所在。对海德格尔而言，"存在"命中注定会被意义所影响或者是可被意义影响的：有一个"存在"的命定意义，即便这个意义仅由对该意义的遗忘所规定或决定。然而，对尼采而言，没有这样一个意义。这是非常核心的一点。总之，同一（identique）的永恒回归与生命加强的隐喻，即不同评估间对立的或论战的多元性的隐喻，它们之间表面矛盾的平衡很容易得到阐释，只要人们明白，这个平衡不过是对生命原初意义的逃离在尝试保持自身平衡时所进行的双重命名。尼采忧心的是，要让"生命"一词很好地命名"同一"（même）和"他者"（autre）的循环性，或者在面对"有"是"同一"还是"他者"这样的问题时，让"有"保持其无法决定性。认为"永恒回归"是"同一"那边，"强力意志"是"他者"那边的说法是合理的，因为它们在总是相互关联的类型多样性中相互呈现。不过，重要的是，不可评估之物既不是"同一"，也不是"他者"，或者面对"同一"和"他者"，它是不可决定的。

或许，由此呈现出了尼采"存在"思想中的赫拉克利特式基底？对逃离基底之能指构型（configurations signifiantes）的识别可以很好地证明这一点：如果将尼采思想体系中的本体论层面剥离出来单独考察，我们会发现，赫拉克利特所称作的"火"与尼采所称作的"生命"非常接近。让我们看一下赫拉克利特在残篇30中的阐述：

> ……这个世界对所有人都一样，它不由任何上帝
> 或人类创造，它曾经是、现在是、以后也将一直是始
> 终有生命的"火"。

这个残篇完全是尼采式的。同一性（identité）与他异性（altérité）通过"有"所形成的平衡具有不可决定性。为让这个平衡被决定，必须要有意义，而在没有意义的情况下，尼采便称之为"生命"，而赫拉克利特则称之为"火"。这是与尼采本体论方面相关的第一个命题。

第二个命题：必须得出不应该将"有"命名为"存在"的结论。"存在"对存在本身而言是一个不好的名称，或者也可以说，"有"不应该以"存在"的形式被呈现。这是因为，将"有"命名为"存在"或"此在"，这样做就已经是一种评估了，是一种反动的评估。从谱系学和类型学角度出发，谁会想要将"有"命名为"存在"呢？谁？一些不好的人！我们将立即明白，也不应该将之命名为"非存在"，这也是一个不好的名称。必须得很好地掌握这个有关名称的逻辑。当一个名称失去效力时，与它相反的词也将失去效力。正是在这个意义上，尼采思想从来都不是辩证的，它从来都不是用一个相反的命名来代替原有的命名。当说出："存在"不是一个好词，因为它支撑

了一些反动的强力趣味（intérêt de puissance）时，其实同时也指明了一个事实，即将之命名为"非存在"也不好。因此，必须在"存在"与"非存在"的组合之外，以其他方式进行命名。有关这一点，让我们来看赫拉克利特在残篇 49a 中的阐述：

> 我们在，且我们不在。

当说"我们在，且我们不在"时，这意味着问题不在此处。赫拉克利特指出，无论如何，"在"（存在）或"不在"（非存在）都不是问题的恰当名称，因为从"有"的角度出发，最好说："我们在，且我们不在"，这样一种说法才能让"有"的问题处在某个名称的悬置状态下。这也是尼采的立场。让我们来看一段尼采写于 1888 年初的片段，该作品在他死后才出版：

> ……通常情况下，有关"此在"我们什么都不应该承认，因为一旦承认，"生成"将失去其价值。[从我们刚刚所说的一切来看，这是一句异常怪异的话。] 因此，剩下的就是去追问，"此在"的幻象是如何诞生的。

　　如果称"有"为"此在"，那么就会让"生成"失去其价值。在这里，你们所有人都可能跳起来说道："生成"是不可评估的！然而，这正是尼采所宣称的：如果对"有"进行命名，就会让它失去不可评估这一独特的价值，就将意味着进行了某种评估。任何将"有"命名为"此在"，或承认有"此在"、有某物"在"的人，都将让"生成"远离不可评估的事实，让它进入到某种独特的评估形象中。这就是为何，尼采紧接着说道："因此，剩下的就是去追问，'此在'的幻象是如何诞生的。"若没有前面的铺垫，我们将难以理解这句话。但若按照以下方式理解，整个段落则将是前后一致的：任何赋予"有"以"存在"名称的人，其实都在进行某种评估，因此，我们完全有理由去追问，谁在评估，以及对"有"进行本体论评估的意义何在。在《偶像的黄昏》中，你们可以读到："存在是一个无意义的虚构。""存在"或许的确是一个无意义的虚构，但这是一个评估——即对生命的评估。与对所有虚构而言一样，必须追问赋予这个虚构以生命的意愿（vouloir）是什么。一旦某个虚构的命名被抓住，它就会变成一个需要被探讨其类型的评估。然而，尼采诊断的核心点在于，将"有"称作"存在"或"此在"的意愿类型是一种反动的意愿类型，它与真实意愿，即对"无意义"或"意义的消除"言说"是"的意愿，相对立。

请大家注意此处的诡辩：一开始，以巴门尼德为名——人们将他与赫拉克利特相对立——选择将"有"命名为"存在"的哲学，并不是一次单纯的操作。它进行了某种评估，将"有"置于某个评估之中。然而，鉴于"有"本身是不可评估的，因此，这个评估是有目的性的，它属于某个类型：巴门尼德哲学一开始就属于某个类型，该类型赋予"有"以"存在"的名称，并将参与其中的意愿视作一种反动意愿，因为赋予"有"以"存在"的名称，即将"有"置于"存在"与"非存在"的诡辩中，这其实就是一个评估，该评估阻止对"生成"言说完整的酒神式"是"：在存在/非存在的对立中，这个"是"是被删除的。如果我们将赋予"有"以"存在"之名的事实称作"本体论"，那么本体论则将是一种反动的虚构，是以下这种哲学从一开始就做出的假设，该哲学反对酒神式的肯定，反对对不可评估之物的肯定，甚至反对对无意义之物的肯定。正如尼采在一个著名的句子中所说："这个对'此在'的假设是对世界所有诽谤的源头。"当人们赋予"有"以"存在"之名，当人们进入存在/非存在的辩证关系中，他们便已经在某个对立中、在对酒神式肯定的拒绝中，对"有"做出了评估，因为他们企图虚构地评估不可评估之物。因此，人们便可能为对世界的所有诽谤授权，而哲学正是这一授权本身。从此，诽谤将简单地以这样的形式呈现：从人们用"存在"术语来评估"有"开始，它便拥有评估类似"非存在"之物的权利。从此，人们将置身于"对世界所有诽谤"的矩阵中，只会说出类似"这不存在、并不真正存在、不应该存在"的话语，何其不幸……这正是现象与实质、表象与真理等的对立逻辑。因此，对世界所有诽谤的矩阵、对完整世界之所是那酒神式"是"的拒斥或其不可能性，它们最终都在最初的哲学命名中，即在赋予"有"以"存在"之名的选择中，找到了源头。这里涉及后来被我称作的类属意义上的"反哲学"的某种构成元素。

反哲学始终持这样一个观点：哲学应该为"有"的贬值负责；"有"在哲学上如此呈现后，从此其贬值才变得可能。反哲学将哲学视作贬值之一般体系的罪魁祸首，将之视作应该为最极端意义上的肯定（尼采称之为酒神式肯定）之不可能性负责的人。又或者：哲学从源头处便对言说"是"的困难负责。这是你们在所有伟大的反哲学家那里都将识别出的一个本质的反哲学矩阵。难道拉康没有说过"本体论应该被称作'羞愧论'（hontologie）①，即'存在'之羞愧"类似的话语吗？在这一点上，尼采与拉康如出一辙，尼采认为：在哲学将"有"命名为"存在"的事实中存在着某种耻辱，这一命名带来的后果是，我们如今难以对世界言说"是"了。此外，另一个尼采不断致以友好问候的著名反哲学家帕斯卡说出了几乎相同的话语：哲学让对上帝言说的"是"变得晦暗无比。它使我们受困于一个不真实的"哲学家和知识分子的上帝"，阻止我们去明白这样一个道理，即所有问题在于对"以撒和雅各的上帝"言说"是"。哲学是令人虚弱的症候群，通过虚假的名称，它阻止我们愉快地肯定"存有之物"——这正是反哲学决定性的判决。今晚，我们就以这个冷酷的判决结束。

----

① 羞愧（honte）是拉康哲学中的一个重要术语，是"存在"感受到自身"缺失"或"虚无"时所产生的一种经验。这里玩了一个文字游戏，在法语中，"hontologie"一词与"本体论"（ontologie）一词发音相同。——译者注

V

1993 年 1 月 13 日

正如前面所说，我们在尼采那里发现了"政治"一词的复杂性，该词被置于或夹在了至高权力与解放问题之间。对这一点阐释最为清楚的文本是《查拉图斯特拉如是说》第一部分的"论新偶像"章节。因此，我将通过对这一章节的考察，来对之前的讲解进行补充。

新偶像指的正是国家。当查拉图斯特拉开始攻击新偶像，说出"这个丑陋发霉的东西，逃离它吧！远离对这些多余之人（superflu）的偶像崇拜！"等话语时，他针对的正是国家。这篇文章具有如此浓厚的反国家倾向，以至于后来长时间内，人们始终谈论着尼采式无政府主义。事实上，尽管前面谈到了尼采有关至高权力之形成的学说，但他的思想中的确存在着某种无政府主义。该无政府主义属于反国家的咒骂类型。在文章的一开头，人们便能读到这类表述："国家，冷血怪物中最冷血的那个。"该表述后来几乎成为一种共识，戴高乐将军以及许许多多的……政客都喜欢引用这句话。显然，"冷血"及"怪物"在尼采的暗喻中都是严重的指责。从这些指责出发，我们可以去思考尼采对国家的看法是什么，去思考从这个对"冷血怪物中最冷血的那个"的暗喻式咒骂中，即从这个指示出其与国家之间关系的重要表述中，我们能得出何种结论，并在最后以此为出发点，阐明原型政治中"政治"一词的含义。这篇文章如《查拉图斯特拉如是说》中所有其他文章一样神秘莫测。为让其变得可读，我将选择以下几个论点进行重点阐释。

——第一个论点至关重要：国家不可能声称以人民为依靠。该论点将"人民"一词所指称的对象与国家可合法依靠的对象进行了区分。或者，更具体地，不存在可能的有关人民的国家构型（configuration）。国家始终是对人民的歪曲（défiguration），这是对任何国家代表制理论的尖锐批判。尼采的主要论据如下：人民始终是一个"创造"（création），这正是他所使用的词汇。人民不是某个字面意义上的"国家"① （État）：它不是事物的现状，而是一种创造。因此，"人民"一词命名了某种创造的维度，这个维度在国家形象中遗失或被抹去了。尼采可能会说，任何人民都只是在作为信仰与爱的自我创造中呈现给自身的东

———————

① 在法语中，état 一词指"状态"，但当首字母大写时，État 即变成"国家"的意思。——译者注

西。信仰与爱，记住这两个词：

> ……所谓创造者，指的是创造了人民并将信仰与爱悬于人民头顶之上的人：这样，他们得以为生命服务。

正是这两个词将人民指示为创造。同时，这是一个无利害关系、只与自身相关的创造，只会对自身进行评估。相反，尼采可能会说，国家属于"陷阱"范畴。国家是为大众设下的陷阱，这个陷阱与裁判权和利益相关。

> ……那些为许多人设下陷阱并称之为国家的人是毁灭者：在这些陷阱之上，他们悬挂着一把利刃和上百种欲望。

人民在"信仰"与"爱"类型下所拥有的创造力量是对自我的肯定，而国家则是"为大众设下的陷阱"，是通过利刃亦即通过暴力，以及利益的扩张，对这个创造本身设下的陷阱。总结起来就是说，人民是一种无利害关系的创造，国家则是对利益的一种攫取，这是论点的核心。

——第二个论点属于谱系学范畴，它追问国家为何存在。为何会出现这样一个陷阱，该陷阱为原本无利害关系的人民创造设下圈套，让其掉进由利益编织的天罗地网中并将之臣服？国家为何会倏忽而至？尽管支撑国家的力量是一种反动力量，但这个力量究竟是什么？尼采回答道：国家，尤其是现代国家，将对诸神的胜利占为己有并让其为自身利益服务。这就是为何，尼采将之命名为"新偶像"。国家是在"上帝之死"的元素中或在"上帝之死"的边界线上备用的偶像。相较与上帝之战中所释放出的力量，国家攫取的只是一个疲软的、已经部分失效且残余的力量：

> ……国家也猜透了你们，你们这些曾经的上帝战胜者！你们在战斗中已变得疲劳，而现在，你们的这份疲劳又为新偶像服务！

作为新偶像以及作为评估或主体性的现代国家并不是简单的国家建构或配置（appareillage）。让尼采感兴趣的是国家偶像崇拜的原因，是臣服于国家的原因。这就是说，让他感兴趣的是作为主体性或意愿的国家。尼采主要探寻的是那个让国家得以汲取其偶像力量的疲软意志：正是这份疲软在超越对上帝的胜利之处，或在这份胜利之后，占领了人们的精神。因此，必须很好地明白，"上帝已死"这句格言——如果我们从支撑这句格言的意志出发，从为这句格言授权或让其成为可能的斗争出发——正是国家得以获取其陷阱可能性的源头。国家建立在反宗教战争的疲软之上，建立在处于其疲软状态下的"上帝已死"的事件之上。总之，它是所有胜利之后、在随之而来的疲软中来临之物："国家猜透了你们这些曾经的上帝战胜者"，正是你们为国家构建了反动的权威。因此，只有当我们能够说："国家已死"时，"上帝已死"这句格言才能抵达其肯定的力量。唯有"国家已死"这一陈述的可能性才能真正实现"上帝已死"这一陈述，不让其陷入恢复的、重建的疲软中。这就是说，对国家进行咒骂的必要性深深印刻在尼采有关"上帝之死"问题的逻辑中，因为国家只是从"上帝之死"中攫取了它的剩余力量。

——第三个可能让我们感兴趣的论点是：国家从本质上是一种堕落（corruption）。这里的"堕落"一词应该理解为，作为堕落力量（如果我可以这样说的话）的国家在本质上是多余的。你们会发现，在尼采的思想体系中，人们是如何地远离任何国家功能主义视角。从主体攫取（captation subjective）的角度出发，存在着某个国家的本质多余性，或者我的一个惯常说法与之相印证：国家作为寄生虫的形象呈现。由于其本质堕落的特征，在肯定场景面前，国家总是寄生的，由此导致，它将是对肯定力量的腐蚀。

　　……你们看这些多余之人！看他们爬上爬下，活像机灵的猴子！为越过彼此，他们不惜相互踩踏，最终掉进烂泥，落入深渊。

　　他们个个想要登上王位；这是他们的狂热——仿佛幸福端坐在王位上！然而，坐在王位上的通常不过是烂泥——同时，王位也通常扎根在烂泥中！

有关这方面，尼采的命令是，我再次引用：

　　……这个肮脏的发霉玩意儿，逃离它吧！切记要远离对多余之人的偶像崇拜！

国家权力的堕落正是其多余或剩余本质的表象。除反叛国家的热忱外，尼采还指出，国家建立在攫取"上帝之死"所产生之剩余力量的基础之上，最后还指出，国家不具备任何合法性来自称人民意志的代表。

　　——第四个论点：国家以"文化"之名将思想据为己有。

　　……你们给我看一下这些多余之人吧！他们窃取了发明家的作品以及智者的财富：他们将所窃取之物称作"文化"——于是，对他们而言，一切都变成了疾病与不幸！

总之，通过某种晦暗不明的定义，尼采对文化进行了
难以置信的尖锐批判：文化是被国家掌握的艺术（让我们
仅将该表述视作一种范式，文化当然同时也是被国家掌握
的科学、哲学和智慧）。但请注意，始终要从主体性的角
度出发对这句话进行理解：这里指的并不是同样存在、只
是居次要位置的国家艺术，而是从新偶像的主体性出发所
实践和理解的艺术，是与新偶像亦即国家之间存在着主体
性关系并处在后者疲软意志中的艺术。因此，文化将与艺
术，当然同时也与科学、哲学相对立，正如国家与人民相
对立，两者之间存在着某种类似数学比例的对等。人民与
国家之间的分离与非关系——当然，它同时也呈现为某种
关系——与艺术与文化之间作为关系的非关系类似。当我
们尝试从意志和主体性维度出发，去理解"文化"，即德
语中的"Bildung"一词时，我们会发现，"文化"一词指
称的正是国家的疲软形象。任何文化都是一种疲软，因为
唯有疲软才能从主体方面使国家的归化成为可能。让我们
始终记住这一点。一开始，只有对"上帝之死"的剩余力
量所产生的普遍国家归化。然而，艺术中充满肯定意志的
地方，同时也正是会产生疲软之处：在这一点上，艺术任
由自己被抢劫与偷盗，由此被掠夺的赃物便构成了文化元

素。需要注意的是，在尼采眼中，任何国家都是文化的，对应地，任何文化也都是国家的。在文化与作为疲软意志之新偶像的国家形象之间，存在着某种本质的关联。

——最后，第五个论点，它是对前四个论点的回顾：人性总是超越国家的。下面，我为大家读"新偶像"章节的结尾部分：

> ……只有在国家终止的地方，才开始有不再多余的人，必要的人之歌，那无与伦比、不可替代的旋律，方能响起。
>
> 在国家终止的地方——我的兄弟们，睁眼看吧！你们难道没看到彩虹和超人的桥梁吗？

这段话中值得注意的是有关"超人"的主题。事实上，文章追问的是"超人是什么"的问题。如果我可以说的话，"超人"指的当然是——人，不过是作为不可替代之肯定的人，是处在某个不可替代之肯定状态下的人。这里涉及一个我们在前面经常展开的逻辑：正如将世界历史一分为二并不意味着用一个好的至高权力来代替另一个坏的至高权力，同样地，在这里，从人到超人的过渡也并不意味着用一个类型对另一个类型的替换或代替。事实上，"超人"就是对"无与伦比""不可替代"之人本身的肯定。诚然，正是尼采的原型政治行动宣告了"超人"，但同时，我们也必须在原型政治行动的一般逻辑下，即在言说"是"的可能性中，对其进行理解。"超人"就是能够言说不可替代之"是"的人。不过，文章却告诉我们，"超人"是在国家结束时出现的："在国家终止的地方——你们难道没看到彩虹和超人的桥梁吗?"仔细考察文本，我们会发现，从尼采的思想体系出发，提出某个超人国家的想法是荒谬的。不可能存在任何"超人性"的国家构型。文章讲得非常清楚："超人"以国家的结束为条件。"超人性"的形象是不可国家化的，它只会出现在国家结束之时，而不会出现在其他时候，尤其不会以任何类似国家的形象出现。这一点是无可避免的。

无须进入尼采与纳粹主义之间的谱系学关系诡辩中，以下说法便已经能确定：认为存在某个"超人性"的国家形象的想法是荒谬的、难以想象的。由此出发，我们或许可以对以下两种政治类型之间的摇摆做出不同的分析或阐释：一种是作为至高权力形象谱系的政治，另一种则是表现为绝对反国家的政治。在尼采那里，"政治"一词如何得以同时包含这两个方面？它如何在包含至高权力构型规则的同时，与国家本身的形象保持距离——你们会发现，这个距离非常激进？原型政治行动所涉及的，以及"尼采"作为专有名称向整个世纪所提出的，正是作为"非国家至高权力之形成"的人的观念。之所以是至高权力的形成，那是因为，这是一个处在积极力量顶点的肯定体系，因此，人本身就是这个至高权力的形成本身。这里涉及的不是某个与人或生命"相关"的形成，即不是反动的至高权力的形成，而是人自己变成非国家至高权力的形成本身。此外，人要想变成非国家至高权力的形成，这在国家秩序下是无法完成的，只有在国家结束时方能实现。因此，让人得以成为非国家至高权力的形成的，正是"超人"：具备言说酒神式"是"的人。

现在，让我们暂停这方面的论述，回到一开始提出的论题：分析尼采的反哲学决定。我们采取的方式是，对尼采的原型政治观点进行一系列提问：他的批判方式真的是诡辩吗？他的肯定源头真的是某个诗学吗？他真的对戏剧充满憎恶吗？他想要从艺术那里获取什么？正是通过一步步考察尼采提出"存在"问题——这一根本传统哲学问题——的方式，我得以去追问他的"本体论"，这里的引号是必不可少的。尼采文本中起作用的关键是什么？其中，作为基底或基底之不在场的理论，抑或作为一般性呈现（présentation générale）的理论是什么？我已经提出六条，其中前两条已经考察完，在这里，我再简要地回顾一下：

——第一个命题：对尼采而言，"有"，即"存有之

物"——如此称谓是为了让它处在绝对的不确定性
（indétermination）中——"其名称是'生成'或'生
命'"。"生成"和"生命"这两个词——必须得说，这也
是一个有关方法的问题——无论其内涵为何，它们一开始
都只能被视作"有"的名称。此外，这两个名称并没有直
接的意义所指，它们并不会赋予"有"以意义，因为任何
意义都意味着某种评估，而"生命"作为"有"的名称，
一定是不可评估的。用海德格尔的术语表述就是：处在总
体性中的"此在"没有意义。处在总体性中的"此在"指
的就是尼采所说的"总体生命"（vie totale）。你们将看到，
第一个命题如何开始以复杂的方式将完全不确定的"有"
及"有"的名称——"生成"和"生命"——与意义问题
关联起来。

　　——第二个命题是否定性的，即"'存在'是对'有'
不恰当的称谓"。在这里，尼采将通过揭示在"存在"或
"此在"形象中展开命名进程的不合法性，以此来构建用
"生命"和"生成"来命名"有"的合法性。在这里，曾
经的配对关系（couple）已经被解除："有"不再需要在
"存在"或"此在"的形式中呈现。"存在"是一种虚构的
指称，正如尼采在《偶像的黄昏》中所说："存在是一个
无意义的虚构。"不过，重要的是，一旦定位到一个不恰
当的虚构指称，我们就必须追问——这正是尼采的伟大进

程——谁会进行这样的命名？谁会将"有"的力量命名为
"存在"或"此在"？这里正是体现出尼采反哲学的一点。
他宣称道，哲学正是通过对"有"现象进行本体论层面的
贬低，从而保障了自身的统治。此外，在选择"存在"和
"此在"字眼之初，这一对生命的贬低便已经被包含其中
了。与海德格尔不同，尼采认为，哲学对生命的贬低自巴
门尼德便开始了，由此便解释了尼采思想中前苏格拉底哲
学家天真无辜形象的缺席。认为前苏格拉底哲学家整体上
有着对"存在"最真实的思考、只不过这个思想后来被遗
忘或抹去的想法是不正确的。并不是这样！事实上，从巴
门尼德开始，哲学与反哲学之间的斗争便已开始。哲学是
巴门尼德，反哲学则是赫拉克利特。巴门尼德与赫拉克利
特之间的关联正是源自哲学与反哲学的关联。在对名称的
选择中，甚至在命名的行动中，这一关联已经以其最初的
形式诞生。自巴门尼德以来，用"存在"符号命名"有"
意味着将哲学变成贬低"有"力量的某种统治。相反，以
"生成"的形象命名"有"——正如赫拉克利特所做
的——则是对言说"是"之机会的保存，亦即对完成酒神
式肯定之机会的保存。

　　——第三个命题："逻辑从属于'存在'的反动理
论"。我们将进入认识论或者我们可称作的尼采的反认识
论层面。本义上的逻辑从属于反动理论，以用"存在"符

号对"有"进行命名为前提。从这一点看来，逻辑是一个哲学创造：将"有"命名为"存在"或"此在"，从而一开始就删除其力量，这样的选择为逻辑奠定了可能性空间。在这里，我将引用尼采1887年秋的一个片段：

> ……逻辑（比如几何和算术）只相对由我们创造的一些虚构真理有效。逻辑是以某个由我们自己提出的存在模式为依据去理解真实世界的尝试。

文章说得非常清楚。在这里，我提出两点：

——第一点，逻辑从属于存在模式。只有选择了本体论（onto-logique），才会有逻辑（logique）。或者，更简单地说，任何逻辑都是巴门尼德的，任何逻辑都假设了或依赖于用"存在"名称对"有"进行命名。逻辑不过尝试将存在模式运用于真实世界，该存在模式下的行动在本质上是反动的。由此得出的结论是，当然不能依靠任何意义上的逻辑来完成尼采的原型政治行动。由于一开始就被本体论选择所腐蚀，逻辑因此失去了作为尼采反哲学行动之依靠的机会。我之所以提及这一点，是因为尼采不断表现出的非理性主义主题异常复杂，他有时也会表现出异常古典的理性主义式漠然。事实上，问题的关键在于：我们在其历史流变中所承袭下来的逻辑是否适合反哲学行动？尼采认为完全不适合，这与理性主义与非理性主义间的争辩无关，而是与逻辑的可能性条件及其谱系相关：关键在于任何逻辑中所隐藏的本体论选择。本体论选择可总结为在"存在"形象中对"有"进行命名的类似选择。由此出发，逻辑将变成简单的本体论计算。要想实现肯定的重新归化（réappropriation affirmative），要想获得让人变成非国家至高权力之形成的可能性，就不能在逻辑元素中进行——这无关评估问题，而是一种必要性。因此，我们将按照逻辑原本的样子对待它，不将之视作原型政治行动的某种方式或工具——这是它无法成为的——而是将之视作简单的符号或计算理论，该理论与"此在"或"存在"的虚构论题相吻合。这样一来，我们将不仅能够对它进行限定、划定其界限，而且还可以指示出其存在的原因。如果我们对所有"存有之物"言说"是"，我们必将也对逻辑言说"是"。因此，非理性主义不应该被视作与逻辑相对立的某个"否定"（non），因为人们将以外在于逻辑的另一种视角对逻辑言说"是"。人们将把逻辑视作符合存在模式计算或者本体论计算的符号理论而对逻辑言说"是"。尼采不就曾在《偶像的黄昏》中明确表达过这一点吗？

……作为某个符号理论的逻辑，以及作为该逻辑之应用的数学：通过它们，现实（réalité）永远无法

　　显现，甚至无法作为问题被提出。

　　这就是逻辑，它意味着"现实""有"无法在其中显现，甚至也无法作为问题被提出，因为它是对某个预先构成之本体论的计算，这个本体论早已在"存在""此在"这些分配给"有"的最初名称中被决定。"有"自身永远无法作为问题在逻辑中呈现，因此，逻辑无法成为原型政治行动的恰当途径。这并不是说，在逻辑的自身领域，即以有利于"存在"的本体论选择为前提的符号理论领域，逻辑什么都不是，它没有用处，不值一提，甚至不具本质意义。以上是我想说的第一点。

　　——第二点看似更具技术性，但更为重要：尼采始终将逻辑与数学等同。前面引用的选段可以印证这一点："逻辑（比如几何和算术）"——这里被称作逻辑的东西直接就是数学：几何和算术；后面，"类似逻辑的符号理论，以及作为这个逻辑之应用的数学……"指示出了两者间的细微差别，但始终大同小异：在逻辑与数学之间始终存在着本质的等同。事实上，数学本身就是一种本体论计算。这里指的是对巴门尼德类型的本体论选择的计算，即对通过"存在"这一命名将"有"磨灭的选择的计算。我认为，在对逻辑与数学的有条件等同中，存在着一系列能够呈现反哲学主体性特征的推论，这些推论甚至超越了尼采。我将在这里进一步展开：

1）反哲学的主体性总是包含着对逻辑的贬低。贬低的原因源自逻辑不适合反哲学行动的事实。请记住，在反哲学或原型政治中，行动始终占据中心位置。因此，自然地，对逻辑的"贬低"将与这样的论点保持一致，即逻辑不过是以最初的本体论选择为前提的符号理论，不过是对某个虚构的计算。

2）反哲学立场会将逻辑与数学等同。从这个"贬低"的内在性出发，第二点和第一点相互呼应。如深究其原因，我们将被带至很远的地方。反哲学主体性将趋向于把数学本身视作一个纯粹的符号理论。从这一点出发，在反哲学与人们通常称作的逻辑主义之间，存在着某种有机的同谋关系。任何反哲学都包含着一个逻辑主义，后者认为数学的本质是逻辑——这正是我们在世纪之交的争论中经常听到的论点。以罗素为代表的逻辑主义者认为，在逻辑与数学之间存在着某种连续性和传递性，因此，数学可以还原为逻辑形象，或者数学就是逻辑。逻辑主义就是：在某个逻辑语法所涉及的东西与数学所涉及的东西之间，它不承认存在任何真正意义上的非连续性。在尼采的思想体系中，他以任何反哲学都将涉及的行动为名，对逻辑进行了贬低，但在这份"贬低"的内部，却体现出了某种惊人的逻辑主义。

3）反哲学立场的最终目标是宣称数学什么都不思考，宣称它不是某种思想。正如尼采所说："……通过它们（数学和逻辑），现实性永远无法显现，甚至无法作为问题被提出。"因此，数学并非某个思想体系，而是一个符号理论，一个简单的形式语法。

4）然而，在逻辑主义（认为数学什么都不思考）与诡辩派（认为语言本身并非真理的承载者）之间存在着某种递归式的（récurrent）同谋关系。这里涉及我们考察中的一个至关重要的问题：在反哲学与诡辩派之间存在着的某个间接的同谋点或同质点。这一点以某个数学的逻辑主义观念为过渡，该观念认为数学不是思想。为何这个间接同谋点有着重要的战略地位？因为对数学是否为一种思想的追问一开始就是哲学与诡辩派之间辩论的核心问题。无论从事实上还是源头上，这都是一个问题范式。为说明这一点，只需参考柏拉图与诡辩者之间的争论。数学是一种思想，还是只是一种语法或一种形式符号的修辞，从一开始，对这个问题的思考就在由柏拉图主义所形成的哲学体系与诡辩者在这个方面的抵抗或反抗之间画上了分界线或镜像的关系线。类似的对立一直延续至今，相关争论在整个后继哲学选择史上尖锐如初。更简单地说，在反哲学主体性中——后面，我们将通过尼采以及维特根斯坦来逐步对这个主体性进行命名、建构与创立——存在着站在诡辩派一方的元素，即认可数学不思考。这是至关重要的一点。不过，这并不意味着将反哲学立场变成诡辩，完全不会。为什么呢？因为在反哲学立场中，行动问题是关键，而"能够发生激进行动"这一论题本身并非诡辩。从某种角度来讲，这个论题甚至在最大程度上与诡辩派所坚持的内容相对立。尼采所提出的在思想范畴中产生激进的断裂以及酒神式肯定的来临，这些论题与诡辩毫不相关。只不过，在这个本质的分离中，存在着这样一个递归式的同谋点，即两者都不可避免地贬低了数学作为思想的价值，并使之产生了语法学家意义上的降级。我们有必要去了解，激进行动的反哲学主体性为何会在这个表面如此边缘的问题上，即数学是否为某种思想的问题上，与诡辩派达成同谋。这是一个很好的问题！能找到这样一个问题实属不易！

——第四个命题："只存在关系"。我会如此引入该命题：如何避免再次掉入本体论命名中？这是规定着反哲学与哲学间如此复杂关系的本质危险。抛开作为反哲学家的尼采宣称哲学家是最大罪人的事实，只要他无法让人将所有哲学家枪决，那么他与哲学家之间关系的复杂性就会一直存在……然而，赋予"有"以"生命""生成"名称的反哲学，它要如何抵抗本体论选择所施加的原初压力？在这里，本体论选择指的是用"存在"名称对"有"进行命名。要想对本体论选择进行抵抗，唯一坚固的阵线就是，绝对坚持"有"没有"存在"。必须忠实地相信,"存在"和"此在"不过是纯粹的虚构。又或者坚持认为,"什么都不存在"(rien n'est),这里指的并不是虚无主义,而是"有"对"存在"指称的逃离。那么,如何保证"什么都不存在"且"此在"并未处在显现的形象中?这就需要引入"只存在关系"的理念。鉴于在"生命"及"生成"的类属名称中并没有"存在"本身,因此有的就只有关系,亦即权力的关系。不过,必须从严格意义上来理解:只有关系存在,这意味着在这些关系中并没有同一性。只有严格意义上的关系,即严格意义上的权力关系或联系。因此,第四个命题可以这样表述:只存在权力关系。"有"指的是,只有无关系实体的关系,换句话说,只有关系的关系,否则,就必须引入让关系得以产生的基础原子。但不是的!只有关系的关系,对"有"的考察只能是作为对某个关系类型的考察,在这个关系类型中,关系始终是某个关系的关系。诸多文章提及了这一点,德勒兹甚至对此进行了深入思考。下面,我为大家引用一段尼采 1888 年的作品片段:

……世界本质上是一个关系的世界,在需要时,它可以在每一点产生不同的面貌。从本质来讲,"它的存在"在每一点都不同,它对每一点施加影响,每一点也会对它产生反抗。总之,所有这些加起来绝不会趋同。一个力量值决定了另一个力量值的存在，决定了这个力量值在行动或反抗时所采取的形式、所附带的暴力以及所具有的必然性。

第一句话开门见山，道出了该表述的核心。后面几句话相互交错，共同构成了该选段的复杂性。尼采毫不掩饰：长久以来，本体论选择异常顽固——我们也曾被牵涉其中——以至于随处可见"存在"的身影，然而，"有"却无法接受这个名称。换句话说：若想要更改名称——将曾经被称作"存在"的东西称为"生命"，然后逐步地将曾经被称作"实体"的东西称为"关系"，并从力量关系出发决定"同一"和"他者"——就必须进入一个极其艰难的思想抵抗运动中。对名称的更改同样是一个相对本体论选择而言的思想抵抗行动操作。这个抵抗行动总是困难重重、充满威胁与挑战……因为，诚然，"世界本质上是一个关系的世界"，但抽象陈述是一回事，对这个陈述和宣称展开实践则是另外一回事，将极其艰难。对于这个困难，尼采从两个不同层面展开了分析。首先，"只存在关系"这个陈述禁止对某个总体性的决定。没有世界*存在*。如果严肃思考"世界本质上是一个关系的世界"这句话，就必将得出"没有世界存在"的结论。或者，世界是其表征，但其自身无法显现，"所有这一切……无法趋同"，因为没有作为世界之"存在"的显现。因此，第一个公理是：没有世界存在。接着，任何关系都是关系的关系，即后面所说的"一个力量值决定了另一个力量值的存在"及相反地，另一个力量值也将决定第一个力量值的存在。总体（le tout）被规定在一个关系中，这个关系只能让自身作为关系的关系被衡量。我们无法抓住某个关系中所涉及的实体。在一个关系中，唯一能够被证实的是这样一个"存在"，关系将这个"存在"决定为它的关系或与它相关之物。因此，第二个公理：关系是关系的关系。

让我们记住这两个公理。从第一个公理出发——即没有世界存在——我们需记住，只存在有关世界的面貌（aspect），这个面貌更多属于本体论层面而不是现象学层面：只有不同的计量（pesée）（计量的意象优于面貌的意象），但尤其地，没有连接（raccordement），因此就没有向世界显现的"存在"，这是必然的。从第二个公理出发——即关系是关系的关系——我们则需记住，这些关系处在总是局部化的力量计量形象中。当然，这可能让那些听过我周六研讨会的人想起一些论述：只有出现一个非本体论选择意义上的"存在"思想时，才会有某个"有"相关的思想，该思想有两大本质特征：

1）这个思想不会形成任何总体：它一开始就是去总体化的。但这并不是一种"无力"（impuissance）。正是

"有"自身要求只能以去总体化的形式存在。这正是呈现何为思想之选择力量的绝佳示例。如果认为"存在"是由于其不可靠近性（inaccessibilité）——因为它拒绝我们、逃离我们、在我们面前消失——而无法形成总体性，那么我们其实依旧处在本体论选择中。要想逃离本体论选择，就必须提出显现的去总体化特征是显现本身的有机组成部分，这与主体的无力或主体的遗忘无关，也与主体、人类现实或思想等的历史命运无关。在尼采那里，"给予"（donation）体现出的正是某种"去总体化"：没有任何东西以总体的形象自我呈现。又或者：只有在去总体化的时刻才会产生"被给予之物"（donné）的总体性。再一次，这里并非受限于严格意义上的思想界限，并不是说我们无法进入或我们的理性结构让我们无法做到，亦或我们无法解决问题……不是的！不趋同是"有"的本质："所有这些加起来绝不会趋向于同一"。可被称作"绝对"的，正是非趋同性本身。

2）由此产生的结果是：任何对关系的评估都是局部的。选段如此说道："一个力量值决定了另一个力量值的存在"，但在这里，"力量值"指的始终是某个特定的力量值。因此，任何评估都是局部的，因为"有"的本质在于无法让自身趋同。也可以这样说：只有局部的真理，或存在着一个真理的局部拓扑学。进一步考察选段有关这一问题的阐述——尽管充满混乱与矛盾——我们会发现，这些选段的主导思想是，尼采所反对的，正是这样的真理观，这个真理臣服于最初的本体论选择，臣服于认为存在是"有"的名称的理念。一旦"存在"变成"有"的名称，由此得出的真理范畴将遭到尼采的持续抨击，因为哪怕该范畴呈现为局部的或碎片化的真理，它也必将与某个总体或具总体性特征的"给予"理念相呼应。相反，尼采支持以下观点，即存在着某个亦被他称作"真理"的可能的局部协议，但这个真理以另一个本体论选择为前提：该选择逃离了"存在"的界限，将"有"命名为"生命"或"生成"；换句话说，这个真理承认绝对不会趋同，但同时也不否定真理的存在。简单说来，真理的本质就是局部的。因此，它总是谱系化及历史化的，与类型相关。任何真理都将被置于某个类型学中。可以说，尼采有一个关于真理的类型学观念：重点是找到真理的场域（lieu）。没有场域外（hors lieu）的真理。你们会发现，这一观点在一定程度上与超验、超验世界①、上帝等分庭抗礼，但这正是"以尼采为动力的蒸汽机"！从深层次讲，这一点可能令人难以置信：即便我们声称陈述了一个局部的真理，但倘若

————————

① "超验世界"（arrière-monde）是尼采在《查拉图斯特拉如是说》中所使用的一个术语，统称尼采所批判的所有哲学，这些哲学总是在存在之上假设一个更高的世界。——译者注

我们依旧处在本体论界限内，我们就还是持有一种场域外的真理观，超验、宗教等不过是这个"场域外"的可能形象，或许是最突出的形象。因此，具有决定性的一点在于：人们是否拥有一个能够对真理问题进行筛选或定位的类型学。在尼采那里，这个拓扑学同时也是类型学，因为任何场域也可被视作某种类型。只有相对这些场域和类型而言才有真理。对那些周六未来听讲座的人而言，这可能显得有些深奥，但无论如何，我想说的是，尼采有关真理问题的思想体系更多从属于范畴学而不是集合论。对论域（univers）的规定更多以某个单独理论即范畴理论为依据，而不是以集合论理论体系为基准，因为在他的思想体系中，我们可捕捉到这样的理念：一方面，存在着一些无法统一的论域；另一方面，真正的真理问题总是局部的，或者拓扑的——问题在于找到其场域。这就是第四个论题，简单说来就是：只存在关系。

——第五个论题："不存在恰当的言语"。因此，无法从某个恰当言语的层面出发去探寻不同的思想方式。显然，这是对第三个论题的普遍化，后者声称：逻辑处在本体论选择中，而当它处在这样一个选择中时，它是无法服务于行动的。某个恰当语言的理想型（idéal）无法服务于行动，因此也就是无法服务于思想。同时，这也是对所有恰当性理论（théorie de l'adéquation）的批判，其中包括了亚里士多德式的对真理的定义。思想不能以恰当性为意图或以对恰当言语的某个决定为企图。让我们读一下 1888 年的这个片段：

> ……对某个恰当表达模式的追寻是荒谬的。一个语言或表达模式的内在特征在于：只会表达某个简单的关系。[在这里，尼采思想突然产生跳跃]"真理"概念不具有任何意义。

自此，不知你们是否已感受到了之前那些陈述的关联，即包括语言在内、与反哲学行动方式问题相关的陈述？这些陈述始终不属于恰当的范畴。"对某个恰当表达模式的追寻是荒谬的。"对行动而言，没有什么是恰当的，对行动与言语之间恰当性的要求没有意义。为何？因为"一个语言……的内在特征在于：只会表达某个简单的关系"。应该从两个方面来理解这句话。首先，由于只有关系存在，因此语言总是关系的关系，它会从一个关系衍生出另一个关系，并将不同关系联系起来。其次，由于语言也是局部的，或者处在拓扑学和类型学的规定下，因此它只能表达某个特定的关系。言语、语言都无法悬于关系网络之上。必须明白，我们不能寄希望于通过语言让本无法趋同的东西抵达一致。语言本身并不能实现一致化。我们不能指望在某个语言和解协议中让无法趋同的东西统一；并不存在任何语言的和解协议。语言本身就处在或被置于编织了语言的"关系的关系"的不同定位中，而不是悬于这些定位之上，成为对那些本身无法趋同或无法产生联系之物的统一。这就是为何我们可以说："一个语言的内在特征在于：只会表达某个简单的关系"，以及"'真理'概念不具有任何意义"。带引号的"真理"始终指的是处在总体性某个可靠假设之整体规定下的真理。它之所以不具有任何意义，那是因为没有恰当的表达模式。因此，在这个意义上，甚至没有"真理"的可能场域。言语不是这样一个场域。倘若言语与物或关系保持同一，真理还可能存在，但问题是，并没有这样的言语，言语自身都无法抵达同一。只存在处在关系的关系中的、无法趋同的不同言语或异质的表达模式。这里被消除的，是与真理主题相关的某个语言协议理念。不可能有这样一个协议：语言无权规定某个一致性。它不是一个可能的一致化方式。如果你们愿意的话，它并不是面对经验的异质性能够作为可能的一致性界限的东西。尼采的语言观是，语言同其他方面一样，既不是一致的，也不是恰当的。由此解释了"对某个恰当表达模式的追寻是荒谬的"这句话。因此，反哲学行动将不会以恰当性为准则，也不会以一致化或协议性的表达模式为依据。语言操作本身就是一种力量操作，因而是一种处在力量决定中的关系的关系。

——由此引出第六个论题："作为思想方式的加强虚构"。倘若思想方式无关某种恰当的言语，那么它与何有关？它与加强虚构的方式或虚构的加强方式相关。这些方式将呈现为虚构的加强，其中，加强本身是被归类的，被置于场域或类型非一致的网络中。有关这一点上，我们稍后将进一步探讨，从而决定该论题是否为广义上反哲学的，正如我们在前面对数学—逻辑关系的考问一样。从这一考问出发，我们得出了反哲学与诡辩派之间的同谋关系。所有反哲学是否都反对某个恰当言语的学说，并且认为思想总是属于加强虚构的范畴？我可能倾向于回答"是的"，难道不是吗？任何反哲学最终都将恰当言语主题决定为处在本体论选择中。当将"有"命名为"存在"的行为被历史所压倒并倾覆时，该命名的最后一根救命稻草就是言语了。言语凭借其一致化或虚拟的形式而成为本体论选择最后的避难所。这已然成为尼采深信不疑的观点。我们可以认为，对世纪初以来当代哲学中语言问题的核心特征，尼采可能做出如下阐释：它是本体论选择的最后一次跳跃，是对场域的决定，在这个场域中，"存在"可能获得庇护，亦即作为"有"虚构名称的"存在"一词会获得最后的庇护。这个最后的庇护所就是言语。这就是为何言语将成为我们时代的超验。在清除了上帝、构成性主体等超验形象后，言语将成为这样一个点，在这一点上，最初的巴门尼德本体论选择将在其最后形式中——即尼采所说的虚无主义形式中——找到庇护所。

尼采可能对海德格尔做出以下阐释。无论如何，虽注定面向生者，但死者也得有自己的报复方式！海德格尔针对尼采表达了观点，但尼采对海德格尔又有何可能的阐释呢？我们可以想象或幻想一下！尼采可能会说：这个在"存在"形式下对"有"所进行的原初命名早已是病态的——或许一直以来都是病态的——海德格尔是早已看出这一点的人。于是，海德格尔想到为这个命名提供庇护，一个虚拟的庇护，一个允诺将出现在语言源头处的庇护，而语言本身则与诗歌之间暧昧不明。尼采可能还会说：海德格尔将巴门尼德和赫拉克利特归为一类——这是一个最初的错误——并非偶然。为何？因为海德格尔并未看到，赫拉克利特其实从源头上是本体论选择的对立面，将给出或提出其他名称。尼采对海德格尔的诊断将在以下两个方面摇摆：一方面涉及海德格尔诗歌标准下的语言观，尼采将感叹这个语言观所暗含的一致化特征的精妙；另一方面涉及类似"我昨天让人枪毙了海德格尔"的不可避免的侮辱。在我看来，似乎会出现这一间隔，应该有这类间隔。最终，以上揣测想表达什么呢？想表达的是：哪怕在其最诡辩的形式下，反哲学选择也无法进入任何对恰当言语的假设中，即便这个言语处在不可能之诗歌的去蔽（ouvert）中。尼采可能会认为，海德格尔依旧处在最初的本体论选择中，而且还将这个选择置于了恰当言语命题的庇护下，而尼采想要赶走的正是这个言语的最后庇护。

相反，反哲学提出的是某个加强虚构的局部命题，它承载着该虚构的独特性，即言语从来只是关系的关系，是对非一致化的加强，而不会为任何最初的恰当性提供庇护。这正是尼采在战争暗喻中经常提出的，例如他曾说过要派出"他的大部队"。该暗喻正是对言语本身非一致化特征的阐释：从这个角度出发，言语不会让和平降临，而只会带来战争。在尼采选择中，言语具有某种反和平的特征。我认为这是一个反哲学命题，至少出于一些否定原因应该是这样的。所有反哲学都拒斥类似恰当言语的假设，无论这类假设以何种形式呈现：从笛卡尔的理性到海德格尔的隐含诗学（crypto-poétique），在尼采主义者眼中，所有这些情况都不过是对恰当言语及一致化言语的隐秘假设。想象一下，一旦废除了语言和解协议，我们就必将进入局部加强虚构的体系，同时我们也将能很好地证明，这里已经涉及某个帕斯卡的主题：对于言语与需联系起来思考的非关系（non-rapport）之间的关系，帕斯卡始终持明显的警惕态度。然而，若思想以加强虚构的方式进行，那么就会出现一个点，一个真正的点，在这一点上，思想方式将变得与艺术方式难以区分。由此将产生与海德格尔的极端暧昧，因为在海德格尔那里，艺术同样呈现为一门有关语言力量的学科，呈现为语言力量在语言中的内部展示。然而，尼采却是出丁与海德格尔完全相反的原因，对艺术形象进行了推广，将之呈现为同加强虚构体系难以区分的进程。其中，加强虚构体系正是任何在哲学行动中拒绝恰当言语之人的必然选择。尼采所推广的这个艺术必须要是某个非表征的艺术，因为如若不然，它就会再次掉入本体论选择中：若艺术是一种表征，人们就会不可避免地落入本体论形象中，陷入对"存在"的选择与模仿里。因此，思想获得的是某种加强虚构的方式，其中，虚构一定不能是戏剧性的（在这里，"戏剧"被视作表征加强的范式），因而也就是某种不与表征妥协的、绝对非戏剧性艺术的方式。由此便展开了尼采反戏剧相关的论证，这一点并非次要或无关紧要的，而是核心的。其间涉及的正是思想的方式：存在某个绝对非戏剧性的加强虚构吗？这是问题的关键。尼采与瓦格纳之间争论的症结也正在于此，那次充满激情的夸张争论无限地扩展了这个问题的可感（sensibilité）范围。之所以是夸张的，那是因为，瓦格纳作为某个真正意义上的执念贯穿于尼采作品的始终：一开始是夸张、仰慕的执念，最后变成了破坏性的、憎恶的执念。正因为一开始尼采的整个灵魂充满了这一炽烈的仰慕之情，随后与瓦格纳的决裂才给他带来了巨大甚至致命的创伤，后来伤口持续流血、化脓，从未完全合拢、结痂。瓦格纳的确是尼采思想体系中一个重要的专有名称。那么"瓦格纳"，即瓦格纳这个名称，指称的是什么呢？关键依旧还是名称的问题。瓦格纳命名了什么？对尼采而言，瓦格纳是什么的名称？仅这个问题本身就是一个真正的哲学或反哲学难题。我不确定自己是否已经完全解决这个问题：瓦格纳是什么的名称？他一方面是提出了某种非戏剧性加强虚构之可能性的模糊名称，另一方面又是让这个可能性堕落的名称，因此，就是作为表征之报复的名称。但这非常恐怖！太恐怖了！如果说一个非戏剧性加强虚构的可能性的最初范式，最终却被证实为最堕落的东西，那么思想方式的问题就将被悬置。让我们仔细思量一番：这并不是一个妄想症的问题，不会以施莱博尔①（Schreber）找到他的福莱希格（Flechsig）的方式进行。思想方式属于完全不同的范畴。若只有瓦格纳，加强虚构是无法逃离戏剧性而获得自由的，人们依旧处在对表征的报复中，因此也就还处在巴门尼德时代，因为对表征的报复正是本体论选择本身。这就是为何尼采会挣扎于这个问题：鉴于瓦格纳既是某个非戏剧性

① 施莱博尔是一名妄想症患者，他在1903年出版了自传《一个精神病患者的回忆录》。福莱希格是他的医师，也是他所幻想的迫害者形象。——译者注

加强虚构之可能性的名称，又是让这个可能性堕落的名称，那么，就只有瓦格纳吗？或者说还有其他人？显然，当他说还有比才时，这并未让人信服！当他说还有奥芬巴赫时，这让人难以忍受！这是因为，若获得思想方式需付出的最终代价是得出奥芬巴赫极其出色的结论，那么人们就又将回到某个可怕的禁欲甚至苦行中！

下次课，我们将从另一个角度对该论点进行重新讨论，主要会论及加强虚构的主题："加强虚构"指的是什么？我们将通过对《查拉图斯特拉如是说》一书文体的分析来对这个问题进行考察。在《查拉图斯特拉如是说》中，尼采在语言方面的企图是什么？这将把我们引向艺术家类型的问题，因为"有除瓦格纳以外的名称吗"这个问题，其实问的是"艺术家的类型是什么？"当一个艺术家被证实为既是非戏剧性加强虚构的可能性，又是表演症（histrionisme）亦即对表征之报复（艺术中的戏剧）的可能性甚至必要性时，艺术家是什么？通过这一问题，即"艺术家是什么"，我们将进一步挖掘出探讨尼采与瓦格纳之间争端真正历史的方式：尼采与瓦格纳。今天就讲到这里。

VI

1993 年 1 月 20 日

如果真的存在某个属于所有反哲学的关键行动，那么这个行动就应该是中断（césure）——这个不可还原为任何既定思想体系的必然行动。该行动将被赋予某个独特的名称，以显示其相对推论体系（dispositif discursif）的异质性。在这方面，有三个典型的形象：帕斯卡、克尔凯郭尔与尼采：在帕斯卡那里，行动被赋予的名称是赌注；在克尔凯郭尔那里，行动体现为通过"要么……要么"句式所指称的"非此即彼"（alternative）；最后，在尼采那里，行动要么表现为将世界历史一分为二的行为，要么表现为让所有价值蜕变、回归并被重新评估的更为节制的呼吁。但无论如何，在尼采思想体系深处，总是充斥着这个核心行动。始终记住这一点。在尼采的六大陈述中，他的反哲学思想始终应从这个指令出发进行思考。最后，在我带大家回顾那些陈述之前——在这里，我只会进行简单援引——请明白我们在这里所进行的尝试，是将这些陈述与哲学陈述进行对比，并追问：尼采的反哲学陈述是所有反哲学都有的陈述吗？以下便是这些陈述，事实上，这都是些与"存在"相关的命题：

——第一个陈述："有"的名称是"生命"；这个名称不可评估。

——第二个陈述：将"有"命名为"存在"或"此在"是一个反动的命名。又或者，本体论选择——将"有"命名为"存在"的选择——一开始就强加了一个"存在"的意义，该意义删除了对"有"言说"是"的可能性。因此，反哲学首先应该是反本体论的。

——第三个陈述：逻辑等同于数学，两者被归为同一，都不过是本体论选择的某个语言结果。

——第四个陈述：鉴于"有"没有"存在"，因此，任何思想——无论其特征为何——都只能揭示出一些力量关系，在这些关系中，没有某个确定的基底或确切的实体。只有力量关系存在。

——第五个陈述：反哲学的思想方式无法处在某个"恰当言语"或"言语共识"的规定或理想型之下。

——第六个陈述：反哲学的思想方式应该是加强虚构式的，因此也就是摆脱了表征或不再为戏剧的意志力量所左右的艺术的方式。显然，由此便引出了瓦格纳的核心问题。

以上便是尼采以行动为中心的反哲学思想的有机结构。

从这六个反哲学陈述出发，可得出其他六个对应的哲学陈述——如果大家允许的话，比如我的哲学陈述！

在这里，我也只满足于简单罗列，而不会详细展开：

——第一个陈述："有"这个名称指的是"多样性"（multiplicité），或"纯粹多"（multiple pur）。还要加上这样一句：借用拉康的一个术语，如所是的"有"的"凸起点"是空无（vide）。而具体实施"纯粹多"思想的是作为"多"和"空无"之历史化理论的数学。与尼采的反哲学不同，我们将进一步指出，将"有"命名为"生命"而不是"纯粹多样性"的做法已经属于阐释学的范畴：在这种情况下，对"有"的命名尚未被足够地中性化。在这里，"多"被视作相对可能的阐释领域而言，最为彻底的中性化指称。

——第二个陈述：当将"有"命名为"存在"时，如果我们切断该指称与意义概念之间的所有连续性，那么这个命名本身将是无辜的。大家回忆一下，对尼采而言，这是一个罪行：将"有"命名为"存在"是原初的罪行，是对世界的诽谤。我们将作如此反驳：如果在其本质组合中，"存在"与"真理"处在与意义形象的某个不可阐释的非连续性中，这一命名就可被视作是无辜的。尤其地，当我们将"纯粹多"命名为"存在"时，这份无辜就是完美的，因为只要"纯粹多"仅由空无组成，它就不会预断或预设任何意义。又或者，当对"存在"一词的强调其实是"意义"一词的面具时，那么具有反动特征的并不是本体论选择本身，而是阐释学的选择。我们将与尼采在以下这一点达成一致，即阐释学选择在结构上与宗教相关。其中，这里的宗教指的是对真理与意义之间连续性的建构——这才是宗教的本质。因此，具有反动特征的不是本体论选择，而是宗教选择，是处在赋予本体论指称以意义的某个潜在或显性精神前提条件下的本体论选择。

——第三个陈述：逻辑是哲学在自身上捕捉到的作为数学效应的东西。事实上，在数学的"有"之下，哲学被迫在自身上捕捉到它曾通过亚里士多德、斯多葛主义者、莱布尼茨等所发明的逻辑体系。对逻辑的发明是数学的"有"在哲学内部留下的痕迹。因此，自然地，数学与逻辑最初是相互区分的。我们反对逻辑主义。

——第四个陈述：既然"有"是"纯粹的多样性"，那么就没有关系存在。没有任何东西就其自身而言、在其"存在"中是被关联或可被关联的。"有"并不存在于关系的元素中。正是在这一点上，对"有"的不同原初命名——一个是"生命"，另一个是"纯粹多"——的不同效果得以呈现。这一切仅因为，如果没有关系存在，那么真理本身将仅属于"纯粹的多样性"，而无论如何不会成为对关系的感知。关系属于阐释和知识的范畴。在知识关系中，任何真理只会导致空隙或缝隙的产生。这意味着，尼采作为力量关系的意义理论本身被置于了知识关系的虚构中，该理论属于知识范畴，而不属于真理范畴。不过，我们也承认，在尼采那里，整个与行动相关的问题都始终在"真"（le vrai）的边缘打转：无论如何，行动本身不同于力量关系，它会让这里被称作"真理"的东西，即只会在被关联或可关联之物中产生空隙或缝隙、自身却始终保持非关联（in-rapporté）状态的东西，显现出来——尼采本身也处在这个极端张力中，因为该行动以"尼采"为名。

——第五个陈述：哲学思想的途径将与恰当言语和加强虚构的理想型产生重叠、结合和连接。假设真理是通过让知识关系产生缝隙从而让"有"的"纯粹多样性"到来的东西——让我们对真理作此假设——那么，如果哲学是"真理的思想"，如果它将该范畴视作其核心范畴，那么它就将始终处在对其尝试撕开之缝隙边缘的描述中。因此，哲学将既通过某种途径始终处在与知识或关系相关的言语感知中——对关系缝隙之边缘的感知——又同时始终不断尝试着让空隙如所是地释放。由此导致，哲学语言必定模棱两可，因为它尝试思考边界（边缘）。正是这个模棱两可，我称之为哲学：它一方面处在恰当言说的规定下，该规定隶属于知识关系的虚构；另一方面又处在加强虚构的规定下，或处在行动言语、空隙、无关系之言语、不会带来关系而只会带来非关系之言语的规定下。总之，哲学处在数元①与诗歌的联合规定之下，其中数元指的正是恰当言语的理想型、总体传递（transmission）的理想型，抑或是形式化（formalisation）的理想型；诗歌指的则是回归自身力量的言语，或者不给出关系及知识而只会产生无关系之强化（intensité）的言语。在我看来，无论其结构为何，这是诗歌显而易见的功能：释放出逃离关系虚构的某种东西。这就是为何，在每次都不同的结合和复杂变化中，哲学思想方式都将意味着对恰当言语之规定及对加强虚构之规定的交叉与重叠。

——第六个陈述：事实上，每个哲学中的加强虚构元素都是哲学在其艺术条件下被捕捉到的东西，正如逻辑是哲学在其数学条件下被捕捉到的东西一样。哲学始终处在某个加强虚构或艺术虚构的运算（opération）中，但它不是一门艺术。这样的运算只会以内在的方式去捕捉将真理视作界限或空隙所要求的不可避免的艺术条件。哲学并不会像在尼采思想体系中所必然出现的那样，去求助于艺术家的主体性或艺术家主体（sujet-artiste）。

---

① "数元"（mathème）是拉康创造的一个新词，旨在以数学符号的书写形式，在实在层面上来整体传递精神分析的教学。——译者注

于是，现在，我们有了六个反哲学陈述，以及与之相对应的六个可能的哲学陈述。

接下来，让我们回到尼采，尤其关注他的第六个也就是最后一个陈述：反哲学对加强虚构的要求。这正是我们在思考艺术及其与哲学之间关系问题时的关键点。

事实上，出发点很简单：唯有加强虚构或处在其自身力量而非恰当性中的言语，才能抓住某个力量关系。对某个力量关系的感知需要作为力量的言语，而作为力量的言语则是一种对力量的强制，会与它所感知的关系之间建立起某种力量关系。这就是为何，无论其形式为何，任何主人的言语都属于力量的范畴：要么是一种范畴，要么是一种命令（commandement），只不过这个命令应该以言语力量的方式呈现，它只会让自身作为言语力量而显现。剩下的就是要知道尼采企图抓住的那个本质关系为何，即那个他将自己的言语力量最大程度地集中于此的关系。总之，一切都是力量关系，你们应该很熟悉尼采无论在谱系学方面还是类型学方面所描绘的多重力量关系：主人的话语，奴隶的话语，艺术家的话语，"最后之人"的话语……查拉图斯特拉本身就属于某个力量关系的类型学。但这并非我们现在所关心的。我们关心的是：在所有这些力量关系中，哪一个关系是最难抓住的？哪一个要求最大程度的强制力量？在我看来，需要抓住的是对尼采而言虚无主义与行动本身之间的本质关系。正是在这一点上，凸显出或集中了尼采困难的一般体系。在这里，我指的并非某种外在的困难或某种可能从外部向尼采提出的问题，而是一种内在的困难：是最困难的或要求最大程度强制力量的东西。那么，虚无主义与尼采行动——前者指"基督教"名称所概括的既占统治地位又过时的力量形象，后者指将世界历史一分为二的行动——之间的关系或关联为何？这是一种力量关系吗？这是我们在阐释尼采文本时所提出的本质问题，是至关重要的一点。对该问题的厘清甚至可能为以下问题提供答案：尼采如何理解或抓住虚无主义与其行动之间的关系（或者可能只是某种非关系）？顺便说一句，这里涉及了强力意志与永恒回归之间关系的真正本质。我之所以提及此，是因为这正是海德格尔所选择或设置的切入点，该切入点很大程度上决定了海德格尔的阐释。不过，与海德格尔的阐释相反的是，我们需要注意到，"永恒回归"的表述已在 1886—1887 年冬天尼采惯用词汇中消失，"强力意志"的表述也已在 1887 年底消失，在尼采 1888 年写下的所有文段中，都不再有这两种表述的身影。尼采的第三个概念"超人"消失得更早，应该是从 1884—1885 年开始就消失了。由此得出的常见评论是，说到底，1888 年发生的一切并未发生，尼采的书未曾被书写。总之，无论如何，"永恒回归"和"强力意志"是在 1888 年前夕相继被抹去的两个术语。1888 年是一个关键的年份，在那一年，尼采产出最多，他带着狂热的激情投入写作中，如痴如醉，为加快出版进程不惜骚扰印刷工人，只因为害怕不能一直活到见证这部作品大获成功的时候。然而，在此期间，"永恒回归"和"强力意志"始终不再是关键术语。事实上，当考察 1888 年的尼采时，正如我所做的那样，人们既不会再看到"永恒回归"的术语，也不会再看到"强力意志"和"超人"的术语。这是一次彻底的剥离！

相反，1888 年文本所呈现的，一方面是虚无主义与堕落（décadence）之间的关系，另一方面是将世界历史一分为二的计划。我始终坚信，这正是之前以"强力意志"及"永恒回归"之名被宣称之物的真正实质。因此，关键在于知晓，当既定的至高权力体系是虚无主义时，一个激进的行动如何成为可能。需要注意的是，这里的虚无主义有以下两层不同的含义：

——这个体系之所以是虚无主义的，是因为它在组织上是由某个对虚无的意志（而并非某个意志的虚无）所领导的。其根本内容是：其中涉及的意愿在本质上是对"无"（rien）的意愿。

——另一层含义，这个对"无"的意愿相对自身而言是虚弱的：它并未处在其自身意愿的加强力量中，由此得出它的另一个名称，即"堕落"。对"无"的意志被削弱，其力量关系亦将被削弱。然而，它却并非一个"无意志"的"无"。它依旧是某个意愿，某个既定的意愿，是某个至高权力的形成。

因此，问题的关键在于：一个如此激进的行动如何得以让自己从某个虚无主义至高权力形象内部出发被描绘或命名？其中虚无主义同时包含我在上面提及的两层含义。这样一来，一切将取决于对行动的决定，取决于赋予该行动的名称，该名称应该被置于某个与虚无主义的连接或分离中来理解。以上便是对尼采意图的极致浓缩。

于是，直接表达代替了曾经运用于"强力意志"或"永恒回归"中的主题表达或者甚至哲思表达。这丝毫不会让人感到意外。在我看来，回到"强力意志"和"永恒回归"的主题并将之视作理解和思考尼采途径的做法，其实就是将尼采的反哲学重新变成可被哲学归化之物。当我们从强力意志–永恒回归组合出发进行思考时，在最后一年作为极端反哲学或激进原型政治欲望所形成的张力其实已经回归范畴特征，或者已经向哲学臣服。然而，在此处，我将尝试让尼采思想最小程度地臣服于哲学，并接受由此带来的艰难考验，从而在其原初状态下去理解反哲学。事实上，在原初状态下，虚无主义构型与行动的必要性或可能性之间的关系，要比强力意志和永恒回归之间的矛盾

（或非矛盾）关系的范畴体系意味更多的东西。这就是为何，尼采在创建并展开这些范畴后又将它们抛弃。最终，其阐释体系集中在这个问题上：一方面是作为对现代性之诊断的虚无主义构型——在这里，"现代性"指的是虚无主义这个至高权力的奇怪形象——另一方面是宣称酒神式的肯定或言说"是"的可能性，人们如何得以思考两者之间的本质关系或者本质非关系？问题的关键在于弄清楚，通过怎样的行动，虚无主义才能孕育出某个"是"，其中，虚无主义主要且核心的本质在于对"无"的意愿。

从这个极致点出发，即从被命名为"尼采"的行动出发，至少可得出三种不同的阐释。首先是一个将被我们排除的阐释方式——让我们称之为形象 0——立即回到某个辩证模式，在虚无主义的内在行动中，让虚无主义的绝对否定性转化为总体肯定。我们将避免对尼采构型的这一严重黑格尔化，在后者看来，当抵达对"无"之意愿的顶点时，将会出现对"总体"的意愿，因为，"总体"事实上是"无"的本质，正如"存在"是"虚无"的回归。这一简化的尝试尽管能解决困难，但我们并不会采用。我们更同意海德格尔尤其是德勒兹的观点，倾向于排除这一回归辩证的模式，在该模式下，行动只会在绝对肯定的形象中去揭示虚无主义本身所隐藏的内在"存在"。事实上，尽管否定和摧毁的概念异常复杂，但此处没有任何可与否定劳作（la travail du négatif）相类比的东西。在尼采那里，否定（négatif）不劳作——或者如果它劳作的话，也只会用锤子劳作。由此便产生了另外两个阐释，这两个阐释与行动相关，因而也就是与对虚无主义和行动之间这个矛盾而又关键之关系的思考相关。

那么，这两个阐释分别是什么呢？

——第一个阐释：行动的本质在于创造新价值——尼采似乎很早以前就赞同这一阐释，这一态度一直持续至后期。尼采本身就是这样一个"创造"或"发明"的形象——而不是"回归"或"完成"的形象——该形象与在虚无主义中占上风的反动价值相对抗。在其中一则对他而言弥足珍贵的欢快格言中，尼采如是呼喊道："我要创造新价值"，由此促使了另一个至高权力之形成的降临。这是因为，无论其评估方式为何，谁宣称新价值，谁就必然言说着新的至高权力之形成。于是，我们将处在革命模仿中。行动与虚无主义之间的关系将是一种古典意义上的革命类型关系：行动既会摧毁疲软的至高权力之形成，又会建立肯定的至高权力之形成。但这并不是我们从尼采处获得的最深刻的结论。我们越是靠近，就越不会得出这样的结论……靠近什么呢？当然，靠近的是行动，即作为疯癫中最后的致命眩晕或闪烁的行动。对于行动，我们需这样理解：在行动的边缘，在深渊的边缘，真正需要做的并非是让一个至高权力之形成代替另一个至高权力之形成。一定不是这样的！若该阐释的本质在于与虚无主义的这重关系，即创造新价值的意愿，那么它将遭到海德格尔的坚决反驳：尼采不过让虚无主义与它自身的本质相分离。这个反驳是有据可依的，为何？因为虚无主义的本质正是在于对无创新性之意愿的引发，也就是对纯意愿之意愿的引发。虚无主义的深层思想在于将对意愿的引发揭示为某种磨灭或不可逆的遗忘，最终导致，认为该引发可以变成对新价值的某种建立或创造的类似声称，将成为虚无主义的顶点，因为这样一来，虚无主义将在其自身力量面前变得盲目，或将在某种盲目中，与其自身力量相分离。若尼采行动的本质当真可总结为对新价值的创立，即总结为某个思辨的革命模仿，那么在我看来，海德格尔认为这个动作并未超出虚无主义之诊断范畴的反驳也不无道理。虚无主义指的正是无法创立任何东西的"无力"，这并非因为它不是一种力量，而是因为它会让所有力量如所是地被引发。对海德格尔而言，这一切发生在对"存在"的技术检查之中，或者用尼采的话说，这一切发生在这样一个发现中：即虚无主义意愿在于对"无"的意愿。这就是现代性的本质。显然，即便不是对"无"的意愿而是对某物的意愿，这也必然未超越对如所是之"无"的感知界限：这正是海德格尔观点的实质，在这一点上，他是有道理的。

——除对行动的第一个基础阐释外，还有第二个阐释：行动意味着在一切存有之物中，赋予最大程度的强化（intensité maximale）以价值。这其实是德勒兹的阐释，我以极端的形式对其总结如下：行动，或者无论如何在尼采命题中起作用的东西，意味着在一切存有之物中赋予其更高形式以价值，也就是赋予最大程度的强化以价值。只要有虚无主义的地方，就有且总是同样地、相应地有创造。因此，必须对以下两者进行区分：一个是已确立（établi）之物，或者以确立为目标的强力意愿，该意愿总是意味着其反动维度的胜利；另一个是积极意愿，包括积极的虚无主义——事实上，尼采对积极虚无主义与消极虚无主义进行了区分——唯有该意愿才能成为被意愿的对象或成为被重新肯定的对象。由此可轻易得出，在虚无主义与行动的这一关系中，虚无主义在它隐秘的局部创造或令人恼火的创新性中自我肯定。因此，行动与虚无主义之间的关系完全不是辩证的，而是一种肯定的内在联系，该联系可在反动元素（réactif）中发现并揭露积极元素（actif）。大部分时间，它具备揭露、肯定或再次肯定在积极元素本身中起作用的积极维度——例如包括在对"无"的意志中，对意志元素进行肯定，因为意志元素在其中保持肯定状态。若想获得这个意志或意愿，就得激活反动元素。这便是虚无主义与行动之间的实际相关性。我没有理由不给大家读德勒兹下面这段非常精彩的选段。这篇文章是 1964 年尼采大型研讨会上的最后一个发言，研讨会文章后以《鲁瓦约蒙手册，哲学第 6 期，尼采》（*Cahiers de Royaumont*，*Philosophie n°6*，*Nietzsche*）为名集结成册，在子夜出版社出版发行。那是一次卓越的研讨会！参会人员包括福柯、德勒兹、让·瓦尔（Jean Wahl）、詹尼·瓦蒂莫（Gianni Vattimo）、让·博弗雷（Jean Baufret）（也可以说还有海德格尔！），然后还有卡尔·勒维特（Karl Löwith）、亨利·毕洛（Henri Birault）（又是海德格尔！）等等。会上文章或关涉尼采阐释的丰富性，或围绕其当代归化的模式，是那么的高密度，又是那么的清晰！实在是精彩绝伦！研讨会以德勒兹的发言结束，他以无懈可击的方式，在发言的同时夹杂并构建了诸多自己的思想……海德格尔的阐释、人文主义的阐释、怀疑主义的阐释等如何得以汇聚在德勒兹的阐释中，并在其中找到天然的位置？一切汇聚于此，正如生命汇集于它所有的褶皱效应中。我为大家读一段德勒兹的结论，这比我自己的论证要清晰许多。结论以"毕洛先生言之有理"开始（所有人都有道理，这句话很具尼采色彩！），继而对鲁瓦约蒙研讨会进行了赞赏，正如尼采也可能会要求毫无遗漏地肯定世界各个方面！不过多赘述，以下便是这篇文章：

　　毕洛先生言之有理，他提请我们注意，对尼采而言，在极端形式与一般形式之间存在着本质区别。尼采对创造新价值和承认既定价值间的区分也是一样。[我们来到了问题的核心，难道不是吗?]对于这个区分，如果我们从历史相对主义的视角来对其进行阐释，那么它将失去所有意义：被承认的既定价值也可能曾是它们那个年代的新价值，而新价值亦终将变成既定价值。这样一种阐释可能忽略了本质。在强力意志层面，我们已经看到，在"让自己被赋予当下价值"与"创造新价值"之间有着本质的区别。这一区别正是"永恒回归"的区别，构成了永恒回归的本质，即"新价值"是高于一切存有之物的形式。因此，就是有一些价值生来便是既定的，它们只需激起某个承认的范畴便可显现，即便为被真正地识别，它们尚需等待有利的历史条件。相反，还有另一种价值，它们永远是新的，永远是不合时宜的，总是与它们的创造同步，即便当从表面看来，它们似乎被一个社会承认或同化，但它们依旧会指向其他力量，在这个社会里激起另一种性质的无秩序力量。只有这些新价值才是超历史的，位于历史之上，会见证某个绝妙的混乱，这个充满创造力的混乱无法被还原为任何秩序。正是这个混乱，尼采声称它不是永恒回归的反面，而就是永恒回归本身。从这个超历史的基底出发，从这个不合时宜的混乱出发，伟大的创造走向"可居住之地"（vivable）的边界。

这篇文章无论论证力度还是清晰度都堪称典范。"肯定"其实已经完全内化其中。事实上，所有困难在于，将新价值的创造作为内在元素进行思考，该内在元素会对某个力量关系中的既定"安排"（établissement）产生阻碍。因此，新价值从**本质**上是新的：一个价值的新颖性或支撑这个价值的驱动力并不会在"安排"的形象中日趋衰亡或失去价值。不会的，它永远是新的，如果我可以这样说的话，正如反动和既定价值永远是旧的。由于行动和新价值共属于某个内在体系，因此，当有行动发生时，行动不过是揭示或重新肯定了新价值的新颖性。不过，新价值的新颖性是创造行动或被创造之物的内在痕迹，始终依附于被创造之物。显然，这里以艺术作品范式为思想背景，在这一范式下，我们可作进一步理解：艺术作品作为创作活动，总是处在新颖性的要求之下。它并不会深陷于"安排"或反动行动之中，而是总会作为创造行动和新价值不断被召唤。因此，一个价值的新颖性是这个价值的本质或有机属性，因而会在虚无主义中支撑起一个内在关系，这个关系指的正是在所有复杂的至高权力之形成中，积极元素与反动元素之间的分配关系。"新"被转移为其创新的内在永恒性。"新"的本质在于创新，但指的是永远内在于其评估体系的创新。

不过，无论这一阐释如何强劲有力，它都不可避免地消解了行动。更确切地说，行动被彻底分解，同时还带走了将世界历史一分为二的宏愿。在这里，人们被某个可能的评估体系召唤着去实现肯定，其中，那些可能的评估均与以下事实相关，即所有复杂的至高权力之形成都包含潜在的创新，都可被肯定重新激活。在我看来，德勒兹的阐释是结构化的：它将虚无主义与行动之间的相关性定义为既定构型本身的结构体系。即便构型是反动的、处在某个虚无主义至高权力的安排下，但某个内在肯定依旧可能。因此，存在着某个永恒的、结构化的肯定体系，内在地处理着行动与虚无主义之间的相关性问题。然而，处理的方式要么是通过删除行动，要么是通过将行动分散于虚无主义构型的整体表面。这便是德勒兹有关无处不在之事件的理论。事件永远不会是发生在裂缝或断裂之罕见时刻的独立事件，而是将无处不在，此外，它同时还与反动和惰性（inerte）的形象进行着斗争。不过，通过阐释来重新开启新颖性始终可能，同样地，迎接事件也始终可能，事件性因而最终成为"存在"的法则。此外，事件性之所以是"存在"的法则，那是因为事件其实不会发生。因此，在尼采行动的分散与尼采行动形象的消解之间，存在着某种绝对的可逆性。然而，重要的是，需注意到，无论如何，在最后的形象中，即在为我们提供切入点的 1888 年，尼采的推论方式发生了重大改变：他指出行动是一个激进的独特事件（singularité），是"位于两个世纪之交的引爆物"。即便假设有东西需要被重新肯定，这个肯定也不会立即分散在"新"的永恒可抵达性（disponibilité）中。既然如此，那么"新"就是史无前例的。至于"史无前例之物"如何服从于"永恒回归"的法则，这个问题非常复杂。或许这里不再有"永恒回归"的法则，又或许在晚期尼采那里，"史无前例之物"已经战胜了"永恒回归"的形象。无论如何，在德勒兹的阐释中，行动的原型政治维度是被删除的，或者换句话说，行动的原型政治决定被对该决定之独特性的一种内在的、引申的或分散的理解所删除。正是在这一点上，我与德勒兹相对立，即便他极其精妙地处理了虔诚的海德格尔主义者可能对创造新价值观点所做的反驳。德勒兹始终坚信在新颖性与"安排"之间并无任何矛盾或对立之处。

——因此，我反对第二个阐释，并在此基础上提出第三个阐释：行动构建了由虚无主义碎片组成的"是"的可能性。有关这一表述，我早已在评论《酒神颂》这一小片

段时展开说明："星星的碎片，在这些碎片之上，我构建
了一个宇宙。"于是，行动得以被这样宣称：它既不克服，
也不自我肯定，也不创造另一个至高权力形象。它拥有从
总体上言说"是"的可能性，但这个"是"本身却由虚无
主义的所有碎片组成。因此，需要一次爆炸，需要一个摧
毁性的诅咒。同时，正如身处一场地震中一样，每发生
一次精神震动，他的整个信仰大厦都会发生坍塌。于是，
尼采总是被迫彻底自我重建。随着年龄的增长，尼采对分
裂的炽烈欲望变得越来越激烈、越来越迫切、越来越猛烈、
越来越具革命性、越来越混乱。带着这份充满激情的夸张，
尼采大喊道："我深知以与我的摧毁力量相称的程度进行
摧毁的愉悦。"这份夸张对他而言是致命的。显然，莎
拉・科夫曼在分析《瞧！这个人》时所使用的标题《爆炸
Ⅰ》非常恰当。之所以需要一次爆炸，那是因为"是"仅
由碎片化的虚无主义，即爆炸了的虚无主义构成。这里涉
及的既不是否定的劳作形象，也不是"本质"在构型的否
定超越中的降临，而是真正意义上的对碎片的某种肯定构
成。为何？因为虚无主义的至高权力形成必须要归于混乱，
必须要见证不可评估的基底。碎片就是这样的。这里指的
并非位于至高权力形成中的或作为对"无"之意愿而被保
留的虚无主义。若依旧停留在这一形象中，人们将始终无
法明白行动何以与虚无主义相连接，或"是"如何得以产

生于"无"中。只有虚无主义至高权力的构型发生爆炸，只有它从此只指向"混乱"——这个作为不可评估之基底的"生命"所拥有的另一个名称——以上这一切才可被实现。于是，只有"是"将作为"是"被构成：这将是对"不可评估之物"所言说的"是"。让我们进行对比：这不是某个新的评估或某个新的至高权力形成，因为这只是对"不可评估之物"言说的"是"，因此也就是对"混乱"言说的"是"。不过，这个"不可评估之物"必须被安排。为了能对它言说"是"，它必须被引爆、被安排，对它进行安排的则是虚无主义的爆炸，是虚无主义在碎片形象中的爆炸。让我们将呈现虚无主义"纯粹多样性"的过程称作"虚无主义的爆炸"。一方面是将虚无主义视作现代性特征的诊断，另一方面是位于尼采反哲学命题核心的作为酒神式肯定的行动：将两者连接起来的重点在于，酒神式的"是"不能是部分的"是"。否则，它将成为一种评估，一种力量关系，亦即一种新的至高权力形成。要想不从局部视角被考察，要想避免成为一种评估，它就得是对不可评估之物所言说的"是"。总体性的暗喻既合理，又充满迷惑性。回想一下，尼采经常说类似"要从整体上对如所是之世界言说'是'，不能有任何遗漏"的话语。不过，这样一个世界首先一定不是某个至高权力的形成，即不是某个力量关系，否则人们就将始终处在某个视角下，总是位于某个点上。事实上，位于某个点就意味着处在某个力量关系中，该力量关系本身将在另一个强力意志的视角下，对某个至高权力形成下定义——无论这个至高权力是积极的还是反动的，这并不重要。只有当人们与不可评估之物相关，即与无法成为评估对象之物相关时，酒神式的肯定才能成为可能。因此，总体性意指不可评估之物，或作为"有"名称的如所是的"生命"。这个名称可以成为我们言说"是"的对象，但前提是，它得向我们敞开，因为人们无法在处在至高权力形成的网络中时，对其进行指定。某物要想处在对其不可评估之"给予"的赞同中，它就必须向我们敞开其纯粹的基底。那么，什么能让我们向纯粹的基底敞开呢？这正是问题的关键。要想做到这一点，要么需要作为现存至高权力形成的虚无主义发生爆炸，要么需要这个虚无主义在激进地摧毁其"安排"时变成碎片。正是这一虚无主义的断裂——要么是爆炸，要么是归于混乱——将把虚无主义自身的组成成分，即纯粹的"有"，暴露于完整肯定的可能性之中。换句话说，只有对作为完全不可评估之物而暴露的东西，我们才能真正地言说"是"。因为若涉及的是可评估之物，我们言说的就不是"是"：我们将在构建某个至高权力形成或在打造新价值的同时，宣告某个评估。然而，正如尼采在逐渐转向行动的文本时所阐释那样，新价值的构成并不等同于酒神式肯定的构成。

　　另一个能够言说"是"的方式是提出阐释的概念。这正是我在重读那部杰出的鲁瓦约蒙研讨会相关文集时感到无比震惊之处。那些非海德格尔主义者的现代思想家们——包括福柯、德勒兹、克洛索夫斯基甚至还有亨利·毕洛等——他们在文章中都将以下这点归于尼采:他们认为,尼采提出了一套全新的阐释体系,通过这一体系,尼采将哲学引至或重新引向了意义问题。正是从这一点出发,福柯提出了他的思想家"三部曲":尼采、马克思和弗洛伊德。福柯指出,这三位思想家都为 19 世纪乃至整个思想领域提出了一套阐释体系——这让福柯遭受了某种创伤——该体系的伟大力量在于什么都不阐释。或者,没有什么好阐释的,任何阐释最终不过是对阐释的阐释。在德勒兹口中,这句话变成:只有强力意志关系,而没有作为该关系数字(chiffre)或限度的最后实体。在福柯那里,特征更为直接:存在一个无限的阐释体系,在这个体系中,任何阐释都是对另一个阐释体系的解码,世界因此由一个阐释网络组成,而"有待阐释之物"却永远无法被触及。这便是此次研讨会提出的尼采的激进现代性,当然同时也是马克思和弗洛伊德的激进现代性。福柯由此得出了什么结论呢?他得出,此项工作将属于无限工作的体系,由于没有基底,阐释将始终处在无限任务的命令中。其中,尼采的大量文段被巧妙引用，以证实这一假设，并确认其现代性。

在阅读当时的讨论时，某些事情让我讶异不已。该讨论在某种普遍的互文性或横向的推论性中将尼采推上舞台，却并未提出可为后续阐释提供基础的东西。这个基础就是：必须立即反对"是"是某种阐释的说法。酒神式"是"的肯定并非某种阐释。这是至关重要的一点。若将之视作一种阐释，那么对尼采而言，这个肯定就将是一种评估，是一种意义的"给予"。最终，鉴于评估是某种力量关系，这必将把我们重新引至这样的观点，即"是"是一种新的至高权力形成，亦即新价值的构成。这样一来，尼采将成为新价值的预言家，海德格尔在这一点上的反对亦将再次生效。事实上，尼采越来越敏锐地感知到，"是"不是一种阐释。这就是为何会出现尼采朝着行动方向的这一越来越迫切的逃离。此外，"是"之所以不是某种阐释，那是因为它只能对无法评估之物言说，而无法评估之物同时亦是"不可阐释之物"。生命的"有"不可阐释。只要开始阐释，便进入了力量关系体系，"是"便永远无法从中诞生。福柯不无道理地指出：一旦进入阐释体系，将意味着某个无限的任务。它不会引至任何肯定。诚然，任何阐释都是对它自身的肯定，但这是一种局部的肯定，只会将我们重新引至这样的观点，即只存在力量关系。

　　然而，我认为尼采之"是"带来的并非某种阐释，而是其他东西，或者更应该说，酒神式的肯定是对思想阐释体系的中止。它带来的是行动！行动指的正是对阐释的逃离！当然，也是其不可能性！在某个力量关系中，毫无遗漏地肯定整个世界是不可能的，因为力量关系总是意味着删除某物，或者肯定某物相对另一物的独特性。然而，酒神式的肯定意味着任何阐释的中止，意味着不再需要阐释的可能性。这很正常，因为该肯定是对不可评估之物言说的"是"。这就是为何，我也曾将马克思和尼采进行对照，只不过与福柯的方式相反。福柯是在阐释的范畴内，巧妙地论证了尼采的至高权力形成阐释体系与马克思对货币地位的阐释体系相当。这不仅十分有趣，而且不无道理。这两个阐释体系的确可被归入同一个确切的现代阐释范畴内。我们还可在其中加入弗洛伊德对症候的阐释体系，由此可见福柯"三部曲"的效力。不过，我认为尼采之"是"的形象会在其中形成阻碍，正如弗洛伊德的死亡冲动方面或马克思的革命方面亦将在其中形成阻碍一样。我会进一步将尼采与这样一个马克思对照起来，后者在有关费尔巴哈的论文中讲道："到目前为止，哲学家们阐释了世界，现在，该对这个世界进行改造了。"这不是某种阐释，而是另一种对照，即反哲学而非阐释学的对照。该对照并非处于阐释范畴符号中，而是相反地，处于让该体系中止之意愿的符号中。到目前为止，人们只是阐释了世界，哲学家们到目前为止只是对世界进行了阐释。尼采会同意这一点，甚至会进一步指出，他们只是以反动形式完成了这一阐释。这些哲学家始终在本体论选择中诽谤着世界。他们的阐释就是他们的诽谤。尼采最后的信念就是将之改造，现在就开始！这里的改造世界指的并非用另一种至高权力形成代替已有形式，而是让对不可评估之物言说"是"成为可能，最终让对世界的阐释不再必要。由此将产生另一种命名"超人"的方式：若的确有"超人"，那么它就应该是非国家的或无至高权力的至高权力的形成。

有关这一方面，我还要指出两点：

——第一，"超人"的说法之所以在《查拉图斯特拉如是说》之后不再出现，那是因为，在尼采看来，这个说法依旧与至高权力形成的论题有太多关联。我坚信这一点。"超人"太易于让人误解为要让另一个至高权力形成到来，或者正如尼采所说，误解为要克服人类："人是需要被克服的对象。"但这个命令意味着什么？意味着，这里有太多的辩证！不够肯定！不够激进！依旧还是阐释！"人是需要被克服的对象"，该说法依旧是对人的一种阐释。若我们依旧保持"超人"的说法——这是我们的假设，并非尼采的做法——那么"超人"就是不再阐释的人。我们后面还会论及，并将看到"超人"的真正暗喻对象是"孩童"，因为孩童依旧处在阐释体系之外，因而尚且与不可评估之物相关联。事实上，在本体论选择中狂暴地主宰着阐释的正是虚无主义。产生混淆的源头是，在这一框架下，尼采对虚无主义的批判是一种对阐释的阐释，由此产生了福柯的模型：只有阐释，人们总是正在阐释某个阐释。这正是"批判的尼采"的尼采形象。当尼采处于该形象时，即作为批判的尼采时，他赋予了自己好几个名字：背德者、心理学家或自由精神——"我们这些背德者、心理学家、自由精神……"。事实上，尼采如是说时，他针对的是阐释体系：他是虚无主义或反动至高权力形成这个阐释的阐释者。但这还不是超人，更不是酒神。后来在《疯癫信札集》署名为酒神或耶稣的人，甚至后来宣称了"超人"的人，都不同于这里的背德者。就连查拉图斯特拉也不过是介于背德者和酒神之间或介于心理学家和酒神之间的模糊形象。一方面，他是一个与阐释相关的形象，另一方面，他又宣称打破了阐释之可能性。我们可以说，查拉图斯特拉是宣称了"超人"的自由精神，或者是关照自身的心理学家。这就是为何他是自己的先驱。

——因此，第二，需将该人物的双重性视作介于阐释或统治体系与肯定体系之间的一种模糊性。然而，肯定是打破阐释限制之物。那么，如何得以思考虚无主义阐释——即某种阐释的阐释——与酒神式肯定之间的关联？

即如何得以思考阐释与对阐释之打破间的相关性？真正的问题在于：一个思想阐释体系如何得以释放出某种肯定，该肯定的所有内容在于不去阐释、不再需要阐释？阐释的无限性如何得以中断？顺便提一句，弗洛伊德在《有限分析与无限分析》中的精妙分析正好涉及这个问题。某个疗法或某个分析如何得以中断？在任意某个时刻，精神分析对象应向谁以及向什么言说"是"，才能让他不再只是 45 年一直待在长沙发上，不断地阐释，阐释阐释，阐释阐释的阐释！阐释是无限的，从原则上是无限的。休止点（point d'arrêt）并非最大限度或最终的阐释。福柯不无道理地指出，在现代阐释体系中，不存在"有待阐释之物"，因此也就不存在最后的阐释：人们总是处在无限的阐释的阐释中。按照福柯的"三部曲"说法，无论是在弗洛伊德的、尼采的还是马克思的思想体系中，难点都在于：最终若想要一个真正的结束，就得出现某个"是"。是对什么言说的"是"？这是问题的关键。尼采早已意识到这一点，深知自己已进入某个悲剧的绝境。可作中间介质的出路是碎片：阐释的形成可以出现在其碎片形象中。这是他找到的唯一解决办法：让这些形成回归到构成它们的"纯粹多样性"中。事实上，在这里，阐释将发生断裂，肯定将变得可能，因为这是将"纯粹多"作为不可评估之物进行的肯定。于是，一方面是触及不可评估之物、将之视作无基

底之基底（fond infondé）或无意义的肯定的"是"——尼
采将对无意义言说的"是"称作偶然、游戏等——另一方
面是无限的阐释体系，两者之间将出现某个"行动点"
（point de l'acte）上的爆炸。能够被肯定的只有废墟或被摧
毁之物。只要体系尚存，阐释就会发生。这一阐释体系的
爆炸指的不正是拉康所称作的"实在"或者甚至"客体小
a"① 吗？我感觉就是这样的。这是在某个特定时刻让自身
变成作为碎片与阐释体系相遇之物——如所是的实在。它
似乎是不可象征之物，因而也就是不可阐释之物。当象征
或阐释偶然发生，当人们介入其中，它就会立即消失！因
此，我们是对不同于阐释之物，且不同于"长沙发"之物
言说的"是"。的确，在这一点上存在着某种类比。若从
一种说法转到另一种，我们难道不能说，"是"的问题同
时也是触及"实在"的问题吗？其中，根据尼采无比深邃
的思想，"实在"只有在对阐释的摧毁中才能作为不可评
估之物被触及。尼采难道未曾想过这一点？我们可就此进
行思考。通过不断地阐释，那些阐释本身被不断磨损直至
被摧毁。一直以来，尼采作品的某个部分就像一块浮石
（pierre ponce），通过阐释不断地摩擦着其阐释对象；或许

---

① 在拉康的思想体系中，客体小 a 指的是与欲望相关的客
体，该客体无法被任何实在的客体所指称。——译者注

尼采早已认为，一切终将在阐释的筛选中分散，阐释将在
某个过度阐释（sur-interprétation）的有力行动中让自己分
散？其中这个过度阐释是坚持不懈的、勇敢的、处在统治
场景中的。我认为就是这样。在某个时期，尼采曾认为能
够摆脱作为主人的阐释，即作为阐释之真正主人的阐释。
请大家回忆一下他在自己身上向"最杰出之心理学家"致
敬的段落。然而，这里指的并非了解人的心理学家，而是
阐释的主人：尼采曾以为在这个位置上，他可以让阐释本
身的摧毁性爆炸到来，或无论如何，让虚无主义构型之坍
塌到来。然而，尼采最终发现并不能，若我们继续先前的
类比，即他最终发现，精神分析者的位置并非主人的位置。
成为精神分析者并非成为阐释的主人。这一点在弗洛伊德
那里或许依旧模棱两可，但在拉康那里却已变得清晰：很
简单，精神分析者不是主人。他之所以不是主人，那是因
为这里涉及某个行动。尼采可能会得出与拉康相同的观点：
若对我们这些心理学家、这些背德者而言，成为阐释的主
人并不能让我们呈现不可评估之物，那么就应该出现别的
东西——若"实在"的准则不在于此，那就应该在某个行
动中。行动是作为无法被阐释之多样性的生命，这个生命
并不服从于某个阐释体系或某个本质上可阐释的体系，正
如"实在"是不可象征的。此外，"实在"不可象征的事
实也并不意味着可以轻易触及如所是的"实在"或与之相

遇。这是可能的吗？还是不可能？我们不知道……至于
"是"，要想这个"是"成为可能，就得让不可评估之物作
为既分散又可阐释之"实在"被"给予"。这就是为何，
它是某种天真。任何属于天真或童年之物，其本质都在于
不阐释。孩童是阐释主人的相反面：他不仅不是主人，而
且还是无需阐释之人。孩童正是对这一点的暗喻。这就是
为何，出于其天真特质，孩童成为酒神式肯定的本质暗喻。

因此，有待思考的是《查拉图斯特拉如是说》开篇处
第二个和第三个变形间的关联，即从狮子到孩童的转变。
他是如何从狮子变为孩童的？狮子是言说"不"的人，是
有勇气言说"不"的人，这自然是因为，他是阐释的主
人。孩童则是言说"是"的人，仅仅因为他位于阐释体系
之外。

让我们来读一下《查拉图斯特拉如是说》开篇处"论
三个变形"片段。我们将读到介于狮子与孩童之间非常困
难的行动问题，其中，狮子与孩童正是这一行动的边界。
查拉图斯特拉称之为变形，但问题的核心在于去了解人们
如何发生变形，哪个行动可对这一变形进行表征。我为大
家朗读这个片段：

> 创立新的价值——狮子本身还不具备这个能力。
> 但它可以通过自我超越来变得具备创造新价值的能

力——这便是狮子的力量能做到的事情。

为赢得自身的自由，甚至还有在义务面前言说"不"的神圣权利：为做到这一点，我的兄弟们，必须成为狮子。

获得创立新价值的权利——对于一个忍辱负重的灵魂而言，这是一项最令人生畏的事业。真的，这对他来说是某种攫取和某种猛兽行为。

不久前，曾被他视作自身神圣财产而热爱的东西是言说"你应该"（Tu-dois）的权利；现在，他得在世上最神圣之物的基底处发现幻觉和专制，从而攫取逃离这一眷恋（attachement）的权利：为实现这样的攫取，必须成为狮子。

狮子处在非阐释性言说的层面。它处在阐释主人的形象中，是"在世上最神圣之物的基底处发现幻觉和专制"的人，因此也就是阐释宗教和基督教反动价值的人，是阐释虚无主义且有勇气逃离虚无主义本身之疲软的人：为做到以上种种，必须强大如狮子。

但告诉我，我的兄弟们，对于狮子本身都无法完成的事情，孩童还能做些什么？为何作为掠夺者的狮子还需要变成孩童？

因为孩童是天真与遗忘，是新的开始，是游戏，是自转的齿轮，是原初的动力，是神圣的肯定。[我们可对以上每一个术语进行评注，所有这些术语都指称作为外在于阐释之物的"是"。]

事实上，我的兄弟们，为玩造物者的游戏，必须成为某个神圣的肯定。此刻，精神想要"它"自己的意志，在失去世界之后，它赢得"它"自己的世界。

我向你们说出了精神的三大变形：精神如何让自身变成骆驼，骆驼如何变成狮子，以及最后，狮子如何变成孩童。

从骆驼到狮子的转变并不复杂：无论如何，这是某种从阐释层面可察觉的变形。相反，从狮子到孩童的变形则构成了尼采的核心问题。他不断奔向行动及其疯癫的整个过程完全与以下问题相关：狮子如何让自己变形成孩童？又或者，虚无主义的暴力阐释者或反动价值阐释的暴力主人，如何变成忘记任何阐释的人？这一点正是加强虚构应该呈现而非表征的对象：加强虚构应尝试将其揭示，而不是将其变成简单的表征。由此将引出对艺术的最后召唤，后者将使得呈现从狮子到孩童的变形成为可能——该变形应跨越处在完全分散状态下的所有至高权力之形成。一切艺术都是从狮子到孩童的变形。

VII

1993 年 4 月 7 日

行动是尼采始终追寻的对象。尼采就像一个自杀式袭击者，对着空中高喊道："我不是某人，而是炸药"，"我是普世历史中的一个事件，会让人类历史一分为二"。从未有哪个精神像这样被最犀利、最残酷的解剖刀切开，以拥有"思考所有人们所知之物"的勇气：当能够时，就应该意愿！任何不抵达极致点的真理以及任何非绝对的真实性都不具有伦理价值。他的话语回荡在空中，仿佛在用锤子击打着整个世界建筑：他用思想的碎片宣称着、命令着、威胁着，孤军奋战。没有任何人对他持有丁点信任，也没有任何人对他抱有丝毫谢意。没有任何响动，亦无任何回应。这出尼采变成"尼采"的悲剧在没有观众、没有共鸣的情况下拉下了帷幕。

那么现在呢？如今呢？我们应该感谢他些什么？我们何以可被视作尼采主义者？我自己何以是尼采主义者？

在这里做一个推广，有关这一点，大家可以去读我发表在《鹦鹉》（*Perroquet*）手册上的一篇文章，名为"将世界历史一分为二"。此外，你们也可去读最近刚在柏林出版的兰波论文集，里面收录了哲学公学院举办的"兰波千年"（Le Millénaire Rimbaud）研讨会重要论文，雅克·朗西埃、让·博雷伊（Jean Borreil）还有我是此次研讨会的组织者。事实上，这部文集的价值在于，它将兰波置于某个思想形象中进行考察，该思想不仅远离了将兰波严格视作比喻形象、人物或存在象征的考虑，而且也同样远离了某个局限在诗歌功能中的绝对文学的兰波形象。几乎所有发言都有一个共同点，即它们都尝试在思想元素中将兰波理解为思想命题本身，将其视作一个以宣称性为独特格律的诗人。这是蕴藏在诗歌中及文字间的某种宣称，与文本性（textualité）非常相近。他们所做的，正是在这个字面上的相近性中，尝试解读兰波的宣称操作。

还有米歇尔·德吉（Michel Deguy）近期在瑟伊出版社（Seuil）出版的诗歌体作品《涌入的时刻》（*Aux heures d'affluence*）。在我看来，这本书似乎有些不连贯，不知这是不是他有意为之：里面集结了不同文章（其中，除一篇外，其他之前均已发表），但文章与文章间的衔接让人难以捉摸，似乎并无成书的基础。唯有开篇的"绪言"引起我的注意：在短短几页纸内，他对自己的诗歌观进行了聚合、整理，并提出了他赋予诗歌的使命。这是他最概括与浓缩的文章之一。我将从中摘出一些格言。第一则格言：

"我欠你们诗歌形式的真理"。这句话几乎统摄其他所有话语：诗歌处在某个真理范畴内，该范畴既是命令式的，又是被言说的。"我欠你们"，这一说法简约却不简单，因为它包含着这样的观念，即诗歌命令属于真理范畴，遵守某个言说的规则，而且该真理在某个绝对内在范畴内是诗歌形式的。诗歌并非应得出真理的某个真理工具，而是自身为诗歌形式的真理。正是在这个意义上，诗歌欠我们真理。

第二则格言："诗歌提出命题（proposition）"。在这里，对"命题"一词的使用介于动词"提出"（proposer）及其语法意义之间，正如德吉通常所使用的那样。不过，这则格言与之前谈及兰波时所提出的诗歌之宣称功能相关：诗歌包含或掌握着向所有人宣称的东西。不能满足于其表达维度。诗歌所做的不属于表达维度，而属于命题维度。第三则——这一则在德吉那里已是老生常谈，但在这里，我们将取其最极端的一面——我们将研究诗歌的比较功能角色，即"仿佛"（comme）的功能角色：被选定的诗歌将在人们所称作的"众物的相似性（semblance）"中运动，这一相似性正是与这些物的相似物（semblant）相对立的东西。当诗歌在物的相似性中理解物时，即在物作为其他物的在场凭证而对其他物所产生的反射中理解物时，物将不再属于相似物范畴。最后，还有德吉所称作的"靠近比例"（proportion du proche）问题。他所形成的有关当代世界的视角是某种远离的抽象，就像是某个远方的至高点，这不是某个作为地平线的远方，而是在某个虚假形象或幻象中重聚的某种抽象分散。于是，诗歌注定会产生某种缺口，通过引入某个可公度性（commensurabilité），该缺口将尽可能地释放出靠近的可能性及倾向。

接下来再简单谈一下埃斯特·泰莱尔玛纳（Esther Tellermann）在弗拉马里翁出版社出版的诗集《逃逸距离》（*Distance de fuite*）。首先，这些诗的简洁度和厚重感，尤其是其"温柔的分裂"（cassure douce）——在分裂之物的某种无声却又激烈的温柔中实现分裂——的笔调，不免让人联想到保罗·策兰。举其中一首非常有趣的诗为例，这首诗以把玩数字 1 到 4 的多样性闻名：诗意的数字性，数字 1、2、3、4 或其整体的功能，甚至诗歌排列的顺序等，在诗歌的言说、他异性、褶皱及无人称"他"（il）形象中，都与策兰的诗歌有些许相似之处。我为大家读这首诗：

> 音符。
> 切割。
> 夏雪。
> 两个现实间，
> 一道白缝。
> 四个梯度的转调。

事实上，这首诗在代词的组合方式、代词在诗中的排序和功能等方面，即"我""你""他""她""他们"这些代词在诗歌中的布局方面，与策兰的诗歌不尽相同。我们都知道代词"你"在策兰诗歌言说（adresse）中的重要性，它是起决定性作用的：在他那里，第二人称具有某种象征功能，统摄着诗歌的言说机制（le régime de l'adresse）。但在这里，同时出现了"我们""她""他"：首先是一个单独的"我们"，它带给我们的感受是独特的，例如：

> 我们的夜晚将点缀哪些项链？
>
> 哪棵金合欢？
>
> 深邃磨平可视性。

其次是人称代词"她"，令人吃惊的是，该人称代词是某种轻微逃离或偏移的引发语（inducteur），例如：

> 她坠落在无符号阴影处。
>
> 若天空尚未划分为
>
> 纵行，
>
> 呼唤将偏向何方？

该人称代词与通常起明确分隔作用的"他"不同：

他切断呼吸的通道

根据公正与不公正的划分。

这有益于

城市的红光。

最后，还有语言的另一个极端，即由鲁亚·西纳瑟尔（Hourya Sinaceur）翻译并引进的伯纳德·博尔扎诺（Bernard Bolzano）的《无限的悖论》（Les Paradoxes de l'infini）。博尔扎诺是一个复杂的思想家，他在同时代思想家中默默无闻，却为康托尔（Cantor）引领了新的方向，将后者引向了实无限①的数学化道路，由此变得至关重要。他是第一个真正意义上实现将实无限无条件纳入数学元素之可能性的思想家。尽管其思想的独特性、复杂性及孤立性特征使他无法始终沿其决定所指引的道路走到底，但毋庸置疑，在无限思想的现代谱系中，他占据着决定性的位置。

在粗浅地列出了以上曾令我感触颇深的原初阅读实例后，下面，我将进一步考察这些实例，将之变成具有启发

---

① "实无限"（infini actuel）为数理哲学中的一种无限观。它把无限看作是一个完全（或完成了的）整体。与它相对的是"潜无限"概念，即生成中的无限。——译者注

性的思想"拼图",以助我们重历之前的路径,或对这个路径进行重构。

我们当时的出发点是什么?是从尼采的行动及疯癫出发,尝试理解他的思想。抓住尼采行动决定或坍塌的边缘,以此来确定行动的棱角、力量点、指导方针及本质欲望:这曾是让诸多尼采能指文本以不同方式产生回响的做法。但若我们如此行事,最终只会得出,"强力意志"和"永恒回归"是尼采思想本质结构范畴的结论。然而,从尼采的行动及疯癫出发,以上似乎并非尼采哲学行动的终极目标。因此,我们将在这里采取的方法是,通过以不同的方式重新整理相关概念,尤其根据这些概念的重要性及其核心结构性功能,以不同方式对其重要性进行排序,从而将尼采与通常意义上的"尼采主义",包括海德格尔所理解的"尼采主义"区分开来。

这几乎正是让-吕克·南希(Jean-Luc Lancy)在《上帝的逐渐麻木》(Paralysie progressive de Dieu)一文中所做的尝试。该文章最初发表在《鹦鹉》手册上,后被收入《有限思想》(Une pensée finie)一书中。南希在文中明确指出,人们所称作的尼采的"疯癫"指的就是,尼采在自己身上对之前不过是某个宣称或消息的东西的直接捕获。我同意他这一观点。一旦涉及行动的急促,尼采就应当亲自出马,去到让宣称绝对敞开之地。"上帝已死,但这一次

[尼采已变得麻木且缄默]，不再是某种宣称，而是死亡的在场，"南希有力地写道。尼采将使自己作为上帝的尸体而"在"（être），将化身为上帝尸体的预先形式（une forme en anticipation）。然而，这句话一经宣称，在深渊的最边缘处，他将变得麻木与缄默。他的思想将进一步变得混乱，波涛声太过喧闹，有太多的光亮，就在此时，在他面前，在这个"上帝谋杀者"面前，一切开始发生弯曲，在一阵狂喜中，一切开始回响，宇宙开始回响……然后，突然，一切安静下来，他掉落在自己屋前……人们在黑暗中的某处将他扶起。

因此，南希认为尼采实现了对上帝之死的呈现化（présentifié），认为事实上，"上帝已死"（Dieu est mort）这句话应该按照字面上理解，即上帝只是死亡，或上帝"是"（est）死亡。这里的"是"（être）一词应置于其本体论共鸣中进行理解，它不再是系动词，"死亡"一词也不再是与上帝相符的形容词。显然，尼采不再能对此说些什么，因为没人能够言说他自己的死亡，没人能够说："我已死"（"我是死亡"）。人们可以说"上帝已死"，但此时，这还只是一个消息或宣称……于是，人们再次掉入我们已多次谈及的循环中！是谁说的这句话？是某个见证者？还是宣称这句话的人？又或者只是在某处听来的好消息？当上帝消失，尼采将上帝呈现为死亡，让自己成为已死的上帝本身。因此，在让-吕克·南希的文章中，贯穿着这样一个本质观点，即尼采的思想不可能满足于某个宣称、消息或见证：见证上帝已死并不足够，还需要将之呈现，该呈现将在"尼采"这一匿名名称下进行，并被以下这一表述严格规定，即"上帝是死亡"①。

我并不同意最后这一点，在我看来，规定该呈现的另有他物，即将世界一分为二的必要性，以及如所是进行肯定的必要性。事实上，只有打破宣称——即与宣称不再相关——但同时承载世界分裂的两端时，尼采的疯癫才会倏忽而至。这就是为何，尼采不仅宣称"上帝已死"，而且还宣称"尼采"创造了世界：被创造的不仅是将到之世界，也是现存的世界。相反，南希则局限在某个更狭窄的道路上，坚持某个否定性表达，由此赋予了死亡某种决定性的作用。这样一来，在尼采的疯癫中起作用的将是对如所是之死亡性（mortalité）的呈现，即对上帝之死亡-存在（l'être-mort），或对后来被南希阐释为主体之死亡-存在的呈现，南希亦将之阐释为"形而上最后一记致命的跳跃"。按照这样的观点，尼采通过哲学得以呈现的，是哲学的笛卡尔形象的尸体：这个上帝甚至不再能够陈述它的存在，

---

① 原文为"Dieu est mort"，既可表达"上帝已死"，又可表达"上帝'是'死亡"，这里涉及法语中表语动词"是"（être）的特殊性。——译者注

因为其"存在"不过是死亡，不过是"我思"（Cogito）主体或主体存在①（autoposition）的最后愤怒。以下便是南希的核心观点：尼采将向我们揭示主体存在的本质是死亡。尼采将在其死亡的本质中化身为主体本身或主体的范畴，成为最终只能是其自身死亡或其死亡本质的主体，当然，其死亡的本质是不可言明的。

这里尚有诸多有待讨论之处。我反对将尼采在行动边缘的麻木形象视作对主体之死亡本质的呈现。在我看来，南希在这里向有限性做出了让步，他将尼采当作某个有限思想体系象征来使用。南希口中的尼采是终结思想之人，这里的"终结"既指结束某物、结束"我思"主体，又指形成某个有限的思想体系、在对有限性的基本思考中（即在有限性的基本元素中）构建思想。南希的企图或许的确是从尼采的疯癫出发去理解其思想，但在我看来，他选择的道路却是一个死胡同。

现在，让我们回到最初的论题，从尼采的行动表征即从其哲学行动出发，来理解其思想。我们在前面已经讲过，行动指的是将世界历史一分为二，正因如此，它被视作是

---

① 在哲学术语中，"autoposition"指的是让"我"，亦即主体得以自我肯定的行动，故翻译为"主体存在"。——译者注

原型政治的。从这个角度出发，尼采或许是当代革命主题方面最激进的思想，尽管他自身是反对革命的。不过，世界的旧历史，也就是需要被打破的历史究竟是怎样的？那是虚无意志的历史，或更确切地，是被虚无意志类型统治的历史，其范畴名称是"基督教"。因此，旧世界的历史就是虚无主义的历史，尼采宣称要打破的正是这段历史。新历史，即处在行动中的历史，则正如我们所尝试揭示的那样，是言说"是"的历史，这个"是"由虚无主义本身的碎片组成，是对不可评估之物言说的"是"，亦是对作为生命之生命基底本身言说的"是"。然而，这个"是"和新历史并非某个新价值：尼采有关创造新价值的所有阐释都是限制性和不确切的。这更多是为让肯定不可评估之生命的可能性发生爆炸。确切地说，生命由于不可评估，因此无法作为某个价值被宣称。或者换一种说法，"是"不是某种阐释或某个新的阐释，而是阐释的终结。"是"是无法阐释之物。对于海德格尔所提出的"谁是查拉图斯特拉"这个问题，我们已经给出答案：他是介于虚无主义阐释与酒神式肯定之间的模糊形象。这就是说，查拉图斯特拉的形象介于以下两者之间：一个具备阐释能力，甚至拥有言说"不"、言说激进的"不"的可能性；另一个则拥有言说"是"的可能性。甚至可以如此定义查拉图斯特拉本身：他是处在这一模糊形象中的"尼采"自身的先驱。他之所以是"尼采"自身的先驱，是因为他是一个阐释的主人，而阐释本身内在于被阐释之物，即内在于虚无主义。不过，赋予他意义的是这样一个行动，在这个行动中，酒神式的"是"将成为可能。查拉图斯特拉正是在这一本质的模糊性中，即在这个尼采的模糊形象中，从一端到另一端不断地移动着。

这正是第二个变形的问题所在。第一个是骆驼的变形，从只一味承受的骆驼变成具有阐释力量的狮子。这依旧只是内在于虚无主义本身的谜题，因为成为狮子，就是成为虚无主义最暴力的形象。我们可将狮子的形象设想或构思为极端或极端主义的形象：作为侵略性虚无主义的虚无主义。相反地，第二个变形，即从狮子到孩童的变形，则将促使从阐释主人的积极形象到肯定的天真形象的过渡。这个变形将不再是某个内在的谜题，而是行动本身的谜题。换句话说，从骆驼到狮子的变形尚且存在阐释学可理解性的可能性，但从狮子到孩童的变形则不再拥有这一可能性。它既不是阐释性的，也不是可阐释的。事实上，这正是所有问题的关键所在，是尼采问题的真正核心，我们可将之陈述为：如何用一个让肯定到来的否定体系来命名（只是简单地命名）断裂？同时，这里涉及的并不是某个双重否定，亦即"是"的到来不能只是简单的对"不"的否定，人们不能处在对肯定之到来的辩证形象中。德勒兹不无道理地指出：尼采思想不是辩证的，但辩证法是他的对立面。尼采所思虑的是，如何在否定的否定形象之外找到抵达"是"的途径，亦即如何以与初始批判体系决裂以外的方式来抵达对不可评估之物的肯定。这是因为，在尼采的思想体系中，批判并不能生成肯定。极度的阐释亦无法抵达肯定的天真。因此，孩童并非狮子的否定，但在第一个变形中，狮子却是骆驼的否定。骆驼象征承受之人，狮子则象征无法被任何东西承受之人。然而，在以下两者之间并不存在否定关系：一个是基督虚无主义狂暴阐释的主人，无法被任何东西承受；另一个则是神圣的肯定，是天真，也是遗忘。因此，重要的是去了解，酒神式的"是"如何以否定或辩证否定以外的方式，作为另一个世界到来，这个世界是无价值的——不是拥有其他价值的世界，而是不可评估之物的世界——这正是我所坚持的一点。

正是在这里，艺术问题登上舞台，作为激进问题被呈现。为什么呢？因为艺术至少应该能够呈现前面所说的第二个变形，不在否定元素中，而是以其他方式，获取它自身的能量。艺术的功能是对肯定的肯定。在这里，它作为肯定肯定的力量，即呈现从狮子到孩童之变形的力量被提及。艺术并非肯定本身。尼采在其思想的最后阶段从未放弃宣称：行动是原型政治的，它并非某种新的审美，甚至也不是某种新艺术；行动不是审美。以平庸的纳粹评论为借口，认为尼采提出了某种政治美学观的看法是不公正的。并不存在有关行动的某种美学表征：行动只能是原型政治的。然而，唯有艺术才能言说肯定中所涉及之物。这并不是说，艺术就是肯定，或让肯定变得有效，这里并不涉及某个艺术革命，而是说艺术至少能让人明白，肯定如何能成为否定之否定以外之物。正是在这个意义上，艺术能够对肯定进行肯定。又或者，若你们愿意的话，艺术是绝佳的非辩证之物。它是非辩证性，意味着以否定之否定模式之外的方式接近肯定的能力。因此，艺术不是在肯定的"实在"中——该实在属于将世界历史一分为二或原型政治之有效性的范畴——而是在对肯定之可能性的独特呈现中（该呈现并非极端批判的结果），作为肯定之可能性，在尼采思想中占据核心的位置。从某种角度来讲，艺术已经是非阐释的，或者在艺术中存在某些非阐释性的东西。

只不过，尼采文本中有关这一点的阐释错综复杂。贯穿这些文本的阿丽亚娜之线（中心线）难道不正是以下观点吗：诚然，在艺术中有阐释发生，但其中还有某个不可阐释的元素，即让我们得以对肯定进行呈现的元素。这便是作为非辩证艺术的艺术。由此引发了尼采与瓦格纳之间的争论，同时也导致了他们之间的决裂，以及由这个决裂所产生的永远无法愈合或结痂的巨大甚至致命创伤。这一充满激情的爱慕最终为何会演变成如此巨大的执念，甚至让尼采不惜使出最后的力气？此处，精神分析的阐释模式或许正好适用。我们在这里确实有一个典型的病例。对瓦格纳的叙述或阐释在哪些方面构建了尼采的主体性？这将是一段激动人心的历史，但我并不打算展开。瓦格纳是什么的名称？这始终是对我们而言至关重要的问题，尽管有人可能会给出他曾是"父之名"① 的答案。毫无疑问，对尼采而言，瓦格纳首先曾是伟大艺术之回归的名称，是伟大艺术的名称，因此也就是艺术可能的肯定性维度的名称。需始终注意：总是指向希腊的那个伟大艺术必须在严格意义上被理解。具体地，这里指的是能够对肯定进行肯定的艺术，即未被困在自身辩证法中的艺术。可以确定的是，曾几何时，对尼采而言，瓦格纳命名了这样的艺术。接着，后来，瓦格纳还命名了将伟大艺术本身辩证化的责任。整个争执的基底就在于此。关于瓦格纳对现代世界的意义，尼采的阐释从不曾改变：他是那个世纪伟大艺术的名称。尼采一直坚称，瓦格纳属于最伟大之列，是比才所不能及的：《卡门》并不比《瓦格纳四联剧》（*Tétralogie*）更伟大。尼采唯一批评瓦格纳之处，是后者曾尝试将伟大艺术本身辩证化，曾尝试将伟大艺术置于辩证法中进行浸润或

---

① "父之名"（Nom-du-Père）是拉康所发明的一个概念，指称俄狄浦斯情结关系中，"父亲"在象征维度具有的本质与功能。——译者注

调和。在尼采那里，这一辩证化过程有一个专属名称，即戏剧化（théâtralisation）。瓦格纳正是将伟大艺术戏剧化的人。然而，对尼采而言，戏剧是绝佳的辩证艺术，是非肯定性艺术或最不能对肯定进行肯定之艺术的范式。由此产生了尼采对戏剧的激烈谩骂，在他看来，后者不过是十足的对否定的否定。因此，尽管天才般的瓦格纳曾是伟大艺术的象征，但由于让伟大艺术屈就于这一规则、让其置身于辩证的戏剧化中、将之扔进非肯定辩证性或无限阐释中，他让伟大艺术的基础重又变得可疑。由此便产生了以瓦格纳为中心的这场恐怖危机，因为这是一段让行动的可能性本身变得可疑的历史。尼采与瓦格纳的结盟在其策略中至关重要，因为这一结盟表明，在反动类型的命名内部，也曾有伟大艺术之回归的肯定性源头。只不过，瓦格纳戏剧化所带来的危害，在尼采看来，同时也是基督教所带来的危害，会对行动的可能性和合理性带来致命一击。这正是尼采在《查拉图斯特拉如是说》中通过"老巫师"相关段落极其敏锐地指出的内容。让我们进一步考察该段落的几个选段。"老巫师"就是瓦格纳。在文中，瓦格纳相继被称作"老巫师""巫师""狡诈的响尾蛇"等。要明白：瓦格纳是严格意义上对伟大艺术施以魔法的人，他对伟大艺术施了魔法。由于他自身就是伟大艺术，因此，他是以某种内在的方式对其施以魔法的。这正是最恐怖的地方。他成了自己的巫师，成了施加在他作为象征之物身上的魔法。正如以下这个段落所说，他最终变成了"让自己的精神与自身对立的老巫师，变成了一个由于内在发生改变，因而一触碰到其坏意识就会自我冻结的人"。这正是发生在瓦格纳身上的事情：作为伟大艺术的他，一触碰到他的坏意识，就将自身冻结了。我们再次回到这个段落：查拉图斯特拉遇到了老巫师，他首先在心中暗忖，莫非他遇上了一个伟大的人物，这里指的当然是尼采。然后还有另一个段落：老巫师向查拉图斯特拉吟唱了一些令他厌烦的东西，查拉图斯特拉对他棍棒相加、将他打翻在地！以下便是瓦格纳——老巫师对查拉图斯特拉所说的话语：

"哦，查拉图斯特拉！我对所有这一切感到厌倦。我憎恶自己的把戏。我并不'伟大'，为什么我要伪装呢？但你知道的——我在寻求伟大！

"我本想像伟人一般行事，我也引诱了许多人。但这是个谎言超出了我的能力范围，为此，我感到心碎。

"哦，查拉图斯特拉！我的一切都是谎言，但我的确感到心碎——这个心碎是留在我身上的唯一真理。"

查拉图斯特拉垂下眼睑，移开目光，用一种阴郁的神情说道："这是你的荣光。追寻伟大是一种荣光，但这也会把你暴露出来：你并不伟大。

"你这个恶劣的巫师——你身上最美好、最正直、最值得我尊敬的地方在于，你开始厌倦自己，并宣称道：'我不是最伟大的。'

"在这一点上，我由衷地敬佩你。在这一点上，你是真正的精神忏悔者，尽管只是在某个叹息或眨眼的瞬间，但在这个时刻，你曾——真实过……"

这段复杂的文本想说什么？想说的是，瓦格纳见证了伟大艺术的回归，他曾一直在真正地追寻着伟大。接着，他向自己注入了谎言和把戏。按照尼采的思想，若伟大艺术被辩证化、戏剧化或表演化，它就会变成自己的幻影。因此，通过实现伟大音乐的戏剧化，瓦格纳为艺术本身引入了把戏和谎言。这样，他就会损害并失去他曾作为名称和象征的那份伟大。于是，查拉图斯特拉注意到，老巫师最终承认："我并不伟大。"瓦格纳这样说似乎令人惊诧，但尼采很乐意让他讲出来！注意，与老巫师的交谈场景在此处是这样被处理的：在整篇文章中，查拉图斯特拉都是阴郁的，低垂着眼眸，萎靡不振。这的确是一段奇怪的交谈，因为在对话中，面对对他自己把戏失望的老巫师，查拉图斯特拉并未表现出骄傲的肯定。查拉图斯特拉似乎也被这一形象所感染，变得委顿。正因为瓦格纳艺术是对伟大艺术的辩证化，因此，他的放弃或他的极端虚无主义让查拉图斯特拉变得完全惊慌失措了。那么，什么能呈现肯定呢？若不是以伟大艺术的方式，肯定将在何处、以何种方式被肯定呢？

有几条路径可指引我们回答以上问题：一个是作为呈现行动天然形象的诗歌路径，另一个是作为非戏剧或非辩证艺术象征形象的舞蹈路径。

——一方面是诗歌、诗歌的独特语言及其与德语语言之间的关系问题：在语言中，存在着某个闻所未闻的断裂观念。若我们进一步考察尼采自己所使用的德语，将之与尼采所揭露的德语进行对比，我们会发现，他提出的是某种逃离语言天然辩证性的语言观，这个语言将重新具备肯定能力。这可不是微不足道的工作！

——另一方面是舞蹈主题：这是与诗歌既相关又可相互替代的路径。在这个问题上，我已经为大家推荐了一本我的著述，在这里，我再简单复述一下。我曾在里面写道："为何在尼采那里，舞蹈成为思想尤其是尼采思想的必要隐喻？"这正是我们问题的关键所在：为至少实现对肯定的肯定，需要怎样的艺术力量？我继续写道："舞蹈是与查拉图斯特拉-尼采的敌人相对立之物，这个敌人被他们称作'沉重精神'（esprit de pesanteur）。舞蹈首先是逃离任何沉重精神的一个思想形象。"需要明白的是，当尼采谈及"沉重精神"时，他指的是阻止肯定、让肯定的轻盈可能性瘫痪之物。结合前面的本体论论述，"沉重精神"就是"星星碎片"的反面，而"星星碎片"则是让肯定得以产生的形象。"沉重精神"就是与不同类型或类型学紧密相连之物，它将我们困于不同类型之中，正是这些通常表现为反动的类型规定了我们。由此便产生了发现尼采有关这一逃离的其他形象的重要性，因为正是这些形象将舞蹈纳入某类意义重大的隐喻网络中。例如有关"鸟"的形象，查拉图斯特拉说道："我憎恨沉重精神，因而我像一只小鸟。"因此，在舞蹈与小鸟之间形成了某种本质的隐喻关联。舞蹈是让内心的小鸟来到身体中的东西。由此产生的是另一个更普遍的形象："起飞"（envol）。有关这个形象，查拉图斯特拉说道："学会飞翔的人将赋予大地一个新名称。他将称之为'轻盈'。"尼采对舞蹈的定义可能是：舞蹈是赋予大地的一个新名称。还有"孩童"的形象。这就是为何，舞蹈将成为对第二个变形的呈现——这曾经也是我们的一大难题。舞蹈自在起舞（se danse），因而不是否定的否定。在舞蹈自身的跳跃中，舞蹈得以被塑造。作为骆驼、狮子之后的第三个变形，"孩童"是"天真和遗忘，是新的开始，是游戏，是原初的动力，是神圣的肯定"。作为"小鸟"和"起飞"的舞蹈亦是"孩童"所指称的这一切：

——舞蹈是"天真",因为它是身体前的身体,是身体有重量之前的身体。

——与孩童一样,舞蹈是"遗忘",因为它是遗忘了自身限制或重量的身体。它是忘却自身的身体。

——与孩童一样,舞蹈也是一个"新的开始",因为舞蹈动作始终应仿佛创造着它自己的开始。

——舞蹈也是"游戏",因为它让身体摆脱所有社会的束缚,摆脱所有严肃与礼节。尼采将孩童形容为"自转的车轮"。这也可成为对舞蹈的定义,因为舞蹈就像空中的一个圆,只不过这个圆就是自身的准则。这个圆不是从外部规定的,而是自我定义着。

——孩童是"原初的动力",舞蹈也是,因为舞蹈做的每一个动作,它划下的每一道弧线都不应被视作某个结果或某个机械效应,而应被视作运动性的源头。

——最后,舞蹈也是"神圣的肯定",因为它是以绚丽的方式让否定的身体或羞愧的身体不在场之物。舞蹈正是让羞愧的身体不在场之物。

"小鸟""起飞""孩童"以及尼采在别处将谈到的"喷泉"等,它们都是得以消解"沉重精神"的形象:"我的灵魂就像喷涌而出的喷泉"。我们知道,舞蹈着的身体也处在离开地面、离开自身的某种喷射状态下。总之,对肯定进行构型的问题引向了对"空中"元素的某种隐喻,这正是巴舍拉尔（Bachelard）在他对尼采诗意的阐释中所得出的结论。在这些元素所构成的体系中，对最后一个变形难题进行命名的正是"空气"（air）。舞蹈让我们得以将大地命名为"空气"。作为艺术的舞蹈是让大地变得稀薄之物，会让将大地思考为具有某种持续通风特征之物成为可能。又或者，舞蹈之所以假设了大地的气息或呼吸，仅仅只是因为舞蹈问题涉及垂直性与引力之间的关系。这甚至与对行动之呈现相关。这就是为何，舞蹈是一个恰当的隐喻：它是垂直性消解引力的时刻。这并不是说舞蹈以可视的方式否定引力，而是意味着哪怕只在某个瞬间，舞蹈中的引力仿佛被消解了。舞蹈着的身体，即垂直的身体，在受到某个引力牵引的同时，处在对这个引力的消解中。舞蹈呈现了这样一种可能性：天地倒置、你中有我，这亦是肯定的可能性本身。对应从狮子到孩童的变形问题，这里涉及的是天地之间的位置转换。正是出于所有这些原因，尼采思想在舞蹈处找到了恰当的隐喻，又从舞蹈出发衍生出了一系列诸如"小鸟""起飞""喷泉""孩童""轻盈空气"等形象。

或许有人会反驳，认为这一系列形象太过天真，甚至稍显造作，会留下对尼采的错误印象，认为在他那里，天真指的就是一系列丰富的隐喻。然而，难道不应该认为，这一系列丰富的隐喻在它们与某种强力或激情的关联中始终被舞蹈所贯穿吗？这正是问题的关键。在舞蹈中，行动将被呈现化为对一系列天真隐喻的强力贯穿（traversée en puissance）。舞蹈将既是喷泉、小鸟、孩童等这一系列中的某个术语，又同时是对这个系列的强力贯穿。查拉图斯特拉称自己"有一双狂热舞者的脚"。在舞蹈中，存在着某种对"天真"进行强力贯穿的东西。从狮子到孩童，是狮子对孩童进行肯定，因为是狮子通过强力贯穿孩童。因此，"变形"一词并不恰当：应该将整个过程想象为某种类似舞者的跳跃，在脚尖划过的轨迹中，跳跃的强力是狮子，而悬于空中的美姿则是天真，是孩童。不过，这只有在某种艺术的恍惚（captation）中才能被呈现（舞蹈就是这个艺术的象征），因为尼采坚信思想是一种强化。需明白的是，在这里，舞蹈如何作为加强思想的场景或可视性被提及？孩童如何是狮子的加强而不是其否定，如何成为狮子的舞蹈性加强？别忘了，对尼采而言，思想只能产生于其自我呈现之处：它实在于当下，是在自己身上自我加强之物，如果我可以说的话，是它自身强度的运作。正是从这一点出发，思想应仅作为其自身加强的运作被"给与"，作为与反动类型相反的被肯定之物出现。也正是在此处，舞蹈的形象变得自然，因为它在身体的形象中，以可视的形式向我们传递了作为内在加强的思想。这里涉及的是作为某种内在加强之可视性的身体，因此，自然要求形成某种舞蹈观，这种舞蹈观不应接受外部的限制。这不同于规范化的体操，涉及的不会是遵循某个规定构型、哪怕是被音乐规定之构型的灵活身体。身体不应是服从的、肌肉发达的，即不应是有力量且服从的，这样的身体与尼采所推崇的舞动的身体正好相反，后者指的是在内部让天地旋转的身体。此外，这个作为舞蹈反面的有力且服从的身体有一个名称，即"德国人"，"堕落的德国人"。有关德国人，尼采说道：服从和大腿！但无论如何，这也可能是对舞者的定义。有可能出现某个专制的舞蹈观，要求舞者有服从精神以及大腿，从而让音乐或编舞者可指定或强加相关动作。这样一种舞蹈形象与我们的意图并不相符，我们想做的是：赋予作为纯粹加强之思想以可视性，以及更进一步，产生"是"的教学法，即有关纯粹"是"之统治的教学法，哪怕只是以稍纵即逝的方式。事实上，服从和大腿指的是军队队列。为理解尼采有关舞蹈的思想，人们需要明白，舞蹈的反面正是在军队队列中所呈现的与身体的关系。这很有趣，难道不是吗？在这两个场景中，身体都跟随某个音乐节奏或军队节奏而舞动。德国人是军队队列方面的佼佼者！队列要求的是整齐划一、反复操练的身体，而非不注重外形的垂直身体，它是横向且洪亮的身体，和着铿锵有力的节拍。舞蹈则是空中的、中断的身体，是垂直的身体，它踮起脚尖，轻点大地，就像一朵云彩。这首先是一个沉默的身体，而非拍打（frappe）的身体，这个身体遵循着自己的节奏。总之，在尼采那里，舞蹈指的是垂直思想，即向着自身的高度伸展、直至抵达正午及酒神式"是"之极限的思想。舞蹈是该思想在人世间的一种比喻，它与"正午"相通，因为"正午"是太阳抵达最高点的时刻。因此，舞蹈是抵达其最高点、抵达其自身极点的身体。

进一步深入考察尼采着重强调舞蹈的原因，我们会发现，在缺少了瓦格纳作为堕落象征的伟大音乐艺术之后，尼采似乎在舞蹈处窥见了某种朝向自身运转的运动性（mobilité）主题。该运动性在运转的同时并不脱离自身中心，而是在舒展自身的同时，仿佛是对其中心的扩张。对于此，应作何阐释？事实上，舞蹈与尼采的"生成"思想相吻合，是与作为"生成"之"存在"——该存在只能作为"生命""生成"或积极力量被思考——同样自由与内在化的身体轨迹：舞蹈是对强化思想的身体隐喻。不过，重要的是，这个由舞蹈呈现的"生成"体现为，它将在其中释放出某种独特的肯定内在性。正是这一点，即在运动中所释放出的独特的肯定内在性，使舞蹈成为"是"的隐喻表达。舞蹈运动并非某种位移或变化，亦非某种分节或分段的运动性，而是由肯定的永恒独特性所支撑的某个轨迹：在舞蹈运动中，某种独一无二的肯定自我展开并孕育。这就使得，在对舞蹈运动的理解中，不可能出现任何外在

性。在舞蹈中被肯定的是某种内在性。由此得出，舞蹈指
称着一种身体冲力，这个力量并非主要在外在于自身的空
间中迸发，而更应该在对其自身的肯定中被抓住，即作为
赋予自身持久力量之物而对自我进行的肯定。

　　这一点至关重要。舞蹈并不是对运动本身，对其敏捷
度或其外在形式之精湛的呈现。绝对不是！它是对唯有运
动方能呈现的某种保留力量的证实。重要的是这个保留
（retenue）的可视性。其本质，即舞蹈或运动的本质，存在
于未发生之物中，存在于始终保持为非现实或在运动本身
内部被保留之物中。伟大的舞蹈是让未发生的运动变得可
视、将其变成可视运动的肯定内在性之物。要明白，酒神
式"是"就属于这个范畴。这个"是"并非处在同意任何
事物的形象中，而是对不可评估之物的肯定，这是完全不
同的！它并不是从外部出发、透过被它肯定之物得出的。
肯定是一种活动。这个活动是怎样的呢？必须让肯定在其
保留部分中作为肯定状态呈现。为达到这个目的，肯定就
必须是运动本身，因为正是运动让保留物得以显现。这类
运动的典型就是舞者的运动，因为后者正是在肯定力量的
牵引下所产生的这个绝对、完美的冲动，它可让不曾存在
之物得以显现。"是"不是某个无保留的冲动，不是某个
内在否定性元素或某个非保留（non-retenue）。那种时而
服从时而表达的身体活动被尼采称作"庸俗"（vulgarité）。

"庸俗"是酒神式肯定的反面。若认为"是"反过来又服从于它的冲动，这就大错特错了。这样，人们还是处在"庸俗"之中。尼采写道："任何庸俗都源自抵抗某种引诱的无能"，又或者，"庸俗"指的是"人们只能做出反应，只能服从于每一个冲动"。这完全是"肯定"的相反面：这样一来，人们又掉入了服从或反动之中，又或者，掉入了类似军队队列的"是"的假象中。

明白了舞蹈与军队队列之间的本质差异，就能明白在尼采的肯定中，即在尼采的"是"中，起作用之物。因此，舞蹈并非身体的自由冲动，不是身体的蛮力：它始终是对身体抵抗某个冲动的呈现。这就是说，任何真正的肯定都总是对某个冲动的抵抗。庸俗的尼采主义是跟随其欲望……这里则完全相反，包括对世界、生命、不可评估之物言说"是"时：其本质始终在于对某个冲动的抵抗。舞蹈将得以表明某个冲动如何在运动中失效，从而使得整个过程涉及的不再是某个服从，而是某个保留。舞蹈之所以是精炼的思想，是对轻盈、敏锐思想的隐喻，那是因为它展现了内在于运动的保留。它与身体的即刻庸俗性（vulgarité spontanée）相对立，与身体的原始狂喜或身体健忘的重复相对立。问题的关键在于，在尼采的肯定问题中，引入某个非庸俗的肯定，让其成为新世界的体系，即某个舞蹈的体系。这是因为，深刻威胁着"是"的，正是被如此构思的"庸俗性",即将仅属于服从范畴的东西视作某种肯定。没有什么比这个更简单的了!舞蹈的重要功能在于揭示自由运动,即任何能表现出来的最自由的运动,其本质在于对冲动的抵抗。这一抵抗在对轻盈性的隐喻中达到顶点。所有酒神式肯定的点都将成为肯定的轻盈性。然而,"是"的轻盈性指的是什么呢?对于尼采之后发展起来的、四处宣扬的尼采主义而言,即对于"是"体现为对欲望、性等进行肯定的尼采主义而言,简言之,就是作为"喇叭"的尼采主义而言,这个"是"的轻盈性所指为何?事实上,这样一个尼采主义将逐渐趋向于军队队列。因为无论如何,把握住"是"的线路完全是另外一回事!在作为轻盈性的舞蹈中,什么在被言说?这是尼采思想的起点。这个轻盈性,或者说这个身体作为非限制之物显现的力量,指的是什么?此处,身体甚至不受自身的限制,相对其自身冲动而言,处于抵抗或保留的状态。事实上,正是非限制性身体的展现要求缓慢原则。被人们称作"轻盈性"的,正是得以展现敏捷物中隐秘缓慢的这个能力——这就是为何舞蹈是轻盈性最好的形象。这才是真正的轻盈性!只有当舞蹈运动蕴含其潜在的缓慢性,即蕴含其保留的肯定力量时,它才能在敏捷中变得精湛。在舞蹈运动的活力中体现出肯定性的,正是对其隐秘缓慢的呈现。在敏捷性中所呈现的轮廓,即让其成为绝对优美的东西,正是某种惊人的潜在缓慢亦在其中展现的事实：这正是伟大舞者的天赋所在。这样的舞者不是要向我们展示他的能力或技艺，而是仿佛让他的每个动作都在其敏捷性中缓慢展开。这同样是尼采意义上的"是"的问题：作为整体肯定的"是"亦不应处在某个敏捷性的连贯中，而应展示出它是这样一个肯定，在这个肯定的缓慢性中，它与不可评估的生命产生联系。唯有这一点才能证实它并不处在某个服从中。尼采是这样说的："意志需要学习的，是变得缓慢。"作为对缓慢的生动扩展，舞蹈向我们揭示了意志可学习的东西，因为意志能够且应该学习的，正是变得缓慢。由此引出了尼采问题的最大难点：若我们以舞蹈为牵引线，那么其本质似乎更应该是潜在的而非现实的运动，是可视运动潜在的缓慢。或者，舞蹈是作为现实运动之隐秘缓慢的潜在运动。又或者，更确切地，舞蹈在其极致的精湛敏捷性中，在其最大化的运动中，将展现出某个隐秘的缓慢，且在这个过程中，已发生之事与其自身的保留难以分辨。舞蹈的完美运动是：它发生了，但相较其自身的保留而言，这个"已发生"（avoir-lieu）将产生某种"不可分辨性"。在艺术的顶点，舞蹈将不仅呈现出敏捷与缓慢间的等同，而且还将呈现出动作与非动作（non-geste）间的等同。诚然，它只能是动作，但该动作却将指示出它与非动作的等同。舞蹈将展现出，尽管运动已经发生，但这个"已发生"的可识别的独特形式与某个潜在的"未发生"难以区分。甚至可以说，仅由动作构成的舞蹈，其实由被自身的保留所萦绕的动作组成，以至于这些动作将变得不确定。它们展现出了动作的潜在不确定性。正如我们所知，若舞者过多展示他对动作的决定，舞蹈中就会产生某种突兀感。当"已发生"与"未发生"间的这个"不可分辨性"在"已发生"本身中得以呈现时，舞蹈的黏稠感（lié）则将作为某个极致艺术显现出来，当然，这是极其罕见的事情。此时，在某种绝对的流动性中，动作等同于"非动作"，以至于不确定性得以延续，而不再呈现为连续性动作决定中的非连续性。显然，正因为没有对这些决定的解决，才使作为"非动作"之悬置的动作连续流动性得以显现。出于所有以上这些原因，尼采有理由且无比深刻地将舞蹈视作行动的艺术隐喻，因为无论如何，行动的问题或肯定的问题在于，它们无法作为决定被阐释。这正是最困难之处。对不可评估之物的肯定不得被纳入决定体系，因为任何决定都是评估性质的。又或者，任何意志都是评估性质的，因为从结构方面讲，它是价值的创造者。然而，酒神式肯定的问题就在于，它不生产价值，它意味着通过中止或悬置某个阐释，对如所是的不可评估之物言说"是"。因此，对肯定物的肯定不能在决定框架下完成，因为后者必定是评估性质的。若它是评估性质的，那么它就属于旧世界。

然而，舞蹈却是不会流露出任何决定痕迹的肯定动作形象。对尼采而言，艺术的作用正在于此。艺术——这里指舞蹈，但也可指任何其他可能的艺术——应该通过将肯定与决定分离，从而赋予肯定以力量。这并不是说从此不再有决定，而是说艺术应该呈现的，是不再处在评估性决定体系中的某个肯定的可能性。

这让我们得以重新回到瓦格纳的问题上，因为戏剧化是对决定体系的不可避免的回归，甚至可以说，戏剧是绝佳的决定性艺术：它是对决定、决定之力量或无力的呈现。它的目标是将人置于决定问题的框架下，对其进行刻画。瓦格纳的戏剧化在于使得仿佛存在着或能够存在夸张的决定，即伟大的决定。然而，问题的关键却在于去了解是否存在着某个伟大的肯定。由此出发，尼采反瓦格纳的论题将沿着两个不同的路径展开，我们必须对这两个路径进行深入细致的了解，方能明白尼采的哲学诉求。这是两个表面相互矛盾的路径：

——尼采首先会说：瓦格纳是永远什么都不决定的人。他的音乐永远是位于思想前的思想，是位于思想前的承诺，它永远什么都不决定，是某种"决定的麻醉剂"。

——其次，他又会说相反的话：瓦格纳沉浸在作为伟大决定的夸张戏剧化中，其中伟大决定取其夸张含义——

意识的悲剧、急剧的转变等。

因此，可以认为，尼采既认为瓦格纳是意志薄弱的人——他的音乐意志薄弱，因为它总在改变，永不结束，不分节拍也不分段落地演奏，总之，是一种艺术上意志薄弱的音乐；又认为他的音乐极具代表性，因而是决定性的，是受困于其戏剧结构类型的音乐。

在我看来，以上两个表面相互矛盾的对瓦格纳的批判，针对的并非同一个艺术问题，涉及的并非同一个有关艺术的哲学问题，因为就目前看来，已经出现了两大与艺术相关的尼采问题。对瓦格纳的这两个批判刚好是对这两个问题的具体化。

具体是哪两个问题呢？一个是：艺术当真具有对肯定进行肯定的力量吗？艺术，哪门艺术？是不是伟大艺术呢？这是问题的关键。另一个问题更为隐秘与复杂：一个能够对肯定进行肯定的艺术，它还是一门艺术吗？在这种情况下，"艺术"一词是否依旧恰当？是否应该被保留？

除这两个相互纠缠的问题外，还要加上一个更为古典的前浪漫主义难题：存在伟大艺术吗？——我们这里所指称的是具有肯定力量的艺术，和/或者当代伟大艺术，该艺术不同于希腊时期的艺术，后者毋庸置疑就是伟大艺术——它难道不是艺术之外的东西吗？是对艺术的终结？或者对艺术的超越？

　　这便是问题的复杂之处：我们的时代能够承载伟大艺术，即具有肯定力量的艺术吗？或者同一个问题，但以不同的方式提出：我们时代的伟大艺术难道不正是不再是艺术的东西，或使艺术失去其艺术功能的东西吗？这便是从瓦格纳论战出发所衍生出的伟大艺术与艺术之终结的激烈争论。然而，一旦承认了瓦格纳并非伟大艺术，且老巫师并不伟大——他最终说出了这句话——那么我们就可进一步追问，考虑到他无论如何是曾出现过的最伟大的人，那么他是否就是曾被体验为"伟大那并不伟大之伟大"（la grandeur non grande du grand）的东西呢？这难道不正意味着不再有艺术栖身之地吗？若伟大艺术并不伟大，那么人们就会去吹捧普通艺术（petit art）。人们可通过谈论比才、奥芬巴赫或者斯特劳斯的圆舞曲等来谈论这样的艺术。然而，尼采完全知道这一切意味着什么——千万别弄错了！——这不过是背德者、"现代人"（尼采就是其中一个）站到诡辩派一方，用来展开攻击的矛头。事实上，真正潜在的激进问题是：大写的艺术（Art）就是瓦格纳。他之所以并不伟大，只是因为他并不**拥有**这个大写的艺术。我们时代为我们规定的具有肯定力量的艺术，并不会让我们在谈论它的同时追问瓦格纳是否伟大！……

VIII

1993 年 4 月 28 日

大家是否还记得，三个星期前，我将尼采置于了艺术与哲学的某个诡辩中。在此，我将之复述或总结为以下三点：

——只有当艺术是尼采所称作的伟大艺术或伟大风格艺术时，艺术才能拥有原型政治的断裂这一本质行动所需要的力量。其中，简言之，"伟大艺术"或"伟大风格"指的是与希腊源头可公度的艺术。

——作为尼采同时代人的瓦格纳是唯一掌握着某个伟大艺术计划的人：他是在那个世纪重新提出这个计划或重新提出这个主题的人。

——尼采晚年逐渐愤怒地意识到，瓦格纳并不拥有真正的伟大，他的计划，即沿袭自希腊悲剧理想型的作为总体艺术的音乐悲剧计划，以及他的歌剧，并不能实现伟大艺术的形象，而只是对伟大艺术的戏剧模仿，因此，瓦格纳不过是以伟大艺术为托词的伪君子，呈现出的只是伟大艺术的假象。

结果是，艺术的命运和功能从此变得晦暗不明。或更确切地说，在最终发现了瓦格纳的虚伪后，哲学行动与伟大艺术力量形象间的关系应被重新考察。这正是使《瓦格纳事件》一书变得尤其重要的因素，同时也使以下表达变得合乎情理：存在着某个"瓦格纳事件"，这既是一个症候，亦是一个问题，该事件将要求对艺术与哲学行动间的本质关联进行重新考察。此外，这本小册子的副标题不正是"一个音乐家的问题"吗？这句话应该理解为，这个问题不仅只针对音乐家，而且首先应该是一个真正的问题："瓦格纳事件"是一个重新建立或提出艺术与哲学间关联的问题。通过提及书中出现的两个陈述，我们可抓住某种张力：

第一个陈述：瓦格纳总结了现代性。没办法，人们必须首先成为瓦格纳的信徒。

第二个陈述：瓦格纳只是我众多疾病中的一个。

对于以上两个陈述的明显冲突，我们将阐释如下：现代性在本质上是思想的一个疾病。又或者，现代性是需要被治愈之物。

在尼采身上，我们经常可以看到某个现代性预言家的形象。不过，这里的现代性只是一个模糊能指。事实上，尼采所宣称的，或他所想要的——即他作为煽动者的断裂——正是与现代性的断裂，亦即对现代性的治愈和出走。在有关艺术问题本身方面，我们也会说，现代性可被定义为"艺术朝着表演性（histrionisme）方向的总体转变"，或者它是伟大艺术的不可能性。正是在这个意义上，"瓦格纳事件"具有典型性：它见证或呈现了伟大艺术的不可能性。然而，伟大艺术指的是什么呢？指的是非表演、非戏剧的艺术。在《尼采反瓦格纳》中，尼采疾呼道："戏剧，这种卓越的大众艺术，我对它只有侮辱的蔑视之情，这是当今任何一个真正的艺术家都会秉承的发自内心的观点。"因此，原型政治行动，这个极端的哲学行动，亦即将世界历史一分为二的行动，不可能是戏剧行动，这一点至关重要。对尼采而言，在大写的历史舞台上，大革命就采取了这个戏剧姿态。与此相反，尼采则提出了某个非戏剧性的爆炸。同革命政治行动不同，原型政治不仅不应从戏剧处获得任何支援，而且还应与戏剧性产生决裂或将之废除。原型政治行动应该是这样的行动，从这个行动出发，思想得以离开舞台。它不再停留在戏剧舞台并将该舞台视作力量场所，而是相反地，在其沉默的激进断裂中离开这个舞台。这就是为何，在尼采晚年，他对艺术问题的批判层面集中在了对舞台的出走方面。必须处死（mise à mort）艺术服从于戏剧性形象的范式。由此将导致表演性的死亡，瓦格纳正是对该"事件"的阐明。

源头问题就此凸显：伟大艺术的原初矩阵似乎是希腊悲剧。然而，悲剧难道不正是戏剧的基础吗？这便是尼采思想的矛盾之处：与现代性的断裂要求终结戏剧性，然而伟大艺术的范式或矩阵却蕴藏于希腊悲剧，这个被认为创造了戏剧性形象的艺术中。戏剧如何同时既是现代性的印记，又是伟大艺术的矩阵？它如何能够成为《瓦格纳事件》中阻止伟大艺术之物，并用一个假象代替伟大艺术，由此赋予自身以伟大艺术为名的历史形象？鉴于此，我们有必要离开文章主线，不再将目光聚焦于尼采晚年，而是转向《悲剧的诞生》一书，去考察尼采在其中展开的有关悲剧和悲剧性的最初论点。

在《悲剧的诞生》中，尼采支持的论点是什么呢？他支持的论点是：悲剧不属于戏剧，它不是戏剧，其本质在于对任何戏剧性的排除。一旦戏剧性开始对伟大艺术加以腐蚀或阻止，悖论就产生了。悲剧将依旧是伟大艺术的范式，但前提是它的原初本质不是戏剧性的。这一点对于深入理解尼采伟大艺术主题至关重要：存在着悲剧与戏剧之间的某种分离。只要他的思想是悲剧性的，那么这里的悲剧性指的就不是戏剧意义上的悲剧。由此导致，原型政治在拥有悲剧内涵的同时，意味着对舞台的出走，或者对戏剧性的逃离。只有当希腊悲剧不是戏剧时，它才是伟大艺术。创造了戏剧性"悲剧"的是欧里庇得斯，而不是那些伟大的悲剧家，如本质的埃斯库罗斯和随后的索福克勒斯。欧里庇得斯的发明是对悲剧的腐蚀，是对其本质的磨灭。为明白其中要义，须追问悲剧之所是，以及作为思想本身之决定的伟大悲剧艺术为何物。

悲剧是什么？

——从美学上讲，悲剧是音乐与神话的结合，是两者精准、协调的衔接，对应的正是尼采在瓦格纳计划中所找到的音乐悲剧。通过对瓦格纳的最初参考，在他一开始对艺术表现出激情的宣称性微光中，尼采将悲剧美学归于对神话起庇护或创造作用的音乐。他在《悲剧的诞生》中说道："在悲剧中，我们拥有从音乐天赋中再生的悲剧神话。"于是，在音乐的创造性力量中，出现了作为悲剧美学之决定的音乐悲剧（drame musical）。

——从形象上讲，在指称行动或力量形象的伟大专有名称游戏中，悲剧亦是以酒神为中心的酒神（狄奥尼索斯）与日神（阿波罗）的结合。依旧在《悲剧的诞生》中，尼采写道：

　　艺术的两大保护神日神和酒神告诉我们，在希腊世界，造型艺术或日神艺术，与音乐的非造型艺术或酒神艺术之间，从源头和意图方面都存在着巨大的对立。这两种如此不同的艺术并肩而行，更多时候处在公开的冲突中，相互激发着更强有力的新生命，以便在新生中永远维持那种对立的斗争，它们共同涉及的"艺术"一词，只有表面上的调和作用；直到最后，通过希腊"意志"的某种奇迹般的形而上作用，它们得以显得好像结合起来，并最终从这一结合出发，孕育出了既是酒神又是日神的艺术作品：雅典悲剧。

文章说得非常清楚，艺术不应该仅有一个形象，而应该有两个：即酒神和日神这两个艺术力量的守护神形象。在惯常或一般体系下，存在着某种分离：这两个专有名称指示着两个相互分离的艺术力量形象。悲剧的诞生意味着对两者的混合而非融合。这并非某种辩证的解决方式，不是黑格尔意义上的对立面的统一。在悲剧中起作用的两大准则——一个以酒神为名，另一个以日神为名——处在某种内在张力中，正是这个张力构成了如所是的悲剧。该张力是对"意志"的创造：在此处被意愿的，正是这个结合（conjonction），即被尼采毫不犹豫称作"奇迹般的形而上"的结合。这是作为奇迹般结合的某种纯粹的希腊意志。酒神和日神这两个艺术形象是绝不可能融合在一起的。某种奇迹般的希腊"意志"的形而上！这便是悲剧：这一奇迹的奇迹般的存在。

　　——从本体论上讲或按尼采的说法，作为生命不可评估之力量的悲剧亦是梦与醉的结合。梦和醉作为生命（vital）范畴，是自然本身及如所是之生命力的前艺术或超艺术属性。尼采会说："这是从自然本身直接迸发出来，而不需要人类艺术家的中介的艺术力量。"这便是悲剧几乎本体论意义上的重要特征。作为梦和醉的同时性（simultanéité），悲剧是对直接产生于自然而无需首先经由艺术家之艺术力量的结合。梦是将表象（apparaître）释放为表象之物：它是形象幸福的必要性，该形象自知为意象，不是对自身之为形象的不信任，而是相反地，如所是地平静地自我显现。尼采会说，这是一种"凝视的、被包含其中的视角"。这个分散或个体化的视角将在雕塑尤其是希腊雕塑中获得其艺术实现。这便是在表象之荣光，即表象之自足荣光中所构思的梦的维度。再一次，有待思考的是某种充满生机的力量。不过，该力量无法在任何认知哲学形象中被构思，因为在这类形象中，表象总是与某个非表象或将变成表象之物相关联——此外，这正是困难所在。相反地，应该将该力量视作"是其所是之物"，即在其表象的太阳荣光中破茧而出、而无任何逃离基底之物。最终，捕获这个力量的正是希腊雕塑。在一阵冲力（élan）中，希腊雕塑在人类艺术家的力量中呈现出了某种处在其自足形象中的太阳显现的可能性：那仿佛就是在作品中被"给与"（donné）的梦，是作品-梦，或以这样一个作品形象被赋予或展开的梦，该作品只会发现自身的显现。希腊雕塑就是这类作品的范式。至于醉，它是对自然之艺术力量的呈现，是处在其创造运动中的大地的"祭献"（offrande）。与梦不同，醉并非个体化之物，或处在宁静分离状态下之物。醉涉及的正是通过对个体化的废除以及对如所是之生命的即刻总体化，而对创造性力量的呈现。尼采会说："这是赠与自身之'馈赠'（don）的大地。"若梦是"赠与"（offert），那么醉就是"所是之物"纯粹的祭献活动。通过梦"赠与"，通过醉"祭献"。这里指的正是音乐、歌唱、舞蹈——因为它们都只是时间性和运动——将抓住和捕获的"祭献"。醉将抓住大地从自身出发、以内在方式慷慨献出其自身"馈赠"的运作。悲剧则正是梦和醉的结合，是被醉包裹的梦。又或者，悲剧将"赠与"作为"祭献"展开，是祭献活动中的分离视角。正是这个"奇迹般"的平衡时刻，即出现"奇迹般的形而上"或"希腊荣光"的时刻，艺术力量体现为将"赠与"释放为"祭献"。

——最后，从类属上说，或从艺术体裁角度出发，悲剧是雕刻家或古希腊游吟诗人与音乐家的结合，即日神游吟诗人与酒神音乐家的结合。一个属于梦，另一个属于醉。让我们回到《悲剧的诞生》：

造型艺术家同与之相近的史诗诗人沉浸在对形象的纯粹凝视中。酒神音乐家则在不唤起任何形象的情况下，将自己等同于原初的痛苦本身或这个痛苦最初的回响。

从该选段出发，我们可得出悲剧的最后特征：悲剧是在任何形象都不在场的情况下对形象的凝视。这正是伟大艺术之所是。这里涉及的是处在非形象规定下的形象。只有形象存在，但这个形象却是作为"祭献"被"赠与"的，其深层法则是：始终属于不使用任何形象之物的范畴。音乐将命名不使用任何形象的艺术，而造型艺术或史诗则将命名使用形象的艺术。但悲剧却产生于这样一个时刻，此时，在形象的流动中，将产生某个无形象的运作，在这个运作中，形象仅仅只是非形象的过渡。也可以说，悲剧是让表征处在不可表征之物规则下的艺术，是不可表征之物在表征中处在过渡状态下的艺术模式。由此将得出有关伟大艺术的一般定义：对形象、形象之顶点、最强之视角、最完整之梦的去形象化，但这个梦必须被音乐的加强或作为去形象化之加强的音乐所贯穿、冻僵或萦绕。这正是希腊诸神的群像或神话。在所有这一切中，没有任何东西是戏剧化的。没有任何东西召唤或提及戏剧。在任何时候，尼采对悲剧的加强运作都不会意味着在表征形象中对戏剧性的召唤：既不会有舞台，也不会有演员。这些只是会被顺带提及，而绝不会触及悲剧的本质。悲剧只是在偶然情况下变成了表征，最终会在自身的加强运作中将形象抹去。

然而，戏剧是什么呢？在尼采看来，戏剧是欧里庇得斯的一个创造。尼采将其称为"罪人欧里庇得斯"，因为正是他牺牲了悲剧或完成了"悲剧的自杀"。悲剧并非死于外因，而是为自身以外之物牺牲了自己。完成这个动作——即戏剧动作——的正是欧里庇得斯。那么，欧里庇得斯意味着什么呢？明白以下这一点至关重要：在《悲剧的诞生》中，对欧里庇得斯的指责其实就是对瓦格纳的指责的明确预告，两者是一样的。指引瓦格纳的一般论证体系，正是让欧里庇得斯变成牺牲伟大艺术之人的体系。欧里庇得斯是对悲剧的某种苏格拉底式的解体：他是"罪人–哲学家"。不要忘了，尼采反哲学的一个重要特征是，赋予哲学家以"罪人"这个修饰词——在《敌基督者》末尾处宣称反基督教律法时，他说道：他们是"罪人中的罪人"。在这里，欧里庇得斯的罪行是，让艺术服从于哲学。这便是其罪行的本质，当然这同时也意味着戏剧的诞生。戏剧的罪恶诞生意味着对悲剧的删除和抹去。

从悲剧出发，"罪人欧里庇得斯"都做了些什么呢？让我们逐点剖析：

——在美学方面，他企图使神话不再服从于音乐，而是服从于话语（discours）。这是其罪行中的第一个构成性偏移（déplacement）。因此，正如苏格拉底和柏拉图曾通过科学对神话进行摧毁，欧里庇得斯则是将这个摧毁戏剧化的人。从此，他将幻觉归于神话或将神话本身归于逻辑话语，而不再通过音乐的加强或醉捕获神话。尼采难道没有说过类似"科学摧毁了神话，这份摧毁将诗歌从它的理想国驱逐，让它从此背井离乡"的话语吗？在这里，尼采隐射的是柏拉图在理想国对诗人的驱逐。对诗人的驱逐在本质上正是对神话的摧毁，欧里庇得斯既是完成这一驱逐的工具，亦是完成这一驱逐的艺术家——但不再是处在伟大艺术中的艺术家。在欧里庇得斯身上，尼采识别出来的是"作为思想家而非诗人的欧里庇得斯"。事实上，正是从对神话的摧毁出发，或从思想在神话被摧毁处生根发芽开始，哲学得以形成。对于这一点，我深信不疑！尼采也必定会同意！只有当对神话的完整倾向终结，也就是只有在我所称作的尼采术语中"数学–诗歌"或"科学–神话"的对立中，才可能诞生哲学。哲学的源头的确是科学范式下对神话力量的清除。如果说欧里庇得斯是完成该动作的悲剧作家，即让悲剧与科学对神话的摧毁同时出现的悲剧作家，那么在这个意义上，他也是与哲学同时代的悲剧作家。这正是尼采的观点："哲学思想统治着艺术，将艺术紧紧捆绑在辩证法的树干上。"在其思想深处，尼采认可这样的说法，即对戏剧的创造——欧里庇得斯是其真正意义上的专有名称——被虚假地置于了悲剧谱系中：欧里庇得斯成了继埃斯库罗斯和索福克勒斯之后的第三位悲剧作家。然而，他所做的不过是在哲学这一统治性元素中对悲剧的磨灭。以上这些严厉、庄重的抱怨矛头随后转向了瓦格纳，并形成了对瓦格纳的指控。对于戏剧和哲学的这个原初结合，尼采完全清楚。哲学对悲剧的戏剧化，亦即对悲剧的终结或"自杀"负责。由此将产生哲学里的某种戏剧性元素理念，或某种戏剧性的构成元素理念。该理念将与戏剧共在，正如戏剧将与哲学共在：在作为对悲剧之遗忘的戏剧——正如形而上指的是对"存在"的遗忘——与让艺术服从于哲学的特有模式之间，存在着某种原初的联结，欧里庇得斯正是该联结的名称。尼采不忘隐射柏拉图的辩证法：柏拉图哲学阐述的内在戏剧性指示出了哲学与戏剧的某种原初结合。这就是为何，在美学上，欧里庇得斯不再命名悲剧，不再命名音乐与神话的组合。事实上，他命名了神话对话语的服从及其向另一种神话的过渡，即向某种隶属于哲学范畴的模仿或掩盖性神话的过渡。

　　——在形象方面，欧里庇得斯的计划是颠覆酒神和日神的关系，或将两者的表面结合置于日神的规定下，甚至通过这一改变彻底根除酒神形象。尼采会说："清除悲剧中的原初酒神力量——这便是欧里庇得斯的计划"，同时指出，通过颠覆酒神在酒神-日神组合中的地位，欧里庇得斯其实将两者都消除了：他也无法真正地成为日神。只有当表象被醉承载时，它才能在其完整的荣光中显现；又或者，只有当"赠与"同时呈现"祭献"时，才会有完全艺术意义上的"赠与"。在颠覆了酒神与日神间关系后，欧里庇得斯最终抵达的是对组成悲剧之联结的彻底解体。从这一刻开始，他便远离了伟大艺术。

——在生命方面，欧里庇得斯那里既无醉，亦无梦："在曾经产生梦和幻觉（vision）的地方，现在产生了思想；在曾经产生醉的地方，现在产生了激情"。从欧里庇得斯的戏剧开始，曾经被表象的宁静幻觉所统治之处，现在将迎来思想的辩证；曾经让伟大的总体化通过醉得以自我给予的地方，或让对生命祭献的肯定得产生的地方，现在却将陷入激情的冲突中。这里涉及两个重要的替换，因为思想将回到表象与本质的对立。从此，不再有作为表象的表象，而只有游戏，即通过表象对本质的掩盖游戏——由此便产生了思想对幻觉的替代；从此，也不再有大地通过其自身之"馈赠"所产生的祭献，而只有激情的戏剧冲突，该冲突尽管充满诱惑力，但却是对生命"馈赠"的遗忘。因此，对戏剧的定义应该与悲剧相反：戏剧绝不再是神话与音乐的组合，而是思想与激情的组合。不再有梦而只有思想，不再有醉而只有激情：这便是戏剧。正因如此，戏剧应被视作后柏拉图的或后苏格拉底的：它与哲学紧密相关，后者既为它提供了思想理论，也为它提供了激情理论。在两者的组合中，哲学将统治艺术，因为思想和激情均属于哲学的范畴，而梦和醉则属于生命的不同时刻（instance）。

——在类属方面，欧里庇得斯用思想与演员的联盟，即思想与演员的戏剧联盟——其中，演员指的是让思想"激情地"存在之人——取代了悲剧中不可能的或奇迹般的造型艺术与音乐的联盟。用激情表演的思想：由此便产生了戏剧性。尼采会说："他（欧里庇得斯）在起草计划时是苏格拉底式的思想者，在执行计划时是充满激情的演员……无论在起草阶段，还是在执行阶段，他都不是纯粹的艺术家……"他之所以在起草阶段不是纯粹的艺术家，那是因为他是作为思想家而不是根据酒神的醉进行起草；他之所以在执行阶段也不是纯粹的艺术家，那是因为他对计划的执行是作为演员，而不是在表象的荣光个体化表面形象中展开的。作为伟大艺术的悲剧，其主体类型是"纯粹艺术家"。不过，欧里庇得斯并不包含其中。无论在起草阶段还是执行阶段，他都不是这样一个艺术家，因为他意味着某个思想家和某个演员的联盟。

然而，"纯粹艺术家"指的是什么？这是一个关键问

题，因为长久以来，尼采一直自认为是执行这样一个行动
的人，即与虚无主义产生断裂。有时，他甚至将作为哲学
家的自己置于"纯粹艺术家"的形象中进行构思，从而形
成了某个哲学家-艺术家的形象。当然，这里的艺术家并
非如欧里庇得斯一般，是演员和思想家的结合，而是如埃
斯库罗斯所构思的那样，是梦与醉的结合。"纯粹艺术家"
的主体类型至关重要：它是哲学行动本身的类型，是拥有
结合力量的类型，是拥有奇迹般希腊意志、奇迹般希腊形
而上的人，最后，就是埃斯库罗斯这个知晓结合梦与醉的
人。作为"纯粹艺术家"，他是伟大艺术的艺术家。任何
艺术家，若非伟大艺术的艺术家，就都不是纯粹的，因为
他是演员，是演员与思想家的结合。伟大艺术指的是音乐
地承载神话或诗意地承载行动，或更深层地，通过醉赋予
梦的能力。如果说"纯粹艺术家"是让"祭献"在"赠
与"中产生价值，或让生命在表象中得以显现之人，那么
伟大艺术就是形式的个体化，它作为不可评估之生命的
"给与"而隶属于视角和梦的范畴，这也是在形式个体化
（individuation formelle）中被如所是给与的醉的准则——那
是不再产生评估之物，遗失在不可评估之物中之物。又或
者，伟大艺术是在价值多样性中或在价值个体化的顶点处
所呈现的不可评估之物，是处在其太阳荣光中的表象：不
可评估的生命。"纯粹艺术家"则是其主体类型。

　　由此便诞生了与瓦格纳决裂的整场悲剧。在这场悲剧中，尼采将使出意识中最后一丝气力：那是对真理的某种狂热、深入甚至变成折磨的热爱，它就像某种隐藏的动力，用反对一切虚假和堕落的本能力量，始终让思想和言说保持张力。在整个过程中，瓦格纳注定无法幸免。若我们承认尼采向着疯癫的疾驰有助于我们阐释其哲学行动，那么我们就被迫看到，这个过程中几乎始终充斥着瓦格纳的身影，充斥着尼采所称作的《尼采反瓦格纳》剧情的上演。这是尼采最后一本著作，1888 年 12 月，他还在思考这部作品，在消失、纵身于虚无前，他还在修改着这部作品的最后几稿。《尼采反瓦格纳》：为何是瓦格纳呢？为何"瓦格纳"这个专有名称会作为另一个本质的专有名称即"尼采"的对立面被提出？这个问题始终萦绕在伟大艺术，即"伦理的伟大风格"问题周围。关键在于去了解：若伟大艺术是哲学行动本身的条件，那么这个伟大艺术本身是否可能？作为梦与醉之结合或作为本体论运算的悲剧是否能够重新变得可能？行动是不是对这个新的可能性的实现？当我们不再从严格的谱系学或批判角度出发，而是以行动和肯定为起点时，在尼采的思想体系中，以上所有问题都将占据绝对核心的位置。

　　那么，瓦格纳是如何看待以上问题的呢？这是首先有待考察的问题。毫无疑问，他应该是提出以音乐之名重构神话的人。瓦格纳曾明确提出这样的观点：以音乐的迷醉为掩护重构神话——这正是尼采认可他的一点。因此，他本可能被视作这样一个人，他为德国人重构了某种等价物，该等价物之于德国人正如悲剧曾经之于希腊人。他给人的第一印象是英雄的瓦格纳，是原型政治行动本身的缔造者。又或者，随着伟大艺术的回归，他将可能被视作让德国重回希腊高度的人——这是一个古老的主题，可追溯到荷尔德林甚至更早。由于他赋予了德国人民以伟大艺术的形象，让他们成为神话与音乐的调和，成为梦与醉的一致，因此，他之于德国人及德国，将相当于埃斯库罗斯之悲剧之于希腊人。这样，瓦格纳就将成为宣称了新希腊，即将德国宣称为新希腊的人。让我们来读一下《悲剧的诞生》中这个关键的段落：

> 因此，要想正确估价一个民族的酒神能力，我们不仅要想到该民族的音乐，而且还同样有必要想到该民族的悲剧神话，这些神话是他们酒神能力的第二位见证者。鉴于音乐与神话的这种极为密切的关系 [在这里提醒一句，音乐与神话的同源关系是悲剧的本质]，这必将导致，其中一个的堕落与变质将引发另一个的颓废。因此，也可以说，酒神能力的削弱尤其在神话的削弱中表现出来。然而，简单参照德国艺术

演变史，我们便会对以下双重事实深信不疑：在歌剧中，正如在我们被剥离了神话的"生存"之抽象性中，在一门沦为取乐的艺术中，正如在一种受概念引导的生活中，我们发现了同一个既非艺术又消耗生命的天性，即苏格拉底式的乐观主义。

该选段是批判部分：德国的境况是欧里庇得斯式的。苏格拉底的实证思想体系破坏了让以下两者产生结合的所有可能性：一个是作为基底的神话，另一个是能够加强该神话的音乐。接着，在第二部分，我们将读到肯定瓦格纳的观点：

然而，依旧出现了一些征兆，令人深感慰藉，这些征兆表明，无论如何，德意志精神依旧在其健康、深沉富于酒神力量的荣光中，在某个无法企及的深渊处安眠、沉思，就像是某个沉睡的骑士。正是从这个深渊处，酒神颂歌缓缓升起，向我们传来［酒神颂歌是对瓦格纳主义的定义］。这向我们表明，这个德意志骑士依旧在梦中幸福庄重地追寻着它那古老的酒神神话。如果德意志精神依旧能清晰地理解那讲述家乡故事的鸟鸣声，那么有谁相信它竟永远失去了它的神话家园呢？某日，在晨起的睡意过后，伴着一抹清新晨曦，它将醒来。届时，它将屠龙、消灭阴险的侏儒并唤醒布伦希尔德①，即便是沃坦的长矛亦无法阻挡其去路。我的朋友们，你们这些依旧相信酒神音乐的人，你们也知道悲剧对我们而言意味着什么。在悲剧中，我们拥有从音乐中再生的悲剧神话，这个神话能够让我们希冀一切、遗忘最深沉的苦难。对我们而言，最深沉的苦难指的就是德意志天才所经受的长久侮辱，他们被迫离开家乡、远离故土、为那些阴险的侏儒服务。你们若是明白了这席话，便终将明白我的希冀。

有关这段话，我想说五点：

——首先是将瓦格纳歌剧视作酒神颂歌的决定。尼采从瓦格纳所代表的复苏中看到的不是表征或戏剧性，甚至也不是新歌剧，而是音乐与神话以音乐之名的结合。

——其次，假设有这样一个艺术，假设酒神颂歌可以被实现或完成，那么它将成为原型政治行动本身，而并非原型政治行动的支撑物或工具：它就是行动本身，该行动将让德国重新回归自身，让这个国家与自身的基底和深渊

———

① 布伦希尔德是一名女武神。她是北欧英雄传说《沃尔松格传》和冰岛史诗《埃达》中的主要角色。她以同样的名字出现在日耳曼史诗故事《尼伯龙根之歌》和理查德·瓦格纳的歌剧《尼伯龙根的指环》中。——译者注

同质，正是在这个深渊处静躺着沉睡的骑士……此外，他最好继续沉睡！……但这是另外一回事了：期待德国这个作为沉睡在深渊处的骑士苏醒，哪怕是在音乐方面，这也没什么令人高兴的。我们以后就知道了……然而，对尼采而言，这样一个行动意味着，那不可评估的基底在戏剧、歌剧及通俗音乐中已经被废除、删除甚至已经消失。只要这个伟大艺术得以复苏，这就将构成原型政治之事件性本身。

——再次，原型政治的场所是德国或德国人民。不过，这里的政治准则尚未处在其普世性特征中，即尚且不是将世界历史一分为二（后面会变成如此）。在《悲剧的诞生》时期，这里指的还是将德国历史一分为二。

——然后，尽管在此处，他并未谈及伟大艺术的实质性回归，但他揭示了这一回归的某个或某些令人慰藉的征兆，其中就包括了酒神颂歌。他并不认为瓦格纳的音乐创造实现了对事件的重新归化或者认为它就是原型政治行动本身，而只是认为，存在着该行动的某些征兆或希望……认为伟大艺术依旧在到来的路上。瓦格纳或许已处在该艺术可能性的边缘，但尚未完成其本质的实现。

——最后，瓦格纳有可能变成德国的埃斯库罗斯，但需要一定的前提条件。条件就是，在尼采的帮助和理解下，让其变成深入到其行动本身之本质中的瓦格纳。然而，这还没有实现。书写一段尼采与瓦格纳之间的关系史应该非常有趣：揭示尼采如何来到瓦格纳面前，指出他的真正使命，言明他应成为德国的埃斯库罗斯，成为"存在"的强力。然而……难道没有尼采，瓦格纳就不会自认为有变成德国埃斯库罗斯的能力或可能性吗？有关这一争论——在瓦格纳身上伟大艺术是实际存在的还是仅为允诺——答案毋庸置疑：尼采无法在不参考其自身意识的情况下，构思他的这些说法。伟大艺术的回归不可能仅仅是对自身的某种重复。瓦格纳不可能在无意识、未意识到这个回归、未将该回归纳入某个理论体系的情况下，声称自己只是某个回归德国的埃斯库罗斯。悲剧要想回归，只有在知晓这一回归的强力中才能真正实现。因此，在尼采的逻辑中，瓦格纳无法摆脱"尼采"：伟大艺术的回归离不开有关这一回归的哲学，因为人们处在晨曦的回归中，这一回归只有在回归思想元素中才能完成。尼采将自己构思为思考着瓦格纳的人。为让瓦格纳成为伟大艺术，就需要将他视作伟大艺术来思考。为让瓦格纳的天真本身倏忽而至，就必须让这个天真在其行动形象中被命名。然而，在这里，瓦格纳再一次给人留下了他可以自足的印象。那么，他又为何必须通过另一个人，即通过尼采，才能获得身份呢？瓦格纳很早之前就对此产生过疑虑：对于尼采在《悲剧的诞生》中，也就是在我们刚刚引用的段落中所说的有关他的好处，瓦格纳嗅到了圈套的味道。尼采的确曾指出，此处只有允诺，唯有当尼采思考瓦格纳时，这个允诺才能在悲剧之回归形象中得以实现。

伟大艺术的回归问题非常复杂，因为其中，尼采或作为专有名称的"尼采"不一定非得是瓦格纳意义上的艺术家或悲剧家，也可以是释放出这一回归本质的人。由此便产生了一个断层，从这个断层出发，以上引文的整个论证体系将逐渐坍塌。在《悲剧的诞生》与《瓦格纳事件》之间，坍塌的不仅仅是某个关联，或两个人之间的冒险，而是某个思想体系：即从悲剧的源头出发去思考瓦格纳的思想体系。这一坍塌又由以下四点组成：

1）尼采发现，瓦格纳的音乐并不构建神话。在酒神颂歌宣称神话回归处，尼采将意识到，瓦格纳的音乐并不是神话梦境的迷醉，它构建的不过是神话的假象，其本质不过是某种堕落的心理状态。瓦格纳音乐的本质不是结合，即梦与醉的结合，而是分离。瓦格纳的伟大只在细节处，这份伟大应该得到充分认可，但仅限于细节，因为其音乐的本质并不构建神话，而只构建某些心理模式：它是分离，而不是结合。

2）接着，尼采又发现，瓦格纳的艺术不会引发任何形式的断裂，而只会引至某种完成。这里亦体现出了他的伟大，即得以完成虚无主义的伟大，但并非与虚无主义的断裂。这是从一开始，即从《悲剧的诞生》开始，就显露出来的某种边缘效应（un effet de bord）。瓦格纳是一种边缘效应，而非任何实质性的断裂。不过，或许在人们等待断裂之处，本就只有某种完成。于是，尼采得出结论：瓦格纳的音乐属于完成的范畴，而不属于断裂的范畴。曾经被视作康复的东西不过是一种疾病：一种处在完全健康状态下的、抵达其顶点的疾病。疾病充分发展的本质是一种虚假的康复。

3）然后，尼采发现，德国无法成为原型政治的场所：这是尼采向瓦格纳发难的另一个本质主题。尼采将重新修正伟大艺术回归场所的德国特征，以及不断萦绕在这些特征周围的所有回响，并用一则格言取而代之：将世界历史一分为二。在这个过程中，德国将更多以障碍物的形象出现，成为顽固的抵抗力量，而无法成为行动的场所。

4）最后，总结起来，我们可以说，曾经被认为可能成为埃斯库罗斯的瓦格纳，其实不过是欧里庇得斯，是现代的欧里庇得斯。

有关以上四点，我们将在下次课再次谈及。不过，有必要在此指出这些论述的目的。最终，以上所有阐释的目的在于明确揭示出瓦格纳就是欧里庇得斯的事实。若他是欧里庇得斯，就不可能再出现埃斯库罗斯！因为在德国，唯一可被视作或有望成为埃斯库罗斯的人，就是他——瓦格纳！然而，他却是欧里庇得斯！你们将看到这个有关艺术问题之诊断的激进性，它只会让瓦格纳成为现代性的某个"事件"。为什么呢？因为现代性只容得下欧里庇得斯。尼采在《悲剧的诞生》中所说的"欧里庇得斯是现代人"的论断将被颠倒过来，变成这样一个肯定：现代性，就是欧里庇得斯。这两个陈述不尽相同。然而，若现代性就是欧里庇得斯，若现代艺术中没有或删除了伟大艺术，那么原型政治就将无法是艺术的。这一点非常关键。重读《瓦格纳事件》《尼采反瓦格纳》《瞧！这个人》等，我们会发现，若瓦格纳的确是欧里庇得斯，那么将不会出现艺术类型或审美类型的原型政治行动，因为这类行动的发生要求有伟大艺术或纯粹艺术家。因此，通过某个不可思议的翻转——欧里庇得斯只是屈从于哲学的艺术，瓦格纳亦是如此——我们看到，对于"原型政治行动是什么"这个问题，若该行动无法是艺术的，尼采最终的答案是：行动是政治的，但其宣称是哲学的。《尼采反瓦格纳》其实就是哲学反艺术。由此得出的不对称性将使该思想体系变得极其复杂，尼采始终挣扎其中：哲学反对艺术对哲学的臣服。最后，直到接近其生命的终点，也就是在1887—1888年之间，才有艺术从哲学中释放出来，亦即伟大艺术，或从欧里庇得斯处释放出来的艺术，该艺术反对臣服于哲学的艺术，当然也反对哲学本身，因为哲学不过是基督教的某个变种。然而，所有这一切都以伟大艺术之可能性为前提。不过，尼采与瓦格纳的冲突——伟大艺术，或表现为伟大艺术之物，其实是欧里庇得斯——表明，人们将不再能够指望用主动屈从于哲学的艺术来反对已然屈从于哲学的艺术。最终，正如《尼采反瓦格纳》中所总结那样，人们将得出某个极其扭曲的形象：作为艺术或更确切地说作为伟大艺术的孤儿，且反对屈从于哲学之艺术的哲学形象。

此处涉及的便是真正意义上的尼采的疯癫。正是从这一点出发，以他自己的名称"尼采"为名，且仅以他自己的名称而不再以伟大艺术或酒神为名，某种东西进入到反对屈从于哲学之艺术形象（该形象的现代化身就是瓦格纳）的行动中，从某种角度来讲，该行动只服从于自身。行动只服从于自身。注意不要将这里的问题弄错：问题是，尼采的疯癫在何处降临？而不是他的疯癫来自哪里？在不再有伟大艺术之处，正是在那个地方，疯癫得以降临！因此，人们只能在仅有瓦格纳之处看到疯癫的来临。当"瓦格纳"命名伟大艺术之不在场时，疯癫在瓦格纳身上降临。这就是为何，在向着疯癫的疾驰中，正如在与瓦格纳的冲突中，存在着同样过度与夸张的表达。两者是一回事。

这不是某种执念或规定，而是一种专有名称形式的标志，意味着尼采疯癫的降临及其对伟大艺术之不在场的填补，"瓦格纳"曾是这个伟大艺术的名称。

IX

1993 年 5 月 5 日

伟大艺术，及与之相关的艺术家，也就是作为真正类型，亦即作为强力意志类型的艺术家，被定义为结合的强力。需谨记这一点。该结合可以用不同的方式表述，如：

——酒神和日神的结合；

——音乐与神话的结合；

——以及最为本质的，醉与梦的结合。

戏剧则是另一种结合的特殊效果，该结合不过是对第一种结合的贬低式模仿，它用激情取代了醉，用思想取代了梦。在这个意义上，戏剧是哲学对艺术最大限度的裁判权（juridiction），此处的哲学指的是苏格拉底和柏拉图意义上的哲学。

由此出发，便产生了伟大艺术的问题，在某个特定时间，尼采曾指出该艺术回归的可能性。围绕瓦格纳被探讨的正是这一可能性，亦即如所是构思的伟大艺术回归的可能性，因此也就是悲剧回归的可能性。在《悲剧的诞生》之后很长一段时间内，尼采依旧坚信伟大艺术的回归指日可待，瓦格纳就是这个回归的迹象。然而，瓦格纳却仅仅只是迹象：他不是回归，而只是迹象。回归尚未真正发生。尼采正是想通过与瓦格纳的合作来等待这个回归的真正完成。不过，是在"永恒回归"的迹象中等待着回归的到来。

暂且不考虑尼采的叙事，我坚信，当"永恒回归"学说出现在尼采脑际时，当他发现伟大艺术之回归的前景是"永恒回归"学说的深层基底时，住在锡尔斯玛利亚的尼采必定产生了某种奇妙的震惊。"永恒回归"要想实现，本质上就得伟大艺术得以回归、悲剧得以回归：对他而言，这正是永恒回归问题所涉及的实在。在将"永恒回归"变成某个本体论准则，变成某个对"肯定"（affirmation）的去时间化定律（loi détemporalisante）之前——因为"永恒回归"指的就是，"肯定"的理念永远只会导致回归，"肯定"承载的并非对时间的解构，而是对时间的超越，它自身也是将时间变成永恒的东西，由此得出了"永恒回归"的说法——首先存在着伟大艺术之回归的可能性。从强力意志的思想和图示看来，这是真正意义上让"永恒回归"生效的协议。因此，当哲学意愿（vouloir）被尼采不断比作或等同于艺术意愿时，人们无须大惊小怪。此外，"永恒回归"曾首先表现为、表明为、证实为伟大艺术之回归的事实也没什么让人吃惊的，这个回归早已以希腊艺术的形式发生过。正是在这一前提条件下——在尼采–瓦格纳组合的形象中——悲剧才能在"永恒回归"的思想中真正意义上地到来。只有当它作为"永恒回归"的形象被陈述与思考时，它才能成为真正意义上的回归。这就是为何，提出瓦格纳是否真正见证了悲剧之回归问题的重任落到了尼采肩上。以下这一点是内在的：回归将同时是在"永恒回归"元素中的回归，亦即在"永恒回归"的思想元素中的回归。这是让回归变成完全肯定之物：不是对自身的盲目，亦不是趋向于其重复的反动或被动形式，而是肯定性的，因为它只能在对其自身回归的感知和思想中才能被抓住和揭示。

有关瓦格纳–尼采组合的命运，存在着一个逐渐被构建并阐明的主张。不仅仅只是一个年轻少年对一位崇高长者亦即瓦格纳的激情，也不仅仅只是对某个后来被他打倒并谋杀的父亲的发现。并不是这样的！存在着这样一个主张：无论对瓦格纳还是尼采而言，悲剧都应该有一个肯定性的回归，该回归同时亦构成了自身的有效性。同瓦格纳的相遇或许是追问悲剧源头的必要条件：这个相遇并不是真的以瓦格纳为对象，而是将瓦格纳置于"永恒回归"的元素中。该相遇作为回归之可能性在瓦格纳处找到了源头。这里处理的是源头问题，由此敞开的，是源头的回归，即悲剧的源头的回归，该悲剧被引导或思考为其自身回归的可能性。若这个相遇涉及瓦格纳，在某种意义上，即若将瓦格纳包含其中，这里其实是将瓦格纳视作回归之物的可能形象而将其包含其中的。瓦格纳所拒斥的正是这一主张，他的这一做法并不会让他变成一个罪人，或许他才是正确的。然而，这场悲剧的缺陷或源头却正是源自他对以下事实的拒斥：他始终拒绝在作为"永恒回归"艺术形式之悲剧的回归元素中，通过尼采自我思考。最终，这场悲剧将瓦格纳变成了某种既不实用又纠缠不休的能指。

由此出发，发生了什么？在深层结构方面，瓦格纳并不认可尼采的主张。然而，当德国文献学家指出《悲剧的诞生》的缺陷，并根据科学家"严肃"的历史性调查去反对其基础时，面对所有这些恶毒的攻击，瓦格纳却忠诚地为尼采辩护。一开始，尼采和瓦格纳都曾以为能与大学缔结某个联盟。瓦格纳对这个计划非常感兴趣：以年轻杰出代表默伦多夫（Moellendorf）为首的德国大学界同意并认可他的艺术，这让他很感兴趣。因为，尽管在巴伐利亚国王①及欧洲知识分子群体的支持下，他的作品几乎被神化，然而固执保守的德国人却并不以为然。瓦格纳本想同德国文献学家化干戈为玉帛，建立联盟关系，缔结协议。但这

① "巴伐利亚国王"指时任法国国王。——译者注

样一个结合并不等同于他与尼采的结合：这是音乐与文献的结合——这远不如悲剧回归的命题复杂。在一阵惊愕与慌乱中，瓦格纳发现，尼采并不是这个大学的代表性人物：文献学家会说，"（尼采）太过狂热，太过主观"，"缺乏真正的可靠性"。如果他想通过尼采而与另一个德国联盟，那就大错特错了，因为那并不是伟大艺术浪漫主义的德国，而是实证主义的德国，是已然稳固的学院文献科学的德国。那么，对瓦格纳而言，与尼采的这个联盟还剩下些什么？难道其中未掺杂某些晦暗的东西吗？这对他而言意味着什么？正是这个问题始终萦绕在他脑际，逐渐让他变得躁动不安：尼采究竟想从他那里得到什么？然而，瓦格纳依旧坚持忠诚地维护尼采：他频繁亮相媒体，以自己的名义支持尼采，捍卫《悲剧的诞生》中所体现出的价值、才华与品质。他可以笑对"尼采想从我这里获得什么"的问题，并回答道：他想要的，是我的妻子！因为，别忘了，他们之间有三角恋关系。在《疯癫信札集》中，被尼采称作阿丽亚娜的科西玛是这样被描述的："阿丽亚娜，我的爱人"——对于自称酒神的人而言，这并非无关痛痒的事！因此，在这里，有某种东西被宣称了。你们将看到，在这些文章中，尼采对瓦格纳主要抱怨的一点，就是作为巫师的瓦格纳对科西玛的引诱。对瓦格纳而言，毋庸置疑的是：这是一个复杂而又暧昧不明的问题，他无力左右，尼采会将这个问题变得越发恶毒。若我们是拉康主义者，我们可能会说，通过将焦虑与著名问题"他想从我这里获得什么"联系在一起，尼采以这种独特的方式使瓦格纳产生了焦虑。他是想让我分给他部分荣誉，还是想让我将妻子让给他，是想让我产生能宣称悲剧回归的东西，还是想要我自己的名称，或想让我们两人的名称最终被组合在一起？瓦格纳和尼采？或类似的组合……瓦格纳的确产生过类似的焦虑，而尼采予以回应的则是与日俱增的挑衅。由此便产生了该组合形象的复杂性，甚至引至对问题流转的阻断：问题的流转被悬置起来，从此变成某种威胁，而不再是对答案契约的某种请求。瓦格纳是否曾出于虚荣或由于只想有一个年轻人为他的荣耀高唱颂歌，而不恰当地打击了尼采、让他气馁？还是，相反地，尼采曾尝试依附于瓦格纳的荣耀？无论如何，类似的争论除了能显示出尼采在这方面的不堪之外，没有任何意义。尽管尼采内心保持着某种"圣洁"，但他的确曾表现出极强的攻击性。有一则轶事可提供佐证，要知道，任何轶事都只是象征性的：在明知道瓦格纳憎恶勃拉姆斯（Brahms）的情况下，尼采却在获得勃拉姆斯新专辑后，将之摆放在了瓦格纳的钢琴上，并将此视作一种壮举！这是尼采最后的礼物，完美的浸有毒药的礼物。无需就此指责他什么：这里的一切都只是能指。该行动只是表明，尼采将开始投入斗争，去反对瓦格纳的本质，反对他作为伟大艺术之回归代表的能力。在这个不可抑制的运动中，从阿丽亚娜-狄奥尼索斯-忒修斯到"人性，太人性的"科西玛-尼采-瓦格纳三角关系的过渡，哲学体系，即尼采的思想体系坍塌了。必须肯定这一点：这是尼采疯癫之前的首次坍塌。此次坍塌为尼采的晚年时光赋予了特殊的色彩，我称之为"紧急弥补"（un rattrapage en catastrophe）的色彩。那是因为，在那个阶段，尼采表现出了以专有名称"尼采"（作为自足的专有名称）为名、向着"最终废除"（abolition finale）的某种急奔。此处的"最终废除"指的就是首次的坍塌，它要求重新审视一切。这就是说，当最初的体系或类属观念遭到质疑，以至于由该体系或类属观念所主宰的所有元素——正是在这些元素中，最初的体系或类属观念让思想欲望得以运转——都必须以另一种方式被重新审视或连接时，在这种情况下去重新审视一切。这便是相对最初思想体系的坍塌而言（这发生在 1889 年之前），我所称作的"紧急弥补"。因此，的确存在着两个尼采，正如人们也可以说先后存在三个柏拉图，而且这两个尼采无法通过传统的作品历史分期分析出来。之所以说有两个"尼采"，那是因为，出现了第二个尼采，这个尼采尝试在对思想而言异常悲剧的条件下，去弥补第一个尼采思想体系的坍塌。在我看来，位于这个坍塌中心的，似乎是伟大艺术主题的坍塌，该主题的坍塌也将导致某种分裂。不过，此处将被一分为二的不再是世界历史，而是尼采的思想史。这是尼采思想的第一次断裂，将波及其思想体系中的方方面面。他最终将认为：

—— 瓦格纳的音乐根本就不是某个真正意义上的神话创作的庇护所，而只是某个堕落心理学的装饰音。

——瓦格纳艺术不引发任何断裂：它不是回归而是完成。它不是悲剧的回归，而是虚无主义的完成。

——伟大艺术的地点绝不可能是德国。

——瓦格纳根本不是德国的埃斯库罗斯，而是欧洲的欧里庇得斯，他属于欧洲女人或尼采所称作的歇斯底里者。

所有这些方面都规定了晚期的尼采，正是这个尼采令我驻足，让我感动不已。下面，我将逐点进行分析：

1）瓦格纳的音乐属于某个堕落的心理学。让我们看一下尼采在《瓦格纳事件》中的陈述。在其中，瓦格纳已作为"某个事件"被提及。当悲剧回归，便有"某个事件"发生，更确切地说，即某个虚无主义的事件发生。我为大家读下面这段话，这段话表达了瓦格纳想要在音乐创作的庇护下构建神话的意愿：

……"然而，瓦格纳剧本的'内容'！它们的神话内容，它们的永恒内容！"

问题：我们怎样来检验这个内容，这个永恒的内容呢？化学家回答道：就把瓦格纳作品搬到现实生活中，搬到现代生活中吧！让我们来得更残酷些，将其搬到世俗生活中！这样一来，在瓦格纳身上会发生什么呢？——您别告诉别人，我其实做过类似的试验。用年轻化的尺度来讲诉瓦格纳，例如，把帕西法尔①说成是神学学生，受过高级中学教育（这对解释其"纯粹的憨傻"是有必要的）；没有什么比这种说法更搞笑、更值得推荐为人们散步时的谈资了。惊喜接踵而至！不过，您可能难以置信，瓦格纳作品中的所有女英雄们若褪去她们的主角光环，最终似乎都将无一例外地与包法利夫人相似！——正如我们反过来也能理解，福楼拜完全可以将他的女主角转化成斯堪的纳维亚的或者迦太基的人物，然后再将她们神话化，这样就可以端给瓦格纳做剧本了。的确，大体上似乎就是这样的，瓦格纳向来只对让猥琐、堕落的巴黎人为之狂热的问题感兴趣。总是离医院仅五步之遥！

不得不说，尼采所建议的试验非常诱人！最后，在《特里斯坦与伊索尔德》中，那个一本正经被戴绿帽子的

---

① 帕西法尔是瓦格纳最后一部同名歌剧作品中男主角的名字。——译者注

人所发出的伟大内心独白意味着什么？这真的非常具有诱
惑性！但这里涉及的主题是什么？涉及的主题是：对某个
作为悲剧源头之神话的创作永远不可能呈现为升华的形象。
这里指的并不是对某个可掌握的具体情况的升华。对于这
一点，尼采有非常清晰的认识。神话的创作是这样一个进
程，该进程就是自身的表象，无法被还原。神话的伟大是
天真无知的，它以表象的形式并在表象中呈现自身。不过，
它并不会求助于对任何事物的放大。或者，如果你们愿意
的话，形成普遍意义之伟大的，在这种情况下，即形成神
话之伟大的，是这样一个事实：它在任何情况下都不是某
种放大或某种扩大。在真正的神话中，存在着某物让神话
是其所是，神话的传播或教学形象只是该"存在"的派生
物。瓦格纳并不是神话的创作者，因为在尼采看来，他不
过是对 19 世纪资产阶级生活基本情况的某种放大、转移或
升华。这一点可在某个经验或某个相反经验中得以呈现：
人们可根据化学原理溶解瓦格纳神话，并在其中找到资产
阶级的基本核心，反过来，人们亦可想象某个资产阶级基
本核心——例如包法利夫人——在经历了放大处理后，如
何最终呈现为瓦格纳的剧本。然而，人们或许已经看到这
样一个观点浮出水面，即或许根本就没有现代神话。一方
面是对瓦格纳的指责：他只是将包法利夫人伪装成了斯堪
的纳维亚人，由此废除了神话的力量和独特性，该神话仅

存于其"存在"的天真或命题之中；另一方面是这样的观点，即现代性的特征体现为在神话方面的无力。难道任何"现代"创作都"离医院仅五步之遥"，都只是扩大的形象吗？这一点非常深刻。我再为大家读一下《瓦格纳事件》第34页的内容：

> 让我们重申这一点：唯有在发明细微之物，在编造细节方面，瓦格纳才是可敬的和可爱的。在这方面，人们完全有权宣布他是一流的大师，是我们时代音乐中最伟大的"袖珍画画家"（miniaturiste），因为他可以在最局促的空间内，聚集无限的意义与甜蜜。

在前面，我们讲到了神话对资产阶级现实的夸张升华，并在该升华关系中对神话亦即虚假的神话或神话假象进行了探讨。其中还涉及另一个问题，即伟大形式的问题。伟大艺术同时也始终是某个伟大形式。那么，这里的伟大形式指的是什么呢？它指的是：总体性的某种必然性。为何会出现这一必然性呢？因为酒神准则对日神准则的统治，或者醉对梦的统治，它们作为伟大艺术的总体原则，将赋予如所是之整体性、不可评估之生命或作为基底之物某种散发荣光的表象。因此，伟大艺术总是同某种总体性形式同时出现，该形式处在其自身的必然性之中。最终，尼采说的是，在瓦格纳作品中，丝毫没有伟大形式的身影！这些作品不过是"维克多·雨果"类型的矫揉造作，不过是不断刺激着观众的凸出巨石、粗野效应、笨拙矛盾，毫无真正艺术敏感度可言。简直就是些赝品！因此，瓦格纳作品中不仅没有神话，而且也没有伟大形式的格调。在其中，伟大形式被矫饰、被炮制，不再有丝毫形式上的真实性，亦不再构成任何音乐或艺术表象的自足性。不过，尼采承认瓦格纳在细节方面的精妙绝伦：他是转调大师，是细节大师，他可以通过细节或音乐流的突然转向来吸引人、令人陶醉。他是这样一个人，他让自己的艺术统一性和真实性出现在微小转调及细节语调处，而未让之出现在伟大形式中——对尼采而言，后者正是效果之界限。他是"音乐方面最伟大的'袖珍画画家'"。那个曾经表现出为庇护神话之复活而创造了庞大歌剧的人，却不过只是音乐史上最伟大的"袖珍画画家"，是"可以在最局促的空间内，聚集无限的意义与甜蜜"的人。然而，这个无限是局部的，它只是意味着某个逃逸点，而无法作为总体性力量呈现。对瓦格纳音乐天赋的当代分析正是如此——例如布列兹（Boulez）对他的分析：后者尤其提到了在丰富的可变性、色彩、转调、调性中，瓦格纳所运用的对细节精妙绝伦、灵活、精湛的处理……然而，在该分析的深处，不也体现出了现代艺术成为某个伟大形式的无能吗？这是一个针对瓦格纳的问题，因为尼采体会到了某种深刻的失望：本以为是伟大艺术的回归，到来的却只是现代艺术。现代艺术无法构建神话，或许也无法构成伟大形式——这或许正是尼采尝试表明和研究之物所留下的痛苦印记。或许，现代艺术的本质就在于只在细微事物方面展现力量？尼采会说："瓦格纳是无限细微事物方面最顶级的行家"，或者"他在对伟大形式的模仿中制造假币"。注意这个对称的表述：行家/伪币制造者。尼采甚至认为，在瓦格纳的作品中，伟大形式只是某种欺骗或某种假币。然而，并不是所有东西都是欺骗：在"无限细微事物方面"，他是"行家"。或许，瓦格纳只是表达了现代性："瓦格纳是对现代性的'总结'。无论如何，必须成为瓦格纳主义者……"事实上，"细微事物是美好的"，这正是尼采作为现代性格言所宣称的东西。因此，我们的时代并非"永恒回归"的时代。自1886年起，这个由查拉图斯特拉所揭示的主题就开始变得模糊，最终在晚年尼采那里彻底消失：作为准则的"肯定"、对不可评估之物进行完整肯定的可能性、肯定的"正午"，所有这些都与"永恒回归"的问题相分离，这一切仅因为，瓦格纳无法成为这个回归的象征，无法呈现为伟大艺术回归的形式。

尼采晚年的"紧急弥补"主题主要探讨行动与回归之

间的关系，即行动与源头之回归间的关系。从此，对行动的思考将不再以源头的回归或悲剧的回归为庇护。由此产生了不断谈论瓦格纳的重要性：在尼采晚年，瓦格纳是他挥之不去的阴影。尼采的思想中充斥着瓦格纳：在《瓦格纳事件》《尼采反瓦格纳》《瞧！这个人》甚至《偶像的黄昏》中，他不断地谈论着瓦格纳。然而，请注意，瓦格纳早于 1883 年去世，因此，这甚至不算是此世的清算，不是对某个公开论战的寻求。瓦格纳不再回应，他不再对自己已摒弃的主张发表意见，对于该主张，他不再能够重新讨论或评估。然而，他的死亡需要整个世界来见证：行动应该摆脱回归。这是问题的关键。为什么呢？因为瓦格纳主义者、瓦格纳听众以及让悲剧回归之幻想持续并在这一回归主题中交流的人们，对所有这些人而言，必须揭示他们的错误：有一个必要的行动准备阶段，这个阶段无法从回归出发被宣称。必须摧毁瓦格纳阵营，因为它将成为障碍。德国也是一样：必须将之摧毁从而让行动的条件显露出来；该条件并不处在悲剧回归的美学形象中。必须指出的是，这一点至关重要，在当代论争中尤其如此。这里涉及的是行动与美学视角的决裂，或者与作为美学的原型政治的决裂。因此，这也是与纳粹主义意识形态基础的一般体系，即作为美学的德国政治的提前决裂。在 1888—1889 年之间，对尼采而言，在他的猛烈（violence）、急驰（précipitation）

与焦虑（angoisse）中，他唯一关心的是如何摆脱现有的构思行动的理念。该理念要么将行动置于作为新希腊的德国形象中，要么将其置于原型政治的美学形象中。然而，我们也看到，尼采缺乏必要的方式，对他的思想进行重组太过困难。或许正是在摒弃其原有思想体系时所产生的这种激荡、这个可能性的坍塌以及这份真挚，将尼采推向了他自己的灾难。

2）瓦格纳艺术不是断裂或奠基，而是虚无主义的完成。这进一步证实了瓦格纳是骗子的说法，因为他是伪装成埃斯库罗斯的欧里庇得斯。很多文本都可以证明这一点。下面，我为大家读《瓦格纳事件》第 55 页结尾处的这段文字：

> ……如今，拜罗伊特人（Bayreuth）式的虚假已经不足为奇。我们都知道"基督教容克贵族"① 那个完全非美学的概念。这样一种介于种种对立之间的"无辜"，这种谎言中的"好良心"，完全是现代的，几乎足以定义现代性。在生物学意义上，现代人表现

---

① "基督教容克贵族"（hobereau chrétien）指既保留了贵族阶级价值，又加入了基督教"普世价值"的某个矛盾状态下的贵族群体。尼采用它来说明现代人的矛盾状态。——译者注

出一种"价值矛盾",他坐于两把椅子之间,同时既说"是"又说"否"。正是在我们这个时代,虚假幻化成形,甚至现身为天才,我们需要惊讶于这一点吗?我们需要惊讶于瓦格纳"就在我们中间"的事实吗?我并不是无缘无故地将瓦格纳称作"现代性的卡廖斯特罗①"……然而,在我们不知情或不情愿的情况下,在我们两人的性情中,都隐藏着源头各不相同甚至相反的某些朦胧愿望、某些价值、某个词汇表、某些形式和用语、某些标准及某些道德——在生理学意义上,我们是"虚假的"……若要为现代灵魂诊脉,人们应该从何处开始?果断地切入这种本能的矛盾性,解开其中的种种对立价值,对其中最富有教益的事件进行活体解剖。对哲学家而言,瓦格纳事件不仅仅是一个独特的案例,简直就是真正意义上的馈赠——人们将会明白,这些篇章都是在感激的心境中写就的……

感激是尼采对瓦格纳最后的报答:然而,瓦格纳是现代性最典型的临床病例,因为他的本质是虚假。拜罗伊特人式的虚假最终只涉及戏剧及戏剧形象。那么,这个虚假

① 卡廖斯特罗(Cagliostro)是一位意大利冒险家和自封的魔术师。尼采亦将瓦格纳称作魔术师,故而将之比作卡廖斯特罗。——译者注

由什么组成？它的本质是什么？尼采给出了两个可能的定义：

——最基础的定义：现代性虚假在于将微小本身呈现为伟大，将微小的天赋呈现为伟大之回归的形象。这正是对瓦格纳音乐的定义。

——最巧妙的定义：原初悲剧的伟大形式在于表象的简单性（simplicité）。现代性的"微小"则是某种表里不一（duplicité），某种构成性的表里不一，或者面对"简单之物"（le simple）的无能，这里的"简单之物"指的是——正如青年尼采所认为的那样——大地的馈赠，即简单的肯定。大家是否还记得，在《查拉图斯特拉如是说》第三个变形中，作为伟大之象征的孩童就是简单的肯定。艺术的伟大在于简单的肯定。然而，现代艺术却不再能够简单地肯定，因为它将艺术置于了表里不一的灵活性中。现代艺术被迫虚假，是一种狡猾的艺术。最终，瓦格纳是狡猾艺术家中最狡猾的那个，因而变成了该艺术的象征，或者成了"现代性的卡廖斯特罗"，成了"老巫师"。作为虚假方面的高手，他变成了典型的临床病例，以揭示现代艺术的虚假本质——亦即将表里不一呈现为简单性的虚假。这甚至让他成了虚无主义的征兆，即肯定之无能的征兆。

3) 原型政治的场所不可能是德国。我在这里引用《瓦格纳事件》第 44 页的一个片段：

> 无需趣味，无需嗓子，亦无需天赋，瓦格纳的舞台只需要一样东西——日耳曼人！……日耳曼人的定义：服从和长腿……瓦格纳的发迹伴随着"帝国"（Reich）的兴起，这一点有着深远的意义：两个事实证明了同一个道理——服从与长腿。从未有过更好的服从，也从未有过更好的命令。瓦格纳的管弦乐队指挥们尤其配得上这样一个时代，带着某种惊恐的畏惧之心，后代将称这个时代为"战争的古典时期"。

我们应该将瓦格纳严格视作与俾斯麦同时代的人：他就是服从的德国形象——甚至就是对日耳曼人的定义本身。在那个时期，艺术甚至无法在某个至高权力形象的天真中呈现，它甚至不是强力意志意义上的某个至高权力：不是某个简单的至高权力，而是服从与屈服的诱发因素。这是一个诡辩的艺术，一个俘虏的艺术。德国人则是德国国家-历史意义上的俘虏。我们已经讨论过这方面。在瓦格纳艺术中，甚至在整个现代性的艺术中，除了该艺术在神话及伟大形式方面的无能，及其构成性的表里不一之外，还隐藏着某个深刻的国家元素。以下便是尼采的诊断：一个其"存在"被国家化的艺术，一个被写入命令与服从辩证关系的艺术，或者一个不再舞蹈、不再与这样一个舞蹈相关的艺术——这个舞蹈的隐喻同命令和服从辩证关系的隐喻完全不同。这个艺术，这个神圣的德国艺术，必然并不表征任何悲剧之回归的形象，甚至也不表征任何解放的形象。为服务于"帝国"形象，它行使着奴役和迷惑之事，而并不会带来自由和解放。然而，德国也是同样的情况。一开始，德国呈现为悲剧回归的场所，但最终却变成了该回归的主要障碍。德国无法成为思想的场所。由此产生了对尼采而言无比艰难、猛烈而又痛苦的断裂，诸多评论家将这一断裂归咎于他的疯癫，因为他发表了许多可怕的、异乎寻常的、极具侮辱性的抨击德国的言论。

在对德国的这一猛烈抨击中，我看到了一个既充满矛盾冲突又极其深刻的原因：必须彻底摧毁将德国视作希腊回归理想场所的理论。必须进行极度的精神宣传，才能对自称新希腊场所的德国式自足予以摧毁与颠覆。这一神话的力量在后来已有所显现。的确，在一阵急促的、阵发的、绝望的猛烈中，尼采将德国推上了法庭，该法庭将能够对这个国家的卑劣自负进行审判，并揭露它成为所有有效原型政治概念之障碍的事实。尼采得让自己摆脱这个判决——这样的事实意味着一个具有非凡强度之精神场景的诞生，该场景虽恐怖，却不失深刻的诚实。最后的最后，他难道没有说类似"作为德国人，我告诉你们德国不可能成为这样的国家"的话语吗？最后，由于无比憎恶德国人这一身份，他甚至为自己虚构了一个作为波兰人身份的传记。这样一个尼采，这个比任何人更像德国人、联合编写了诸神在德国的回归神话、共同塑造了作为原型政治理想场所之德国的人，最后却成了某个分裂翻转的象征：通过将德国从他自己身上拔除，他变成了"尼采"。作为命名原型政治行动的专有名称，"尼采"的到来伴随着尼采与德国的分离。愿我的名字不是德国的！通过"尼采"这一名称的强势过渡，尼采拥有了某个去除德国后的形象，从此处在法国与意大利之间某种不大可能的相关性中。尼采晚期的所有文章都围绕在对去除德国之德国形象的修正方面（但最终并未找到），比如，在意识生命的最后，他在都灵所化身为的、同时拥有意大利人和法国人举止的德国人。这便是尼采对欧洲的构想，他就是这个欧洲的先知，这个欧洲作为思想现象，同时既是意大利、法国，又是去除了德国形象后的德国。

4）瓦格纳就是戏剧。作为欧里庇得斯而非埃斯库罗斯，瓦格纳同时也是让艺术服从于戏剧，更确切地，让音乐服从于戏剧的人。他是这样一个人，在人们等待悲剧回归之时，他却只是简单地延续了戏剧。这个戏剧可被定义为"悲剧的自杀"。至于瓦格纳的戏剧性对音乐伟大形式的摧毁，我们可以找到很多与之相关的篇章，但其中阐释最为清晰的是《瓦格纳事件》第38页：

> 瓦格纳或许会对"一件必须之事"做出大致的判断，就像如今其他任何一个戏剧演员一样：需要一系列激烈的场景，一个比另一个更激烈——而且，这中间还需穿插许多聪明的蠢笨。他自己首先力求保证其作品的效果，然后再从第三幕开始，用最后的效果来"证明"自己作品的价值。在这样一种戏剧理解的引导下，人们就不会有突然创作出一部真正意义上悲剧（drame）的危险了。悲剧要求有"严密"的逻辑：但瓦格纳哪曾忧心过逻辑啊！再次重申，他要征服的不是高乃依①的观众，而只是德国人！

有关以上段落，需指出三点：

——首先，尼采继而将戏剧与悲剧对立起来。关键的句子是："在这样一种戏剧理解的引导下，人们就不会有突然创作出一部真正意义上悲剧的危险了。"不过，突然

---

① 高乃依是17世纪上半叶法国古典主义悲剧的代表作家、奠基人，与莫里哀、拉辛并称为"法国古典戏剧之杰"。——译者注

创作出一部真正意义上的悲剧指的是什么呢？对尼采而言，这里的悲剧与前面所说的悲剧（tragédie）等同。因此，突然创作出一部真正意义上的悲剧应该处在回归元素及其天真之中。悲剧是无法被"意愿的"，因为它是在表象固有的天真中对表象的艺术呈现。寻求和意愿某个效果，这只是戏剧的堕落。

——其次，真正的悲剧（drame）不是对某个效果的追求，而是对梦与醉之结合的充分呈现——这就是为何，它总是突然间产生。因此，哪怕在其音乐中，瓦格纳也首先是一个戏剧人士，他始终追求着某种效果的产生。这样的瓦格纳是无法让艺术服从于尼采所称作的"严密逻辑"的。艺术逻辑在本质上是不由自主的，因为任何意愿都只能是对某个艺术效果的意愿。只要我们依旧处在对效果的计量中，那么就将既无艺术的严密性又无艺术的逻辑。

——最后，效果也是对普遍观众的表征。尼采说道，寻求效果其实就是想要获得观众的支持。若尼采有时间深究这一点，他将发现三个不同的艺术时期：这里涉及的不是回归命题，而是属于另一个范畴的历史分期问题。一个是以悲剧及醉与梦（酒神与日神）组合为标志的希腊伟大艺术时期。一个是处在另一个极端的瓦格纳时期，在这个时期，瓦格纳作为戏剧界泰斗，成为现代性的典型临床案例。自欧里庇得斯开始，戏剧就不可避免地在对效果的计量基础上被构建。这就是为何它是思想而不是梦，是激情而不是醉。于是，戏剧的价值将等同于观众的价值。最后一个是古典艺术时期，在这个时期，观众的要求将对效果本身的性质产生影响。这便是高乃依的观众。这里指的既不是任何事物的回归，也不是原初意义上的悲剧的回归，而是这样一种戏剧，在该戏剧中，参与其中的观众将赋予戏剧某个强有力的衡量标准。因此，诚然，这是一门想要取悦观众的艺术。不过，鉴于这类观众非常严格，人们很难获得其支持，因此，这类艺术还是有一定价值的。于是，这类艺术，亦即法国古典主义，成了尼采主要的参照对象。

因此，将出现三个不同的范式：

——最初的希腊艺术；

——古典艺术，以法国古典艺术为范式；

——现代艺术，以德国人瓦格纳为范式。

由此将产生何种结果？将产生某种奇怪的东西，亦即伟大艺术回归主题的坍塌以及对伟大艺术主题本身的逐渐抛弃。没有任何文本曾明确指出这一点，但这就是事实。这里不仅涉及坍塌主题，希腊伟大艺术的身份也在逐渐失效，变得无用，甚至消失。无论如何，这个原初艺术的形象，这个将引发其回归意志的形象，将消失不见。或许，尼采已经意识到了该形象的无用特征或已将之视作某个德国创造？又或许，德国不仅仅意味着将自己视作新希腊的这个欲望，而且还发明了某个不存在的希腊，以让自己成为这个希腊的同归？

无论我们愿意与否，在这个德国式的希腊中，有非常出色的东西：它总是在尝试塑造一个比任何表象希腊都更加本质的希腊。希腊不是苏格拉底，亦不是柏拉图或欧里庇得斯，而是呈现为这个古典希腊的远景（arrière-plan）。在某种意义上，原初的希腊总是已经处在堕落与遗忘中，是德国式"组装"（montage）始终想要在其废墟之上重构的对象。原初的希腊自我遗忘，这一遗忘一直持续到海德格尔：在后者看来，只有被他称作前苏格拉底哲学家的那些人，才能被视作真正的、诞生之初的希腊的场所。接着，是某个遗忘或删除进程的到来，戴着这顶帽子的是柏拉图和苏格拉底。德国的独特特征正体现于此：将自己等同于这样一个思想，该思想以曾让希腊自我遗忘的操作为出发点。之所以独特，那是因为，这里涉及的不是对希腊的简单重复，或对成为精神古典主义全新部分的宣称，而是对某个被自身遗忘之希腊的回归或重复，这个希腊一开始便湮没在了对其自身本质的删除中。可以肯定的是，尼采参与了对这个德国式希腊的塑造：那是一段希腊悲剧的历史，这段历史被希腊人自己通过戏剧遗忘与删除。因此，德国可能是被希腊人自己遗忘的那个希腊的接班人。尼采不仅想写悲剧的历史，而且还是在德国拥有瓦格纳神圣艺术的希望中去书写的。这样的状况一直持续到他不再相信这一点，直到一切坍塌：坍塌的不仅是德国将成为回归的想法，而且还有这个德国式组装本身。希腊的身份本身也开始产生动摇。这再正常不过了！因为，如果德国身份是希腊组装的关键，而非相反，那么，德国的去身份化将导致希腊组装的动摇。事实上，随即将出现的是伟大艺术主题的衰退：正是这个伟大艺术命名了那个想象中的、在思想中被构建起来的希腊。这样一来，古典艺术，尤其是法国古典艺术将被赋予强大力量。如果戏剧性不再以悲剧的伟大艺术为评估标准，那么最终，重要的将是戏剧性本身的历史，即伟大戏剧的历史。然而，伟大戏剧指的是什么？指的是拥有广大观众的戏剧，因为戏剧总是处在对效果之计量的逻辑中。这是绝对的！因此，尼采痛苦无比的追问变成：有不是骗子的戏剧吗？瓦格纳并不需要取悦高乃依的观众，他需要取悦的只有德国人。总之，如果没有悲剧的回归，甚至没有悲剧本身，悲剧不过是德国对希腊的某种组装，那么，重要的是，承认存在着的只有戏剧，而且一直如此。如果只有戏剧，那么其评估准则就将是伟大戏剧。这是受观众爱戴的戏剧，而不再是某种欺骗，正如法国古典悲剧时期所呈现的那样。

我倾向于认为，在尼采晚期，法国古典悲剧趋向于成为艺术力量的真正范式。事实上，这是对艺术神话力量的放弃。不过，法国古典悲剧所呈现的艺术力量以将观众作为其构建者为前提。因此，首先需要改变的是观众，也就是德国人。必须做到的是，不再取悦于日耳曼人，因为，如若戏剧以此为己任，它就是瓦格纳式的，就会让着迷的观众误以为这是伟大艺术，人们就将进入表象和欺骗的体系中。

应该讲些什么来结束今天的课程呢？如果人们放弃伟大艺术回归的身份识别主题——尼采一开始至少曾允诺过这个身份识别——那么对戏剧性的批判将不再完全站得住脚，因为它本就被定义为对悲剧的放弃。当不再秉承悲剧主题，人们将在艺术领域寻找戏剧性，并在戏剧性中寻找新的准则。这便是尼采对比才代表作《卡门》大献殷勤所意味的事情：说到底，这不过是让法国人与德国人对立起来所开的一个玩笑。不过，若我们深入考察尼采对比才突如其来的喜爱，我们会发现，这是因为在尼采看来，比才代了最好的戏剧，他的戏剧更好地谈论了爱情，而且并未自称为某种自己无法成为的东西，因而不是某种欺骗。于是，承认其音乐不属于伟大艺术反而于他有利。更倾向于比才而不是瓦格纳：事实上，这一宣称便已经标志着伟大艺术作为标准范式之特征的衰竭，及其向着戏剧性的某种间接归附。再一次，若人们归附于戏剧性，那么就只与观众相关。这个观众是被某个德国式欺骗所俘虏或奴役，还是仅仅只是所发生之物的同时代人？无论如何，一切将只与观众相关。当只涉及观众时，终极问题将不再是审美的，而是政治的或原型政治的，将直接与原型政治相关。

最后，我将总结如下：突然有那么一刻，尼采深受以下两方面的折磨：一方面是行动审美可能性的减退，因为伟大艺术的主题已被感染、波及与摧毁；另一方面是让观众成为标准媒介的必要性。不过，后者以改变观众为前提，因而属于行动的某个政治概念。尤其要注意，戏剧曾经是而且现在也是审美和政治之间的媒介，是哲学行动从审美转向政治的媒介。这个转移过程是部分盲目的，它同时也是从永恒回归所保障的行动向某个"无回归"的行动的过渡。这里的"无回归"在尼采身上找到了某个恐怖的支撑：他的疯癫"正是"这个"无回归"本身。

X
1993 年 5 月 26 日

　　我始终坚信这一点：瓦格纳的戏剧性是某种欺骗，因为它将自身呈现为伟大艺术的形象。这是一个让音乐服从的戏剧性，是一个骗子的戏剧性，做出的是实现梦与醉之结合的虚假承诺。在这个意义上，它将整个地受到谴责。当艺术不再意味着在希腊伟大艺术回归的指令下进行思考，那么就得更改范式，否则只会成为骗子。以下便是《瓦格纳事件》所揭示的内容：通过紧紧地依附于伟大艺术范式，瓦格纳最终产出的不过是某种戏剧的夸张模仿。当我们将艺术问题从伟大艺术的幻想，亦即从希腊幻想中解放出来时，我们找到的或许必定是某个戏剧范式，却将是某种自由的戏剧性，该戏剧性将不再受伟大艺术神话的束缚。这便是对尼采而言，法国古典主义所揭示的内容，以及在尼采之外，文学艺术、散文、对歌德热切的参照等将揭示的内容。所有这一切都是某种重新评估，是对某个德国古典主义的加强。或许，在作为行动名称奔向疯癫之前，晚期的尼采所转向的并非严格意义上的对瓦格纳的批判态度，即不是对瓦格纳将伟大艺术问题转换为对戏剧效果之追寻的批判，而是对戏剧性的某种划分。

在确认瓦格纳就是现代性的欧里庇得斯之后，必须回顾的是，尼采对后者所下的具体定义为：欧里庇得斯不仅仅是希腊原初悲剧的堕落，而且也是某个新组合的产物。进一步考察，我们会发现，醉形象所揭示的酒神的狂欢特征是某种上升（levée）：它从束缚它的各种关系中释放出生命本身的无限性。然而，日神的梦则是形式的有限形象。的确，伟大艺术的组合力量是在一系列独特的创造性变化中，将处在梦形象中的形式的有限性与处在醉形象中的生命的绽放相统一。欧里庇得斯则意味着另一种组合，即思想与激情的组合。他是用思想代替梦、用激情代替醉的人。尼采将尝试揭示，瓦格纳采取了相同的思想路径：他是思想的人，而非梦的人，是激情的人，而非醉的人。《瓦格纳事件》中有两段节选证实了这一点。瓦格纳是思想的人，这一点让他与黑格尔靠近。瓦格纳让音乐流所产生的连续性服从于某个理念的生成准则。正是在这个意义上，瓦格纳是音乐领域的黑格尔。我为大家读第一个选段：

> 让我们将道德搁置一边：黑格尔是一种"趣味"（goût）……不仅是一种德国的趣味，而且是一种欧洲

的趣味！瓦格纳深谙这一趣味！——通过与该趣味接触，他感觉自己可以胜任这种趣味！他使这种趣味永存不朽！——他只是把它运用到音乐中了——他为自己发明了一种"意味无限"的风格——由此变成了"黑格尔十足的继承人"……作为"理念"的音乐。

哦，瓦格纳被理解得多么充分啊！——那群曾为黑格尔痴狂的人，如今也将为瓦格纳而疯狂；在瓦格纳的派别里，人们甚至以黑格尔的风格"写作"！——理解瓦格纳的首先尤其是那些德国青年。对他们而言，"无限"和"意味"两词足矣：一接触这两个词，他们就仿佛立即拥有了某种无可比拟的智慧。瓦格纳并不是通过音乐征服青年的，而是通过大写的"理念"（Idée）：——这是其作品中极其神秘莫测的东西，是隐藏在千百种象征中的捉迷藏游戏，五彩缤纷的理想，正是这些东西吸引并指引着年轻人走向瓦格纳；制造慌乱、腾云驾雾、无处不在又不在任何地方（partout et nulle part），所有这些都是瓦格纳独有的天赋。早在黑格尔的年代，黑格尔便已通过"无处不在又不在任何地方"的方式吸引年轻人，并让他们误入歧途！

黑格尔同瓦格纳一样，他们都通过既"无处不在又不在任何地方"的卓越天赋吸引着青年，让他们臣服。在我看来，大写的理念正是通过这个"无处不在又不在任何地方"的方式得以实现佯装，变得与梦或醉相似。其中，模糊性是理念的普遍"存在"，是其多样化的含糊特征，正是通过这一特征，理念得以完成佯装或成为悲剧的幻影。同欧里庇得斯一样，瓦格纳也是用理念的模糊性力量来替代真正音乐扩张的人。于是，音乐将臣服于理念的多样化形象。

同时，瓦格纳也是激情的人。下面，我为大家读《瓦格纳事件》中的另一段话：

> 然而，尤其激情令人倾倒。——让我们在有关激情的方面达成一致。没有什么比激情更价廉物美的了！人们可以放弃对位法（contrepoint）的所有长处，人们无须学会任何东西——激情总是可能的！美是艰难的事情：让我们小心提防美！……甚至于"旋律"！朋友们，让我们来诽谤吧，若我们认真对待理想（idéal），就让我们来诽谤"旋律"吧！没有什么比一段优美的旋律更危险的了！没有什么比它更确切地败坏趣味了！若人们重又爱上优美的旋律，我的朋友们，那么我们就输定了！……

"原理"：旋律是非道德的。"证据"：帕莱斯特里纳①。"应用"：帕西法尔。旋律的消失甚至有圣化的作用……

于是，便有了对激情的定义。激情——或者说在等音的钢丝上进行的丑陋之物的体操——我的朋友们，让我们大胆一试，去成为丑陋的！瓦格纳就曾有这个胆量！让我们无畏地把最令人厌恶的和声的烂泥反动到我们面前来！不要怜惜我们的双手！唯有这样，我们才能重又变成"自然的"……

在这里，除尼采的反讽外，我们还需分析某个令人印象深刻的、用以反对瓦格纳主义激情维度的典型讽刺（charge）。事实上，这里被称作"激情"的东西，也就是我们在前面所说的会代替醉的东西，指的是音乐建构对其即刻效果的服从。同之前一样，必须明白，理念和激情应该从音乐问题的内部被思考，它们并非音乐问题的外在属性。如果瓦格纳同时是理念和激情的人，而不是梦和醉的人，那么他的音乐将会有所体现：这是内在于音乐的。理念和激情统治着音乐，但方式各有不同。理念是因为它引

---

① 帕莱斯特里纳（Giovanni Pierluigi da Palestrina, 1525—1594），意大利文艺复兴后期的作曲家。他的音乐特色是旋律线条流畅，采用多声部相互配合衬托。——译者注

导着音乐剧本的走向，让音乐走向服从于戏剧性；激情则是因为它让音乐建构服从于等音效果①或服从于音乐的激情时刻效果。基于此，尼采认为，在音乐中真正重要的，是色调（couleur）、调性（totalité）甚至音色（timbre）。瓦格纳本可以成为将音色的独特性置于音乐效果中心的人，并由此绕开古典大师的教诲。事实上，正是那些古典大师共同编织了有关旋律的问题及和谐建构的问题。就在前面不远处，尼采便指出了这一点：

> 在这里，最关键的是声音的色调；声音本身几乎无足轻重。正是"在这个方面"，我们将变得优美！否则，我们要将力气花到何处呢？让我们在音色方面变得非凡卓越，甚至到固执的程度！当神秘感被引入音色，我们将被赋予更多的精神！让我们不断挑逗神经，狠狠地敲打它们，让我们掌控电闪雷鸣——所有这一切将令人心神不宁……

然而，瓦格纳在音乐中开启的是音调、色调及音色的独裁，这违背了音乐话语的构造准则。让我们再强调一遍，甚至在其音乐核心处，瓦格纳都是欧里庇得斯式的：一方

---

① 在调律相同的音调音乐中，"等音"指的是两个音符虽名称不同，但实际上产生相同声音的现象。——译者注

面，他让音乐话语的走向服从于理念的某个形象，于是，音乐在变得说明问题的同时不再纯粹；另一方面，在他的音乐中，他还是激情的人，他让音色逐渐凌驾于音乐构型的其他参数之上。因此，总结起来，瓦格纳进行了与欧里庇得斯相同的操作——思想对梦以及激情对醉的双重替代——但这里甚至还未涉及某种结合。这里的确有替代，但还没有结合。事实上，在激情与理念之间，存在着某种不协调的东西。在尼采对瓦格纳的批判中，尼采甚至并不承认瓦格纳有同欧里庇得斯相同的地位，因为后者可能实现了思想与激情的某种戏剧性结合。从某种角度来讲，正是在这一点上，瓦格纳可被视作某种堕落：他一方面制造了理念对音乐的替代，另一方面也引入了即刻的激情，但这两个形象本身却是相互分离的。这就是为何，他的音乐只能是某个允诺，始终推迟着自身的解决。尼采巧妙地分析了瓦格纳的音乐话语组织如何在积攒张力的同时从未真正解决这些张力。出现这一情况的原因有多个：他的音乐之所以在积攒张力的同时未解决这些张力，之所以是未兑现的承诺，或者之所以不断地延迟但最终并未处理这一悬置，这一切是因为，这个音乐并未实现对思想与激情的结合，它让思想和激情处于分离状态，而音乐只能让思想与激情过度兴奋。音乐就是这一分离本身。最终，瓦格纳将处在分离的状态，变成理念的音色。诚然，理念被赋予了声音的属性及音调、音色的独特性，然而，这个理念的音色并不会产生真正意义上的构造性（architectonique）结合。从某个角度出发，这个音色不过是对真正拥有理念的允诺，事实上，这个理念始终处在逃离的状态，在调性或音色所积攒的张力中，它始终被悬置。这就解释了尼采为何抨击分离的戏剧性：瓦格纳的音乐正是分离式戏剧性的实在，这一戏剧性作为理念的音色，或作为不断积攒却无法解决的允诺被实现。由此导致，尼采需要求助于某个至少不是分离的戏剧性，亦即被他称作的简单、直接的戏剧性。尽管简单、直接的戏剧始终处在理念与激情的范畴内，但它们至少不会让相关要素处在分离状态，或面对允诺变得烦躁不安。尼采求助于某个不再歇斯底里的戏剧性，亦即某个适度的戏剧性，或以适度为范畴的戏剧性——不过，必须明白，以比才为名的这类戏剧性无法承载作为原型政治行动的哲学行动。这样的戏剧性好过瓦格纳的分离，但这并不意味着人们可借助它来完成行动。尼采被迫意识到，尽管适度戏剧性更胜一筹，但这一戏剧性无法提供他曾从伟大艺术回归视角所期待的对其原型政治事业的支持。两者不在同一层面上，也不会提供相同的支持。于是，在找到其他支持的决心中，产生了尼采的急促流浪（errance précipitée）类型，如果我可以这样说的话。如果伟大艺术的艺术家不属于原型政治的断裂类型——而是瓦格纳意义上的骗子——如果德国亦无法成为原型政治的场所，由此将产生两大问题：是否存在着这一行动的另一个类型及另一个场所（哪个国家，哪种国家构型）？正是在这个意义上，尼采开始了真正意义上的流浪：他将变成欧洲的游民，远离德国，背井离乡，流浪到意大利，变成这段距离本身的形象；他将变成自己思想的游民。由此将产生第二个问题：为承载行动的可能性，存在着伟大艺术形象之外的其他支持吗？这正是尼采在其晚期作品中以不同形式所思考的问题。

后来，尼采曾长时间转向科学：在他与科学的复杂关系之外，他始终思考着，科学性是否能够产生接替伟大艺术之衰退的力量形象。下面，我为大家引用一段尼采1888年的文本，从而为大家厘清其思想的曲折路线：

> 事实上，相较艺术家而言，科学家的诞生意味着某种筑堤工程，意味着某种生命层级的下降，但同时也意味着对某种力量的获取，意味着某种精确，以及某种意志的力量。

这非常复杂！科学家的诞生意味着某种筑堤工程、某种生命层级的下降——希腊悲剧时代后——但同时也意味着对某种力量的获取。生命层级的下降，力量的获取，精确，意志力量。因此，会出现某种平衡：当艺术家类型衰退时，科学家可以不期而至。显然，科学家的到来意味着某种弯曲，意味着对通过生命构建价值之运动的轻微否定的曲线。生命在科学家形象或类型中所创造的东西，同它在艺术家类型中所创造的伟大艺术意义上的东西，并不属于同一个力量等级。不过，存在着某个更强大的力量，某个力量的获取，仿佛更狭窄，但同时也更加集中。总体上，艺术家更高，但就局部所释放的力量而言，科学家更高一筹。不过，尼采就此打住，并未构建某个让科学家形象接替艺术家类型形象的思想体系。他始终坚持这样的观点，即这个形象本可以是艺术家，只要艺术家处在伟大艺术的回归形象中。

尼采也曾转向爱情力量问题：他始终思考着——正如他经常分析露·安德烈亚斯·莎乐美①形象时所做的那样——人们是否可以根据爱情力量来评估爱情。尼采的一些文章证明了这一点：爱情让人变得慷慨或挥霍。爱情的力量在于，身处其中的人可以挥霍生命的力量，在某种程度上，即无所得地耗费。不过，这些都还只是思想雏形，

———————————

① 露·安德烈亚斯·莎乐美（Lou Andreas-Salomé），一位征服天才的女性。她是俄罗斯流亡贵族的掌上明珠，有怀疑上帝的叛逆，是才华横溢的作家、特立独行的女权主义者；她为尼采所深爱、受弗洛伊德赏识、与里尔克同居同游。——译者注

总是趋向于被以下思想所覆盖，即这一挥霍，这个肯定的维度（即逃离禁欲主义者的挥霍），更应该是一种分散，换句话说，即更应该是一种浪费：有某个东西在不知情的情况下逃离了力的作用点（point d'application）。这里涉及的是，在与战争力量的类比中对爱情的考察。谈到比才时，尼采说他是适度的，但当涉及爱情时，他却欢呼道：

> 最后就是爱情，那复归于"自然"的爱情！不是某个"贞洁圣女"的爱情！不是"森塔"① 式的多愁善感！而是作为"命运"的、作为宿命的，玩世不恭的、清白无辜的、凶狠残暴的爱情——而且"自然"正好就在其中！这种爱情就其手段来讲就是战争，就其根本来讲就是两性（sexes）间的殊死之恨。

对尼采而言，无论是战争还是殊死之恨，都不是对所

---

① "森塔"（Senta）是荷兰神话故事中的人物。在这则神话中，一位船长一生流浪，企望遇见一位忠诚的女人以望获得救赎。森塔就是最后与水手相爱并让他在最终的死亡中获得安宁的女人。该人物同时亦是瓦格纳歌剧《漂泊的荷兰人》中的女主角。在《瓦格纳事件》中，尼采批判了这种较为模糊的救赎观，他认为"森塔之爱"不过是某种贫瘠的"温情主义"，而不是真正的救赎。——译者注

关涉之物的贬低。其中，战争作为肯定的形象显现。这正是《卡门》结尾处唐·何塞（Don José）最后一声呐喊所表达的内容：

> 是的！是我杀死了她
> 卡门，我挚爱的卡门！

你们难道没有在其中看到某种对爱情固有的憎恨吗？无论如何，在人群的掌声中走向监狱前，男高音所歌颂的那个玩世不恭的、无知的、残忍的爱情，那个作为两性之间难以平息之战争元素的爱情，其实是一个孩童的形象，有些像酒神－孩童（Dionysos－enfant）。然而，不当之处，亦即在返回自身的过程中，使其无法承载伟大艺术意义上的原型政治行动的地方，在于玩世不恭、无知、残忍维度的两性间的憎恶并无法找到它自己对不可评估之生命的肯定准则。从这个角度出发，爱情可以成为某股力量，某股巨大的力量，但这个力量却无法重复。它在自己的战争中挣扎，却无法创造内在于自身的、作为断裂或另一个世界之历险的肯定。这是一股在自己的坚持（insistance）中不断自我挥霍的力量。对尼采而言，这已经超越了人们在瓦格纳音乐中所发现的那种理想化的、令人窒息的、有害的情感。玩世不恭、无知及残忍是现实以及生活的准则，瓦格纳的骗人把戏却将这样的准则扼杀了。在比才那里，涉及的不是某种理想化的情感，而是真正意义上某个战争的赤裸实在。然而，这个实在却没有任何可普遍化的出口，因为它处在其自我封闭的坚持中。

在科学与爱情之后，尼采还思考了政治，即他所称作的伟大政治主题。不过，别忘了，"政治"一词本身就是模棱两可的。"伟大政治"既应该被理解为对所有政治的完全实现，也应该理解为对无论是超政治（supra-politique）还是原型政治的实现。因此，在这里，他依旧未能找到可作为哲学行动支撑的类型形象，因为他亦不再信任政治革命。为何呢？因为他在其中看到了某种怨恨形象，某种平均主义的怨恨。历史不仅没有向尼采呈现出伟大艺术，在废黜瓦格纳之后，它也未呈现出伟大政治。它什么都不呈现。某种形象本应嵌入革命基调中，但当其历史主题被怨恨范畴取而代之——查拉图斯特拉说道："太过喧闹的事件！"——政治就完全只能是"将到"（à venir）的了。"尼采"将需要为这个政治奠基。

若我们尝试描绘尼采在 1888 年的思想图景，我们会发现什么呢？对这个孤身一人来到都灵、宣称要将世界历史一分为二的人而言，什么存在或什么不存在呢？是的，作为该行动的可能源头，存在着什么或不存在什么呢？尼采

的身后遗作及一些几近绝望的目录（listes）可为我们提供
参考。其中，我们看到虚无意志胜利的普遍主题，异教徒
精神，艺术，希腊诡辩者……里面充斥着值得深入探讨的
主题。那么，我们可以就这些文本说些什么呢？在这个思
想图景的轮廓或框架中，在其神志清醒的边缘处，我们可
以肯定：

——没有伟大艺术——这是关键的一点。

——爱情拥有着某个持久耗费的形象——它是没有和
平的战争，是永无休止的争斗。

——科学太过局限——其力量或精确性以普遍性或扩
张性的缺失为前提。

——伟大政治"将到"——这正是行动中需让其来临
之物。

因此，存在着的是作为"尼采"的尼采，既高贵又大
公无私的尼采。他可以从最微小的迹象中捕捉到这个"尼
采"的存在：当人们卖给他最好的水果时或当他的裁缝向
他献殷勤时，他在大街上被识别出来……你们将看到他极
致到了何种程度：某些迹象便足以确定其存在，即尼采的
存在。显然，既然没有任何其他东西，尤其没有瓦格纳，
因此就必须至少有尼采。这里正是让疯癫栖息之地，正是
在这个独特性（singularité）绝对地过分投入（surinves-
tissement）的时刻，疯癫倏忽而至。《尼采反瓦格纳》的标

题就应该这样来理解。这是一部非凡卓越的文集！是最后一部让他全身心投入的书，是最后的合集（composé）！以前已经有《瓦格纳事件》的问世，现在还需要《尼采反瓦格纳》。人们将情不自禁充满激情地阅读此书，将之视作这样一个人的作品，这个人在关上门、失去理智之前整理了他的书稿。该书完全由以往书籍的片段组成：他选取了从《悲剧的诞生》到《瓦格纳事件》中瓦格纳相关的部分，并不可避免地在其中使用了某种分类逻辑，以命名反对瓦格纳的"尼采"。这个"尼采"是这样一个人：他突然严格地从反对某个类型即骗子类型的角度出发，来对他的生活及作品进行分类。然而，这里的"反对"意味着什么呢？第一层意思：揭示长久以来，他与瓦格纳之间都存在着某种间隔。这一点无关痛痒。事实上，他想说的是，"看好了！没有瓦格纳，所以必须有尼采！"在瓦格纳本应占据的位置处，在伟大艺术的回归本应发生的地方，尼采通过反对瓦格纳，取代了他的位置。顺便说一句，这本书还指示出了某种视角的彻底转变：他并不能刚好占据瓦格纳的位置，因为只有从艺术家特性的角度，即从伟大艺术回归的角度出发，他才能被识别出来。因此，这是另一回事，或许更为痛苦：尼采自知他也不是这个回归的艺术家，至少在这一点上，他与瓦格纳一样。为让希腊伟大艺术回归，他与瓦格纳同样无力。他顶多会让自己提防可能迷惑人心的骗局。如果说他最后的行动是在整理与瓦格纳之间复杂历史相关文稿的同时，叫嚷着"尼采反对瓦格纳"，如果这是他向人们说出的最后话语——只有"尼采"——那么原型政治行动就不可能是艺术的。该行动不可能在伟大艺术的力量中获得支持或动力，它不可能是某个民族构成性的或作为基底的神话所赋予该民族的部分。该行动不可能是所有这一切，而只可能是尼采的疯癫。但这一切都不重要！重要的是，最终，必须回归哲学本身！

设想一下这个转变！当一个人是狂热的反哲学家，将哲学控诉为"罪人中的罪人"，当赋予将世界历史一分为二行动以支撑、物质性和有效性的不是艺术、爱情、科学等，那么以尼采之名将要到来的是什么呢？我们深知这一点。在疯癫中变得麻木后，将要到来的是所有的名称，是所有可能的名称，他将成为所有名称的名称，将是命名本身。但这是最后的平衡状态。在此之前，以他之名到来的，是其事业的性质或地位问题，即其文章的地位问题。如果说我们清楚瓦格纳这个名称意味着什么，知道它意味着某个可能的骗局或通过戏剧性对伟大艺术的败坏，但对于尼采这个名称，我们却会产生迟疑。对他自身而言，"尼采"意味着什么？这个名称对他而言命名了什么？不是某个艺术家，也不是某个科学家等，他不属于任何可分类的类型。在我看来，根据"尼采"名称所支撑之物的角度看来，这个"反对"（contre）是哲学对艺术的报复。伟大政治将诞生于哲学化的宣言，并在其中获得绝对的支持。在这个意义上，"伟大政治"将真正意义上是沉默的而非音乐的。然而，尼采对艺术的眷恋一直持续到了最后。尽管"反对"一词指示出了哲学的无蔽性（nudité），然而，尼采始终与通过艺术对物进行命名的体系保持着紧密的联系——这是我们所能觉察出来的。在放弃了伟大艺术回归主题后，也就是在放弃了可聊以凭借的类型形象后，哲学直接变成了对自己的宣称，这一宣称正是原型政治本身。然而，哲学从此注定孤独，正如在都灵的尼采一样。当读到《尼采反瓦格纳》的最后一页时，人们只会心生感动，在结尾处的最后段落里，在那些几乎遗嘱般的文字中，就在行动的边缘处，在归于沉寂、变得无力言说、凝固在行动中之前，他对最后公开给读者的书页进行了细致的分类。

我们将非常惊讶地看到，《快乐的知识》的前言部分变成了《尼采反瓦格纳》的结尾。这一曾经位于开篇处、属于宣称性质的文章变成了结尾和遗言，这的确很奇怪。其地位发生了改变。我将该文本视作尼采在前-最后阶段，即 1886—1888 年期间的遗产。自 1886 年开始，在完成第四部分，即《查拉图斯特拉如是说》（1885）第四章后，也就是作品基调开始同其他三章不同时，古典尼采主义的范畴开始消失。这一点非常重要。这些范畴的消失并不意味着它们从此不再被提及或命名，而是意味着它们不再是起作用的、能够支撑其思想的范畴。哪些范畴呢？首先是"永恒回归"的范畴。从此，该范畴只在一些明显失效的写作提纲中被提及。大家清楚我的阐释："永恒回归"范畴的主体化首先意味着伟大艺术回归的所有允诺和可能性，但当这一思想体系坍塌，这个主体化本身也会变得抽象。不是变得虚假，而是变得抽象。尼采从不在某个抽象面前纠缠太久。其次是"强力意志"的范畴。他妹妹以此为题发表的书简直是对其思想及运作充满摧毁性的篡改。这也是一个变成抽象地位的范畴。"意志"概念本身，即便是在"强力意志"这一表述中，也不再能够指称晚期尼采主义的经验，因为在意志范畴逐渐变成死亡抽象的过程中，疯癫的非意志（不由自主）特征被预先思考并被悬置。将世界历史一分为二不再是某个意志的纲领，甚至不再能被命名为"意志"——莎拉·科夫曼会说，应该被命名为"爆炸"——而应该属于某个非基督的动力（dynamique）：一分为二是一个事件，是抓住自身或让自身行动变得麻木的事件。"超人"范畴也消失了，因为它与新价值论题相关联，与积极力量对反动力量的战胜相关。在晚期尼采那里，所有这一切都不复存在：肯定主题的保留不再意味着对新价值的创造，而是相反地，意味着对不可评估之物的承诺，该承诺无法在创造形象中获得。即便最终还保留有

"超人"的视角，但这将是一个摆脱了任何至高权力形象、任何至高权力构型的人。然而，既然这样，为何还要称之为超人呢？因此，从1886年开始，"永恒回归""强力意志"和"超人"范畴将被抛弃。有关这一主题，我为大家读一段《快乐的知识》的前言：

教训：成为所有时代中最深刻的精神免不了受惩罚，但也不会没有任何补偿。我将用一个例子来证明。哦，享乐（jouissance）是如何让我们厌恶啊！那种粗俗、昏沉、褐色的享乐由享乐者，"我们那有教养的公众"，那些富人们和统治者们所构思。从此，我们将带着何种恶毒的讽刺去听大市集上的喧闹声，在那里，"有教养的人"和今日的城市居民，任由艺术、书本和音乐来强奸自己，以期抵达用大量酒精才能达到的"精神享乐"！充满激情的剧院叫声多么地刺痛我们的耳朵！有教养的群氓所喜爱的这一骚动和感官迷乱，连同他们对于崇高者、高雅者、怪癖者的模糊憧憬，都变得与我们的品位多么格格不入！不！如果说像我们这样的康复期病人依旧需要一种艺术，那么这将是另一种艺术——一种嘲弄的、轻盈的、转瞬即逝的、神一般人造的艺术，这种艺术将像某个纯粹的火焰升入万里无云的天空一样，扶摇直上；首先，这应该是一种为艺术家的艺术，只是为艺术家的！此后，我们能更好地理解为此首先需要什么，那就是快乐（gaîté），"每一种快乐"。现在，我们知道，我们太清楚地知道某些事了！哦！然而，从此，在我们的艺术中，我们要学会遗忘，学会"什么都不知道"！……真理或许就是这样一个女人，她有理由不让人看到她的理由？或许她的名字是希腊语的……哦，这些希腊人啊！他们是擅长于生活的！为此就必须勇敢地持留于表面、褶皱上，必须膜拜假象，必须相信音调、话语，相信整个假象的奥林匹斯！这些希腊人是肤浅的——出于深刻，我们不正是要回到这一点么？我们这些精神的大胆之徒，我们登上了当代思想最高和最险的顶峰，并从那里出发环顾四周、俯视山下。从这一点上讲，我们不就是希腊人吗？不就是形式、音调及话语的崇拜者吗？甚至不就是艺术家吗？

有关这个文本，需做以下几点说明：

——首先，这是对我们曾说过之话的典型主体攻击：尼采将必须承载行动整体的伟大。"成为所有时代中最深刻的精神免不了受惩罚"：不仅仅是那个时代，而是所有时代，因为我曾在前面说过，行动是将世界历史一分为二，而不仅仅是对当时的虚无主义堕落的克服。因此，该文本处在这个主体攻击的特征下，将意味着"尼采"名称作为行动执行人的到来。

——其次，文段接下来的部分是对崇高艺术的嘲讽，是对艺术主体崇高性的嘲弄。你们将看到，在这里，对依旧存在伟大艺术这一思想的某种眷恋受到了嘲讽，变成笑话，或被视作"大市集"。大市集与其说就是艺术本身，是当代艺术本身，不如说是其意识形态："有教养的人，城市居民。"正是伟大艺术回归之缺席或对伟大艺术之放弃的具体形式宣称了大市集。此外，大市集在现代的名称正是"文化"——即当不再有伟大艺术之回归时，所留下的东西。这是某种痕迹，是未兑现伟大艺术回归之允诺这个过程中所留下的大众痕迹。尼采曾在伟大艺术回归的事业中做出极大的贡献，但他越曾做出贡献，现在就越热衷于这个宣称。这里存在着某种自我撕裂的方式。

——最后是对艺术之必要性本身的怀疑："如果说像我们这样的康复期病人依旧需要一种艺术。"这就是说，我们是否还需要某个艺术，这并不确定。或许我们可以完全舍弃它？无论如何，在文化中所产生的艺术形式必须遭到舍弃。不过，即便依旧需要某种艺术，该艺术的特征也将不同于伟大艺术所宣称的特征：它将不再承载结合的痕迹。其典型形式将不再是各类结合，如梦与醉的结合或酒神与日神的结合，而是一种简单的、不复杂的艺术形式，也就是说，在这个艺术中，将不会有结合的命令，亦不会有瓦格纳式的分离命令。一个直接的艺术，一个"像某个纯粹的火焰升入万里无云的天空一样，扶摇直上"的艺术：这个艺术以本质的简单性为特征，轻盈性是其关键属性（空中的、转瞬即逝的、轻盈的、嘲弄的）。它不再像以前那样，以伟大艺术中的酒神形象来唤醒大自然的力量。这将是一个变得神一般人造的艺术，同时也将是一个不再召唤任何民族的艺术：它不再拥有赋予某个民族以神话的有机功能。这将是一个为艺术家且仅为艺术家的艺术：因此不再针对任何群体。这个艺术的简单性将拥有怎样的主体名称呢？快乐！它将是处在"快乐，每一种快乐"中的主体性。

私下里讲，这篇文章其实没什么可快乐的，它是嘲讽性的！这是尼采最后的主体色调：让一切变得轻盈，对快乐、本质简单性、纯粹火焰以及蓝天的允诺，但与此同时，即将来临的却是绝对的灾难——他自己的灾难。这就像某个非凡绝伦的祭献：将这个古老主题带入到艺术问题的核心，考虑其功能、必要性、可能性，直到变得疯癫，直到他变成这个无法言说的瘫软之人（loque）。我们需很好地理解这个"只为艺术家的艺术"：它不再意味着对某个民族之集合的召唤，它是"不知道"的艺术，其简单性由遗忘组成，是遗忘的艺术。我们要学会什么都不知道，学会很好地遗忘。该艺术将盲从于自己，在其简单性中被消磨殆尽。这将不再是某个有关源头或回归的艺术，而是现时（actuel）的艺术。由此将导致"希腊人"一词地位的改变，这或许是最深刻的隐喻。"希腊人""成为希腊人"意味着什么呢？尼采依旧坚持这样的命名。在倒数第二句，尼采说道："啊！这些希腊人"，在最后一刻，当整理好文本后，他再次说道："我们不就是希腊人吗？"愤怒溢于言表，他宣称要将德国谋杀。然而，若我们将"德国"理解为变成希腊人这一不可磨灭的欲望的话，那么尼采始终是德国人。该词本身依旧存在，只是改变了含义。"希腊人"不再是最初在德国传统中的形象，即不再是通过梦与醉的结合，或如果你们愿意的话，神话与音乐的结合对某个民族的召唤：该民族由醉和音乐的强度所支撑，是在其神话加工的象征符号中所召集的共同体。成为希腊人曾是这样一个神话，它通过将某个以音乐为载体的盲目力量赋予某个民族，而对这个民族进行构型。然而，在这里，"希腊人"意味着对假象的纯粹允诺，而无其他！它是在其显现中被光芒四射地抓住的表象。仅此而已！……不再有任何形成源头、召唤共同体、奠定某民族的神话精神或让某个种族从美学上再生的功能——所有这一切都将归于尘土！成为希腊人，就是热爱作为保留之物存在的东西。因此，"希腊人"将可能偏向日神一边，因为无论如何，它是如所是之表象的荣光。酒神则是不可评估之物的基底，是生命的多重力量，而日神则是在其纯粹形式中被抓住的日光表象。总之，"希腊人"将变成日神的孤独，但这里的"孤独"有双重含义：一方面意味着同酒神的分离，另一方面意味着某个主题的坍塌，即找到对自身而言或从自身出发对任意某人而言有价值之物，并以此为根据对某个民族进行构型这一主题的坍塌。有谁比尼采，那个在都灵人群中流浪、不被任何人操心的尼采更应该被称作"任意某人"或"任意哪个"呢？在这个选段中，存在着某个作为"任意某人"之"生成"的尼采。这是其显贵的一面，真正显贵的一面，行动的王子，是作为任意某人，分享其孤独，即日神的孤独的尼采。若在这一形象中，艺术家依旧拥有决定的力量的话，那么在这个意义上，我们不就是希腊人吗？我们不就是艺术家吗？直到最后一刻，尼采依旧保留着这一富有浪漫主义色彩的观念。然而，希腊人和艺术家的含义已经改变。艺术家只是表象的爱慕者，即可感表象的崇拜者，是作为纯粹日神的希腊人的同义词，将希腊人保持在某个发光的古典主义中，是音调及话语的热爱者。这便是最后这篇文章所讲的内容。

不过，尼采的言说（dit）与行动（acte）——即这个将世界历史一分为二的行动——之间有何关联？他将行动进行归类，并将之放到了最后。那么，作为表象热爱者之日神孤独的艺术，以及在原型政治中将世界历史一分为二的保障，两者之间有何关系呢？又或者，艺术家-存在与哲学家-存在之间的关系为何？在这两者之间，存在着分离与断裂。同那些认为尼采发明了哲学家-艺术家形象的人不同，在我看来，他是促使该主题产生断裂甚至分裂的人。哲学家-艺术家陷入了某个本质的分离中。从此，艺术家变成了对伟大艺术的哀悼以及对结合的放弃，或者如果你们愿意的话，变成了日神的孤独。哲学家则将在没有艺术力量的情况下承担起行动的任务，其中，艺术的力量不过是某种受伤的孤独。就是这样！

在我看来，尼采向我们提出的最后一个问题是一个有关艺术的谜，一个涉及艺术，甚至还涉及艺术与哲学之间关系性质的当代之谜。这是不可超越的尼采遗产：对我们这个时代而言，艺术与哲学之间的关系性质为何？这是由哲学家-艺术家主题的爆炸本身，由其爆炸的分离所遗留的问题。那么，这个遗产的内容是什么？以分散状态遗留给我们的是什么？尽管在尼采之前，该主题已被提出，但在经由尼采之后，该主题成为某个关键时刻。

首先，在激进的 1886—1887 年，尼采告诉我们，哲学识别出了伟大艺术原则并支持其回归。这时的尼采拥有自由及极北精神，不是禁欲主义的基督徒，而是反哲学家，亦即尼采意义上的哲学家。其间的联系非常清晰：在伟大艺术的假设下识别出伟大艺术的原则并支持其回归。这是《悲剧的诞生》阶段的尼采。从那时开始，他与瓦格纳之间关系的模糊性已经存在。艺术准则是某种矛盾的结合，即无限与有限的结合。哲学从此需要在伟大艺术中识别出其结合模式的特性并支持其回归。我建议将这一思想模式称作"浪漫主义"，即使由此不得不说尼采曾是浪漫主义者。让我们将艺术与哲学的这一关系形象地称作"浪漫主义"，在这个关系中，哲学被赋予了这样的任务，它将需要在艺术中定位无限与有限之间的某种独特形式，该形式可以有各种各样的名称，其中最重要的一个名称就是"悲剧"。

其次，在1888—1889年期间，艺术被构思为表象的统一性（unité）或发光强度（intensité radieuse），被视作表象强度的浓缩形式准则，在某种意义上，即被视作对生命本身从形式上的捕获，被视作在表象形式元素中对生命的重新肯定。在这种情况下，哲学的义务将变成什么？其义务将变成对艺术不应该被真理问题所困扰或压制之事实的揭示。从此，哲学家的任务将变成把这样一个艺术——该艺术仅仅只是表象本身的发光命题——从哲学曾为其带去的所有威胁中解救出来：那是处在其禁欲形象、批判形象或基督教形象中的哲学，在所有这些形象中，哲学都将声称让艺术承担不同的任务、义务及教益功能。哲学家应该支持处在其纯粹根本使命中、处在其表象的纯粹强度中的艺术，并将该艺术从真、善、美的目的性中拯救出来。哲学家应该为让艺术"如所是"存在而服务，其主体性原则就是简单性和快乐——亦即作为主体化准则的快乐原则。艺术的目的地位于"直上蓝天的纯粹火焰"方向。我将这个体系称为"古典"。在这个意义上，尼采也是"古典的"，因为在详尽论述了另一个体系的前后矛盾性及欺骗性后，他最终也走向了这个体系。

于是，如今，仅在尼采身上，我们可以分辨出两个不同的构型，一个是古典的，另一个是浪漫的，两个构型相互交错与连接。最终，所有一切都将归结于艺术家之谜。这是一个完全模棱两可、反复无常的形象，该形象将能够总结尼采形象的所有复杂性：

——当尼采被构思为结合之人，被构思为伟大艺术之艺术家（比如埃斯库罗斯）时，他无论如何都是真理之人。总之，如果存在着某个真理的尼采式概念，那么这个概念就应该是悲剧。真理即悲剧。通过某种奇迹，分离曾让之变成禁欲之罪以及人性之迷失的东西，希腊意志得以将其重新结合在一起。这是因为，无论如何，反动力量的爆发与悲剧所产生之联结（尤其是酒神和日神的联结）的分离相关。正是通过在这一分离基础上继续思考，苏格拉底主义以及后来的基督教得以在反动力量的爆发中奴役人性。因此，悲剧就是真理。作为完成结合之人，悲剧艺术家亦即真正的希腊艺术家则正是真理之人。这或许是被尼采完全承认的唯一真理之人。

——此外，在另一个无关伟大艺术的层面上，艺术家则是日神的孤独，是简单表象及生命幻象之人，不过这是有用的幻象——该幻象能够适时增强力量，但并不声称抵达其结合或真理。由此出发，尼采指出，艺术家时而是某个真理类型，时而是某个幻象类型，这让尼采得以确认瓦格纳的艺术家身份。不过，瓦格纳之所以可以被认定为艺术家，哪怕是作为骗子的艺术家，那只是因为，艺术家的形象是模棱两可的，介于两个相异的含义之间。

浪漫的、古典的体系，艺术家形象的模棱两可……那么，在艺术与哲学的关系中，如今我们已来到哪个阶段？我们如何得以跨越尼采的视野？关键问题在于：是什么使得，从哲学角度出发，艺术处在如此持久同时又如此含糊其辞或自相矛盾之关系的可能性之中？哲学将艺术称作什么？哲学能够致力于的对象的恰当性为何？即便在尼采那里，这也并非简单的问题：艺术在他那里曾被称作瓦格纳、悲剧、艺术家、卡门，命名时有改变，哲学可致力于的对象有作者、作品、某个片段或体裁等。这个问题极其重要，它将决定被人们称作"艺术"之物的恰当统一性。是艺术作品产生了艺术或某个艺术家的作品，还是艺术家产生了艺术？通常，尼采认为是艺术家，但这依旧是另一回事吗？首先可以肯定的是：当人们将作品主题、艺术家类型或某些独特片段——如悲剧——视作对哲学而言的恰当统一性时，人们必定以不同的方式联结了艺术与哲学，这是肯定的！于是，我们得以向对哲学与艺术之间关系的不同假设敞开。下次课，我将再次从这个问题出发，从正面展开分析。当人们尝试思考艺术与哲学之间的关系时，艺术在场之固有模式的独特性是什么？哲学将艺术命名为什么？当哲学命名艺术，即命名其众多条件中的一个时，将涉及什么？在尼采那里，这个有关命名的问题异常复杂，我们将在下次课谈及。有关晚年"尼采"的讨论，这或许将是最后一次或倒数第二次课程。

XI

1993 年 6 月 2 日

无论如何，整个世纪以来，正是从尼采思想及其反哲学出发，以下问题的严肃性得以彰显：人们处在艺术与哲学之间关系的哪个阶段？如今，轮到我们默默地承载其复杂性。该问题之所以复杂，是因为它不仅处在核心位置，而且其内部产生了深刻的分歧。为揭示该问题曾抵达且一直保持的这个复杂性，我为大家朗读一段 1888 年的片段，该片段完全是对艺术真正的赞歌：

> 艺术，唯有艺术，让生命成为可能。它是吸引人们生存下去的大欲望，是促使人们活下去的绝妙兴奋剂。艺术是唯一高于所有对生命之否定、能与这些否定对抗的力量。艺术是杰出的敌基督者、反佛教者以及反虚无主义者。艺术是对知道之人、看见之人——亦即能够看见"存在"恐怖、可疑特征之人——以及以悲剧的方式知道之人的救赎。艺术也是对行动之人的救赎，是对那些不仅看见，而且活着，想要经历

"存在"那恐怖、可疑之特征的人的救赎，是对悲剧
而又好战之人的救赎，是对英雄的救赎。最后，艺术
还是对苦难之人的救赎，是进入以下状态的通道，在
这个状态下，苦难被欲望、被改头换面、被神化，变
成极大快感的一种形式。

我们看到，直到最后都始终是"艺术，唯有艺术"！
这便是尼采反哲学的最后话语：在他强调"哲学家是罪人
中的罪人"的同时，他还宣称了"艺术，唯有艺术！"这
里涉及某个整体的运作，在某种意义上，该运作以艺术之
名，以艺术的至高力量为名，将哲学祭献。这里指的是艺
术让生命、包括苦难生命变形的至高力量。与此同时，从
这个充满力量的综述内部出发——将"存在"献给艺术并
同时反过来通过艺术揭示与拯救"存在"——将产生某个
裂口、某个分离、某个极其复杂的实现进程（élaboration），
该进程将意味着"艺术，唯有艺术"的口号将在另一个更
为本质的问题面前受挫，这个问题便是：何为艺术？诚然，
艺术就是艺术本身……然而，最终究竟指的哪个艺术呢？
在这段赞歌中，人们预设了艺术的存在：如果艺术在，那
么的确，艺术就是艺术！然而，"艺术"一词指称什么？
它在吗？无论人们对艺术抱有如何崇敬之情，所有这些都
将是隐藏的哲学家们需要探讨的问题。

让我们来勾勒一下尼采思想的整个历程：首先，有一个最初的结合，即围绕伟大艺术主题为中心的思想体系；然后是围绕《瓦格纳事件》为中心的该思想体系的坍塌；最后是对尚未完全确定的其他东西的匆忙建议。

在当代艺术问题——即艺术是否存在——方面，尼采留给我们的是一份令人生畏的遗产，这份遗产诞生于不存在伟大艺术这一几乎确切之答案的阴影中。再次提醒，这里指的是处在"永恒回归"状态下的希腊艺术形象或最初悲剧形象。对于20世纪的我们而言，这将是一个复杂的遗产，该遗产无法在对艺术的赞歌中获得阐明，而是将意味着有更加困难的考量需要被决定与解决。

首先，这可能是某个被重新制定并被改造的浪漫主义思想体系遗产。该遗产将可能成为某个现代悲剧维度，与之相关的哲学将可识别出其准则并支持其回归，正如长久以来，尼采有关瓦格纳并以之为中心所做的那样。其核心准则将变成：伟大艺术的艺术家将是实现日神与酒神、有限与无限之矛盾结合的人。

其次，同晚年尼采相对应，这也将是某个古典思想体系的遗产。在这份遗产中，艺术不再被理解为结合的力量，而是相反地，被置于简单性与快乐的轻盈性准则中。艺术是所有深度的缺席，相较前面提及的结合，它将在如所是的日神形象中、在仅仅在其形式中被抓住的表象的品味、依恋与闪烁中摇摆。于是，艺术将在本质上是有限的。必须顺着这一思路：艺术是对有限性幸福的肯定。

因此，尼采为我们遗留下了一个极度模棱两可的艺术家形象。该模糊性拥有着某个悠久而又伟大的艺术家后代。以托马斯·曼（Thomas Mann）的小说世界为例：这个世界的确始终萦绕着对艺术家形象之本质模糊特征的内在重复（reprise）。隐喻该模糊形象的是健康与疾病，仿佛在艺术家身上，有着让某个本质疾病拥有健康价值的虚伪特征。在所有形式的光辉中，托马斯·曼都预设了某种内在病态或堕落的东西。带着某种极大的创造性真诚，艺术家被驱赶至某一点，在这一点上，他成为在艺术表象且仅在艺术表象中，摆脱了任何健康内在状态的可能性荣光。于是，艺术家本身变成"无力之力"。这一点应该同尼采有关艺术与性之间关系的模棱两可联系起来。在托马斯·曼的作品中，无论是以隐喻的方式，还是以直接的方式，这一模棱两可性始终在场。在尼采那里，艺术与性之间的这一关系具有某种显著的双重性（ambivalence）。他曾同时或在较短时期内相继指出：

——伟大艺术的准则是开心、肯定地接受性欲的狂欢，这一观点自《悲剧的诞生》起便已产生，然后在反禁欲主义、反基督教的思想体系中得到进一步加强。在尼采那里，基督教被视作以压制天性为本质的思想体系。

——同时，艺术家在本质上又是某个纯洁的形象，不会放纵于性欲的即刻性。这是一个颇具弗洛伊德色彩的主题：总之，只有一个性欲力量，也只有一个力量的保留。若将之挥霍在肉体享乐中，这对艺术而言亦是迷途！一旦媾和，便不再有升华。

我以尼采遗作片段中的两个例子为例来论证这一点。在那个时期，为了创作他的思想传记《瞧！这个人》及《尼采反瓦格纳》，尼采正在重读自己的全部作品并将之重新归类。不幸的是，剩下的稿件由其妹妹按照她自己的分类理念进行了整理……不过，尼采自己还是完成了部分分类工作，而且他的分类始终围绕其作品主线为中心。这里所说的主线指的是：他必须宣称"尼采"的存在——不要忘了这一点——而且该行动的意义并非本义上的遗嘱层面，而是对"尼采"存在之公开证据的要求。"尼采"本身是某个思想范畴，而不是某个心理人物。继伟大艺术衰弱后，到来的正是对这个思想范畴的公开确认。"尼采"将得以填补伟大艺术主题之坍塌所敞开的巨大缺口。这也正是《尼采反瓦格纳》标题的深意。

1888 年 11 月，在尼采重读《悲剧的诞生》时所写下的一篇文章中，尼采提及了狂欢的秘密：

海伦①的秘密让自己获得了什么？"永恒的"生命，生命的永恒回归——在生育中对未来的允诺和认可；一个对超越死亡及改变之生命所言说的欢欣鼓舞的"是"，"真正"的生命，在共同体和城邦中生命总体的延续，两性关系，古老的"性"象征，这个象征被构思为对自身而言最可敬的象征，被构思为所有古老虔诚真正的象征精髓。

在这里，性关系和性象征被视作海伦遗产的核心。此外，该遗产也以伟大艺术的形象出现，尼采进一步说道：

……我不知道有任何比"性"象征还要崇高的象征……只是后来的基督教将性变成了淫秽之物。纯洁无瑕的概念是降临人间的最卑鄙的心理。它玷污了"存在"的源头……

因此，一方面是承认"存在"的性维度且不将之呈现为原罪形象，另一方面是在伟大艺术的形象中肯定生命：两者之间存在着某种本质的联结。尼采将禁欲、压抑形象、

---

① 海伦是希腊神话中宙斯与勒达之女，人间最美的女人，斯巴达王墨涅拉俄斯之妻。特洛伊王子帕里斯把海伦诱走，遂引起持续十年之久的特洛伊战争。——译者注

对性本身的扭曲等的缺席，与对生命力量最高的肯定联系在了一起。这根本就是一个酒神的文本！

然而，在同一时期，即 1888 年 10 月，他又写下了这段有关艺术家的文字：

> 不过，通常情况下，事实上，艺术家都受到自身任务及其自制力的限制，是一个节制甚至贞洁的人。他的主要天性制约着他，不会允许他肆意妄为，自我挥霍。在艺术构思及性行为中，人们花费的是同一个力量。只存在一类力量。对艺术家而言，屈服于或滥用这个力量都是一种背叛。这将表露出天性和意愿的缺失，可能成为堕落的标志，最终只会贬低其艺术至无可挽回的地步。我以最令人不快的例子——瓦格纳为例。这个病态到难以想象地步的性让瓦格纳着迷，变成了他生命的魔咒。他深知当一个艺术家失去自己眼中的自由、失去对自己的尊重时，他将失去什么。[他是深知这一点的！] 他被迫成为虚情假意的人。对他而言，他的艺术本身变成了持续的逃离企图，变成某种自我遗忘与麻醉的方式。最终，这一点改变并决定了他的艺术特征。一个如此不自由的人需要印度大麻，需要某种奇特、厚重、四周弥漫的薄雾，需要各式各样的异国情调及理想型象征，以摆脱他自己的现

实；这样一个人需要瓦格纳的音乐……

这是一段纯日神的文字，整个段落都处在对形式的掌控中。相反地，艺术的酒神形象被舍弃，不过是以肯定的方式：它是面对生命力量的肯定的舍弃形象。诚然，两种形象都有其各自肯定和反动的维度。德勒兹曾在这方面做出精彩的分析。但是，酒神的肯定在于舍弃，亦即在于对生命力量几乎无意识的肯定，而日神形象的肯定维度则在于形式上的掌控，它屈服于表象，以对表象的纯粹显现进行肯定。最终，结合不再能够持续。这正是问题所在。诚然，人们依旧不断发掘着酒神及日神元素的价值——即古典部分，该部分逐渐占上风——然而，曾在《悲剧的诞生》中主导艺术原则的结合概念却被大大地削弱。这中间产生了某种分裂或分离。性将不仅从酒神角度出发，被视作得以滋养艺术的最高象征，同时也将从日神角度出发，被视作简单的力量挥霍和遗失。然而，最后，到了 20 世纪，问题变成：艺术应该如何对待性？这个问题将不仅呈现为性力量或性欲与艺术的关系形象，而且还会呈现为堕落与艺术的关系形象。问题始终悬而未决，仿佛尼采在第一个文本中所谈论的希腊式肯定的性主题不再能够变得现代，最终只能成为一个谜。需要注意的是，这个希腊的性象征与生育相关联：这是公民的性，它即便以狂欢的方式被庆祝，但依旧只是落入集体目的圈套的性。被庆祝的不过是这种性。对尼采而言，依旧如此。相反，在瓦格纳那里，已经开始出现一种病态的、扭捏的性主题，涉及某种堕落的、败坏的性。由此出发，艺术将呈现为或企图成为性的分析者，尤其是对性的反复无常（versatilité）或非单一特征（non univoque）的分析者。无论是在社会准则形式下，还是在自然规律形式下，都不存在任何性的单一性。本世纪初，始终萦绕着艺术——尤其是绘画方面——的问题，并不是艺术源头问题本身与作为简单力量之性的关系，而是这个问题与性形象的反复无常之间的关系。说实话，在我看来，这里涉及的并非升华问题。这是关键所在：这里涉及的并非这样一个力量，该力量不得挥霍于各类怪事件中，而是需为日神艺术伟大形式的简单性而保留。可以说，将艺术本身之能力问题与性形象之反复无常特征联系起来的，并非这一古典视角，而是另一个视角。托马斯·曼的《魂断威尼斯》正是这一视角的典范，并以这个视角为主题——至少维斯康蒂（Visconti）在同名电影中是这样理解的。它的主题并非如其标题所示与死亡相关，而是去探讨艺术家在其艺术及自身欲望方面可做的思考：里面探讨的是这个问题，而非精神分析对艺术形象的闯入这个次要问题。艺术本身或后尼采艺术的目的在于追问艺术与性之反复无常的关系，并将这个问题视作其生成的内在动力。

这个目的出现在精神分析之前，相较精神分析更为原初，所提出的思想方面的沉思也更为直接。

在尼采遗留给我们的这一复杂概述中，始终贯穿着这样一个问题：哲学可对"艺术"一词作何理解？认为这里涉及艺术之本质的回答始终太过轻率。绝对不是的！让尼采痛苦不堪的并非永恒之物，而是更具体的东西：有且仅有艺术，它拯救生命。是的，但这里的"艺术"所指何物？有关这一点，在尼采那里存在着某个循环：艺术是拯救生命之物、是揭示苦难之物等；对所有这些的陈述本身，同时就是他所提出的有关艺术的唯一定义。艺术拯救生命，但何为艺术？就是拯救生命之物！并不存在其他定义：它是与生命非基督、非虚无主义的关系。总之，是唯一真正反对虚无主义的力量。但若继续追问这个力量的构成，如它具有何特征、有何独特性、将涉及何种行动或进程等时，我们最终能得到的答案寥寥无几。在尼采的作品中，艺术无处不在，但又无法在任何确切的地方被分辨出来，或者只能在非常不相称或短暂的规程中被识别。或许，我们可以承认艺术让生活成为可能，是让生活继续的力量，但这个名称的具体含义却很难被捕捉到。

然而，我认为，正是在这里，即在这个稍显晦涩的循环中，尼采为我们遗留了一个真正的问题。这是一个真正的问题：从此，哲学可对"艺术"作何理解这个问题将变得完全悬而未决。在我看来，这并不意味着某个艺术的危机——尽管随着伟大艺术原则的坍塌，尼采的确曾遭遇危机——而是将意味着艺术之哲学身份的模糊化。或许，艺术之哲学身份的模糊化产生于它不再能够局限于某个美学范畴的时刻。最后的美学或许就是黑格尔的美学了。"美学"指的是什么呢？它指的是"艺术"这一名称在哲学中所具有之功能的某种独特模式。这是一种非常原初的功能，黑格尔可被视作这一功能的最后形象，其具体内容是：在艺术与理念的关系中对艺术的识别。哲学通过将艺术视作对理念的独特呈现形象而与艺术相关联。艺术是理念得以呈现的其中一种模式。康德的美学也始终处在这一范畴内，只不过是以一种复杂的方式呈现，因为其中涉及对理念的去概念化呈现。美学的一般性主题便是：艺术是理念的可感形式。诸如此类的东西。无论如何，可被呈现、被贬低或相反地被重估的可感物与理念之间的关联，这便是艺术与哲学在美学方面的关系。美学是对艺术进行哲学安排的操作。同所有安排一样，它总是潜在地形成于对理念之呈现的某个等级中。最终，由此得出，只要有某个艺术等级被提出，我们便可从中识别出某种美学。在一个美学中，艺术总是被置于某个空间，相较理念的其他形象（例如哲学形象或科学形象），这个空间的安排拥有自己的独特性或差异性。接着，这个安排在各类艺术的某个等级结构及分类中进一步精细化、独特化或被实现。当然，这里指的是对各类艺术的哲学分类，因为这些艺术类别是让艺术本身地位得以确立的独特模式：只有将这些艺术类别充分展开，艺术的地位才能被更好地确立。所有美学都只是各类艺术的拓扑学：在一边是一个艺术，在另一边又呈现为另一个。形而上词汇将根据艺术与理念联结的模式来分配等级。因此，在这里，我称"美学"为在艺术的安排体系中，哲学与艺术相联结的一种独特形象。其中，安排体系的经验性符号便是哲学提出某个艺术分类的能力。

所有这些正是你们在黑格尔的论述中所能找到的术语：安排、分类、艺术史，正如你们所知，还有"艺术是有限的"这一观点。必须很好地理解这一点。别忘了：黑格尔并不是想说从此或未来不再有艺术作品，而是想说艺术将不再能够为思想带来新东西。两者并不是一回事：从此，艺术所能做到的，哲学将能够以更加卓越的方式做到。艺术解除了它的任务，但依旧经验性地持续。因此，黑格尔的论点是有关安排的论点，但由于这个安排被历史化，因此它是有关终结的论点，涉及的是美学的终结。不是艺术的终结，而是哲学与艺术关系的美学结构的终结。有东西终结了，但并不是艺术，甚至也并非如黑格尔所说那样。我并不认为艺术终结了它的思想命运、它的创造独特性以及它的独特命题，我也并不认为艺术被绝对理念的哲学归化（appropriation）所揭示。不是的！我们可以从黑格尔思想中得出的是，艺术与哲学的美学联结来到了它的终点。随着黑格尔思想的产生，沿袭自哲学可理解性的艺术范畴从此变得过时，其思想功能随之终结。可以说：黑格尔并未揭示艺术的终结，而是美学这一哲学与艺术关系之独特结构的终结。这将是最后的美学，或类似的东西。显然，既然黑格尔的基本假设是：艺术的哲学归化穷尽了艺术的本质，因此，对他而言，美学的终结等同于艺术的终结。在黑格尔看来，美学是艺术所能承载的最后思想。因此，在他那里，将美学之终结理解为艺术之终结并不缺乏连贯性。然而，在这里，我们却要对这两点进行区分：不是艺术的终结，而是将哲学与艺术联系起来的美学结合的终结。因此，尼采可被视作首个现代艺术思想家，因为其思考路径不属于任何美学。他是在其思想中意识到美学作为哲学与艺术之联结遗留形象已然终结的人。尼采开启了哲学与艺术关系的后美学时代。他意识到，在某个超越黑格尔的美学范畴内将哲学与艺术联系在一起已经不再可能。此外，这一点适用于哲学与其整个条件体系的关系。在现代性中，我们也不再能够认为哲学与科学的关系可被某个科学理论模式或某个认识论所概括。由此将产生某个危机，该危机无关相关进程本身——艺术或科学——而是同哲学与这些进程产生关联的方式相关。事实上，这个危机是对美学、认知理论或认识论甚至还有政治哲学的摧毁。在艺术问题方面，尼采可能更倾向于建立某种与艺术的非美学关系。这正是他的伟大之处，是他遗留给我们的伟大：哲学将不再包含任何美学。在现代性空间中，将永远不再有任何美学，也不再有任何认识论或政治哲学。剩下的将只是些没有任何哲学效力的学科。尼采为我们遗留下了这一真理，但我们还将指出这一真理的双重困难：

——在哲学方面：如所是的哲学能够承载其与艺术之间除美学以外的其他关系吗？在这一方面，哲学难道不是内在地是美学的吗？这是第一个问题。你们将看到这一问题的重要性：如果哲学无法承载除美学以外的其他关系，那么黑格尔之后，美学的坍塌不过是哲学之坍塌在艺术方面所表现出的症候。这将是某个预示着它自身被遗弃的症候：当代艺术的考验对哲学而言将是致命的，它将揭示出哲学的无能，因为当美学过时后，这样的艺术考验将无法建立在与艺术的某个关系中，无论这个关系是某种创造还是更新。然而，显然，尼采部分秉承了这个信念。这就是问题所在：他并不是完全秉承该信念，而是部分地，他只是部分地是反哲学家——他不断宣称：反哲学或反对哲学之论战的必要性诞生于艺术。艺术考验形成的是反哲学而不是哲学。于是，出现了这样一个格言：艺术，唯有艺术！——这句话仅意味着：不是哲学！因此，首要问题是：

若假设哲学部分等同于美学，那么美学结合的坍塌其实是一个有关哲学的论题，而不仅仅只关乎哲学与艺术的关系。在尼采那里，有某个东西激活了这个运作。若将哲学置于现代艺术的考验下，它将无法经受住这个考验，因为它始终会尝试将被摧毁的美学范畴重新聚拢。换句话说，美学处在某个统治地位。哲学是一种统治，尤其是对艺术的统治。美学是将主人话语（discours du maître）运用到艺术上的哲学：先指出位置，再分类与分级。尼采则是清除了所有哲学统治艺术能力的象征性人物。整个进程是：哲学始终尝试保持与艺术之间的某种统治关系，黑格尔有关艺术之终结的陈述抵达了该统治的顶点，但同时也意味着这个统治关系的坍塌。如果哲学话语的身份的确表现为其主人话语的形式，那么当哲学在其美学构型中对艺术可能的统治地位被清除后，哲学最终将被抹去所有身份。

——由此将产生第二个问题：哲学是否能够承载其与艺术之间非统治关系的某种关系？除统治艺术之外，哲学是否还能从艺术那里意愿其他东西？本世纪可能提出的其中一个解决方案是对这一关系进行翻转，即认为艺术是哲学的主人：鉴于哲学应该清除其统治形象，因此艺术就应该是真正的教育者，是创新、突破、灵光一现的形象，哲学则紧随其后！……在尼采那里，艺术是对知道之人最伟大的教育，是真正的主人，是生命唯一真正的主人。于是，我们的问题变成：哲学是否能够与艺术之间产生某种既非统治又非服从的关系？在这个关系中，人们在最后放弃美学计划的同时，并不会发出"艺术，唯有艺术"这个有些被神化的呼喊。其中，在尼采文本中，"神化"（diviniser）一词指的是："艺术是对生命和苦难的神化。"于是，我们将继续追问：在当代哲学及艺术状况下，哲学是否能够提出其与艺术之间的某种自由的关系？

同往常一样，当谈及自由及自由之本质时，核心其实涉及平等问题。哲学与艺术之间的某个平等关系，即可囊括两者激进差异化准则的关系为何？事实上，在这一视角下，得要哲学的目标完全不同于艺术的目标。这是平等的绝对条件。否则，人们将进入某个不可避免的对立形象，去追问哪一个才能完全地、激进地抵达目标。最终，关键在于以下事实的可理解性：在艺术及哲学中起作用的思想活动并不相同，因而平等性可代替对立性。这一点在尼采那里还并不明朗。

在艺术方面，问题在于：艺术思考什么？鉴于艺术的思考对象与哲学的思考对象并非处于敌对、包含、安排的关系，前者并非后者的可感形式，因此，首要任务在于将艺术从让艺术变得与哲学同质的循环范畴中解放出来，以及相应地，让哲学逃离让其变得与艺术同质的范畴，从而以某种激进的方式，建立起某种分离。实现这一分离的并不是尼采。不得颠倒层级关系。对尼采而言，终结的是哲学。哲学终结了！但这意味着什么的到来呢？艺术，唯有艺术！在这一点上，海德格尔表达的正是这个观点：形而上学终结了。无论如何，至少暂时将只有诗歌。这是对黑格尔所说的艺术被哲学终结主题的颠覆。然而，要想建立自由关系，这样一个颠覆并不足够，首先得需要某个分离。那么，如果产生某种分离，艺术思考什么，哲学思考什么？必须要凸显异质性的价值。于是，问题的难点在于"是谁提出'艺术思考什么'这一问题"。如果是哲学提出的，那么哲学将恢复其统治地位，并最终提出某个新的美学形象。由此得出让"艺术自身思考艺术所思之物"的绝对必要性。艺术将不仅被理解为某个思想，而且还将被理解为该思想被思考的场所。这便是平等关系的必要条件。由此得出，从美学的坍塌——尼采是现代初期这一坍塌的主要见证者——出发，将产生这样的结论，即艺术应不仅被理解为某个思想，而且还要被理解为有关其所是之思想的思想。这不是某种外在的反思——而应该是内在的：艺术在其有效性范围内应该是对其所是之思考，是对其所思之物的思考。诚然，艺术和艺术家也可以借鉴一些哲学元素或创造一些美学——这并不构成问题：他们一直如此行事。然而，艺术进程本身应该处在对其自身思想进行识别的元素中。此外，还得指出，这是艺术一直以来的身份，而不能将该特征仅归于当代艺术。

这一点至关重要。你们应该知道这个说法，即当代艺术是有意识的，将揭示其自身的操作，以自身为主题等，这是现代性的共识。难道这不就是说：是的，艺术的现代性指的是产生足够的自我意识从而揭示其自身准则的艺术？因此，将自身揭示为绘画的某个绘画，得以传递其自身操作辩证法的某段音乐，将自己嵌套进自身文本中的某个文学，这些便是艺术的现代性。不过，我在这里想说的并非这一点。若需要建立哲学与艺术之间某个新的关系，就不能以将艺术进程本身独特化的论点为基础，而应在追溯整体问题的同时，指出艺术始终是"有关思想的思想"（pensée de la pensée）。这一点为何如此重要？因为如若不然，人们将把艺术的以上特征视作美学坍塌的结果。人们之所以认为只有当代艺术才能抵达艺术的自我意识形象或是有关其所是之思想的思想形象，那是因为它不再被哲学置于美学元素中思考。因此，人们会认为，这更多是艺术与哲学相分离所产生的一种结果，而不是艺术自身思想特有的内在性。由此将出现一个现代性形象，该形象的分离时间本身是哲学的，即真正意义上开启艺术现代性的美学体系的坍塌。由此将得出一段解放史：伴随着美学的坍塌，艺术将脱离思辨的统治，并因此获得其命运的内在范畴。换句话说，艺术将伴随着形而上学的终结而被释放或被重新引向自身。然而，在我看来，事实并非如此。根据晚年尼采的思想，我并不认为决定着当代艺术内在命运的美学的坍塌甚至形而上学的坍塌，是相对哲学史的否定运作。艺术与哲学之间的全新联结形象要求，艺术的内在识别元素只是艺术本身的特征，而非形而上学坍塌时期的艺术特征。与所有本质特征一样，这是一种永恒的特征。若我们进一步缩小问题范围，它将变成：

——哲学方面：美学曾经扮演怎样的角色？我们可能回答：统治艺术。但我们可能继续追问：这为何曾对哲学如此重要？其中涉及了什么？为统治艺术，柏拉图清除了四分之三的艺术（其中尤其包括诗人），转而支持军旅生活及爱国颂歌。当然，也并非任何类型的颂歌。对柏拉图而言，这是一件严肃的事情。这样说来，在古典哲学体系中，美学究竟扮演了怎样具体的角色呢？事实上，有关美学在哲学命运中所扮演的角色问题，人们还远未充分论述。尼采揭示了美学的坍塌，将自己变成了对这样一个时代的历史见证者，在这个时代，与艺术的思想关系不再能够是美学的。不过，在结论部分，他却在对艺术的无限辩护中不断摇摆。

——艺术方面：为将艺术进程变成有关其所是之思想的思想，那么，这个进程应该是什么？它应该是怎样的？具体应如何展开？由此将引入我们最后一个问题：考察的统一标准是什么？前后连贯的统一标准是什么？别忘了：有三种不同的可能性。首先，我们可将艺术理解为艺术作品本身或众多艺术作品，但在尼采的文本中，几乎未出现这一理解方式。他对艺术的划分并不以作品为中心。即使当他讨论瓦格纳时，让他感兴趣的都不是某个文本或作品的独特性。其次，还有一种可能的统一标准形象：艺术家，这一极其重要但完全模棱两可的范畴。最后，还有另一种类型范畴：悲剧。它是一个自足的范畴，既无法还原为一部或多部作品，也无法还原为某个或多个艺术家，是一个构成性的主体统一标准。这是一个考察的统一标准，是一个研究范畴。对尼采而言，"悲剧"是他所称作的"艺术"存在的某个片段——该片段拥有自己的开始、顶点或重心及其内在的堕落形象（欧里庇得斯）。这是某个得以对艺术进行定义的东西，但定义所依据的范畴不会因作品或艺术家的不同而让自身消解。此外，它也不是学院式分类意义上的某个体裁，因为它具有某种独特性。那么，如何在这三种可能性中选择恰当的方式，以定义"艺术"这一客体呢？

在下次课，也就是最后一次课上，我将提出几个有关这些复杂问题的几个假设，其中将尤其涉及以下两个方面：

——在何种条件下，哲学得以在保持去美学化或摆脱美学及其计划的情况下，与艺术建立起某种不同于艺术狂热推崇形式，亦即宣称"艺术，唯有艺术"形式的关系？

——在何种情况下，我们可以将艺术视作既是某个思想，同时又是有关这个思想的某个内在思想？对此，我只会进行简单概述……

XII

1993 年 6 月 9 日

我们的已故好友让·博雷伊与我们此次研讨会主题之间存在着某种亲近性，我想没人会反对这一说法。下周五，我们将围绕其作品举行一场纪念会。在被我们命名为《他异性与独特性》（*Altérité et Singularité*）的博雷伊作品集中，尤其在其代表作《艺术家国王》（*L'Artiste-Roi*）中，博雷伊主要考察了 19 世纪末期美学的统治功能及其至高无上性。在这些作品中，博雷伊甚至还指出了尼采反柏拉图主义的主要表现：尼采认为在哲学家-国王曾经占据的位置处应该且可以出现艺术家-国王。

另外，我批改了大家的作业，从你们在作业中所表现出的个人决心程度可以看出，尼采在我们时代拥有重要的意义。在这里，我要说两点：

——第一点，或许，我们已进入某个进程，该进程早在二三十年前便已开始，只是时至今日才获得其真正意义上的构型。或许，我们进入了尼采现实性（actualité）的第二阶段。在这个阶段，对尼采的讨论不再以强力意志概念主题为中心，而是以我所称作的尼采的反哲学核心为中心：迫使哲学本身忍受尼采的反哲学，并在这个过程中找到其自身重构协议的相关指示。因此，这里涉及的并不是某个本义上的"尼采主义"——一直以来，其形象都是无法确定的——而是哲学的一种固有模式，在这一模式下，哲学的不确定性召唤着其明显反对者中最杰出的形象，正如明年我们将在维特根斯坦那里所看到的那样。一直以来，这些反对者都揭示着哲学的幻象，自称是哲学的治疗师。对我们而言，这样做的目的并不是彻底转向这个反哲学的视角，而是将这一视角变成某个检验（épreuve）平面，从而实现在某个全新视角下对哲学的重构。包括在你们交给我的作业中，诸如此类的事情正在发生：从此，尼采的命运更多围绕行动的真正意义为中心，而不再以重构某个尼采概念的企图为中心，即不再企图根据批判谱系或对虚无主义禁欲形象之摧毁，来对某个尼采概念进行重构。

——第二点，由于我禁止大家参考1888年的文本，因此，你们在作业中对考察文本的选择让我很感兴趣。这无意间形成了某个调查：你们会讨论哪些文本？被提及最多的书籍是《悲剧的诞生》，这或许是因为，在这本书中，艺术问题被直接论及。紧随其后的是第二部《不合时宜的思考》（*La Deuxième Considération inactuelle*）。这是一本关于历史的书，你们对此进行了大量的追问。你们想要重新考察历史问题：历史思考什么？我们能够思考历史吗？在我们的现实性中，这其实是一个极其重要但又无比困难的问题。总之，在黑格尔历史观坍塌后，尼采的反历史主题或思考吸引了你们的注意。或者换句话说：我们可自认为处在与传承自黑格尔思想体系的历史主义遗产发生争论的时代。需要确认的是，《不合时宜的思考》以某些历史主义形象为明确批判目标，并论证了超历史理念的必要性。或许这正是你们在这个文本中所关注的对象。接着是《论道德的谱系》一书，你们主要是从其内在形象、概念性及连贯性方面进行考察。这就是为何，在我看来，你们所做的更多是对古典尼采的某种细致、批判性的考察，这里指的是褒义的批判，是对谱系思想体系的批判。

为结束而非总结此次研讨会，让我们重新回到对艺术与哲学联结问题的考察主线。为思考这个联结，我们可以从一个简单的问题开始：一方面是艺术现象，另一方面是被哲学自己视作其结构性或构成性范畴的东西——亦即真理，哲学对两者之间的关系作何评判？我将区分出两种不同的回答：要么哲学认为真理完全外在于艺术（艺术顶多只能被视作一种模仿），要么相反地，哲学认为真理被艺术本身所呈现［艺术将成为"真"（vrai）之无限性的形象化时刻（instance）］。

如果认为艺术不可避免地与相似物（semblant）形象

相关联，或认为其本质为模仿，那么将产生两个结果：

——第一个结果是对艺术的某种怀疑，即对艺术的哲学怀疑。这一怀疑自然会与以下事实相关联，即艺术将自身呈现为"真"的诱惑力（charme）或者呈现为某种可感形式的真理，这个真理以某种可捕捉之情绪的形式呈现，但本质上却外在于真理。在柏拉图所开启的传统中，人们会怀疑艺术误导真理，从而让人们错失通往"真"的必要转弯（détour），因为它只是某个即刻性的相似物，是某个在可感结构之即刻中起作用的"真"的相似物。柏拉图进程的核心就在于此，即建立在对次要模仿的批判基础之上。艺术如此呈现，以至于仿佛存在着某个"真"的瞬间一击（frappe）。于是，艺术成为误导辩证法之物。这里的辩证法指的是苏格拉底所说的"真"或"伟大转弯"的劳作。因此，为重新找到真正的转弯，必须绕开艺术。其中，真正致命的并非艺术的模仿本质，而是其所呈现出的仿佛存在着某个"真"的瞬时表象。必须对艺术抱以严格的怀疑态度，以重夺辩证转弯的领地，因为只有通过这个转弯才能抵达真正意义上的真理，该真理包含了理解真理之运作本身。

——第二个结果是：在这一怀疑基础之上，艺术将处在某种监视下，即某种哲学视角下的监视。但"被监视"意味着什么呢？"被监视"意味着，当艺术是一个相似物，即某个"真"的即刻性相似物时，那么就必须时刻注意艺术作为其相似物的这个"真"是真正的"真"。必须将转弯的即刻形象归化，即刻性必须是一个结果，是转弯得以征服之物的结果，是人们同意赋予其"即刻表象"之物的结果。其中，"即刻表象"指的是转弯在艺术相似物中所产生之结果的表象。正因如此，我将这一关系称作"辩证"。它是这样一个哲学概念，在这一概念中，艺术处在其特有相似物效果的可能控制之下，不过，与此同时，这些相似物效果与某个外在的真理相关，该真理的真正原则并不存在于艺术中。在这种情况下，艺术是某个被监视的或次要的即刻性。此外，在艺术中，控制之所以拥有效力或法权（territorialité），那是因为，艺术是根据其公众效果被度量的。当真理是外在的，相似物被控制，即刻性变得次要，人们就会通过其实际或公众效果对它进行规定。辩证关系始终包含着将艺术问题与其效果问题联结起来的操作。比如卢梭就曾写道："表演为人民而生，只有通过表演在人民身上激起的效果，我们才能决定其绝对性质。"在哲学与艺术的辩证联结中，艺术的绝对——绝对的效果或性质——处在相似物公众效果的控制下，这些公众效果本身被某个外在真理所规定。该模式不仅是柏拉图的而且还是卢梭的某个过时构型；这也的确是布莱希特所支持的结构。无须进入细节，但这的确是一个典型的例子，因为布莱希特提出了有关戏剧的某个辩证概念：对他而言，真理的场所其实是外在的，戏剧的功能在于揭示外在本身，揭示真理的外在性——这便是对相似物的控制体系。最终，戏剧将为我们呈现出这一外在真理主体化的可能形象。然而，外在真理如何得以实现主体化以及如何被归化？这正是戏剧构型将描绘的内容。事实上，正是间隔模式（mode d'écart）——距离具有决定性作用——使得外在真理的主体化变得可读。此外，由此导致，戏剧性完全不是对"真"的虚构呈现。在这个意义上，布莱希特的发明并不是某种教条主义，其目标并不在于在"真"的相似物之外形成某个总体性（totalité）。相反，它是对间隔体系及多重主体化体系的呈现，正是通过这些体系，某些东西得以呈现。不过，得以呈现的并不是外在于如所是之艺术构型的真理本身，而是真理勇气（courage）的形象。总结起来，布莱希特探讨的是何为真理勇气的条件，或何为从"真"角度出发的软弱（lâcheté）条件。事实上，真理勇气是最为戏剧化的主体化形象。由此得出伽利略形象的重要性：他正是使真理勇气的价值与困难得到讨论与辩论的人物。这里指的并非如所是的真理，因为科学外在于戏剧，戏剧并不会通过模仿改变这个与运动和星球相关的真理。这并不是某个真理的相似物，而是对真理主体化这一关键问题，尤其是对真理勇气的条件的艺术组织。当作为主体的真理不再显而易见时，艺术潜入其中。最终，为辩证目的组织起来的戏剧形象就是这个"真"的"非显而易见性"。最终目的就在于传达这个勇气形象，呈现其条件的可视体系。不要忘了，对于这一点，即让戏剧服从于他所称作的"哲学"，布莱希特是有意为之的。在其辩证对话中，游戏的主人通常都被称作"哲学家"：他是整个进程的主宰。布莱希特的戏剧召唤着某个由辩证法朋友组成的社会。这是他心中一直梦想建立的社会，该社会的目标不是令人愉悦，而是创造某种可能性，从而让社会中每个人都获得真理勇气，成为真理或辩证法的朋友。就是这样：让人们为了"真"而友情地加入其中。

如果相反，人们认为只有艺术才能真正地承载真理，那么将产生哲学与艺术的第二种联结，即浪漫主义联结。在这个联结中，艺术将能实现哲学仅能指示出其迹象的东西，成为哲学抽象指示的自我完成。从此，艺术将是"真"的实体（corps réel），或者将慷慨献出这个"真"的实体。我们也可以说，艺术是无限在有限形式中的降落，或诸如此类的东西。艺术让我们从概念的主体贫瘠性中解放出来。借用黑格尔的说法，艺术本身就是"作为主体的绝对"。可以说，作为在可感物及真理可识别形式中倏忽而至之物（advenue），艺术就是"真"的实在形象。如果没有这个艺术，真理将不过是概念的抽象允诺。

因此，我们将注意到非常重要的一点：无论是在哲学与艺术的辩证联结中，还是在两者的浪漫主义联结中，人们的注意力始终聚焦在艺术进程上面，要么涉及某个赋范化（normé）的分离模式，要么涉及某个辩证结合的模式。然而，难道不存在某些能够与艺术和平相处的哲学思想吗？事实上，在古典阶段，即伴随着亚里士多德所开启的阶段，诗人并未引发某个分裂的问题：人们并未陷入将诗人驱逐还是臣服于他们的两难境地！艺术既不是某个对"真"进行肉体神圣化的途径，亦不意味着相似物对"真"之即刻性所产生的某个危害。这将意味着什么呢？这将意味着，在那时，艺术并不会过多地引起笛卡尔、斯宾诺莎以及莱布尼茨的忧虑：他们在这个问题面前保持平静，尚未处在艺术进程的危害之中。艺术也未在古典主义者心中引起波澜。由此得出，应该存在着既非辩证又非浪漫主义的第三种联结。在我看来，这个联结源起于亚里士多德，后者在当时就已经能够在不采取极端措施的情况下捍卫这样一个艺术政治：正直的人可以看戏剧、读诗歌，而不用面临"真"之转弯被摧毁的危险。这一古典思想体系有何性质？尽管亚里士多德也同意柏拉图的信念，认为艺术在本质上是模仿的，是某种摹仿（mimesis）或相似物，真理在其中顶多能呈现为一种相似物。然而，他却由此得出了不同的结论，认为这并不重要。是的，艺术是一种模仿结构，是一种相似物结构，但这并不重要。为什么？因为艺术的目的不是认知，其目的并非位于理论空间中。因此，即便它是一种相似物，但这并不重要，因为人们并未处在相似物的理论效果及对相似物之认知效果领域内。又或者，艺术不是真理——对于亚里士多德及其继承者而言，艺术从未声称自己是真理。最终，艺术中涉及的只有广义的伦理或实用主义体系，是通过向相似物的移情所实现的对激情的释放。因此，艺术的结构性功能其实是治疗：艺术是一种治疗，而不具备任何认知或揭示功能。艺术隶属于伦理，从这个观点出发，我们可以认为，艺术的范式在于其有用性：艺术在灵魂情感的治疗方面是有用的。由此将得出的结论是：

——艺术的伟大原则是令人愉悦：既不是辩证法所声称的教化，也不是浪漫主义所声称的以某个痛苦形式对理念之无限性的揭示。它首先应该令人愉悦。那么，令人愉悦指的是什么呢？愉悦，即对移情本身的引发，是对艺术进程的指示，显示出该进程的实在性。如果艺术未令人愉悦，那么什么都不会发生。就是这样！愉悦意味着有事情发生了：一个拥有识别、本能阐释、激情释放和情感认同功能的复杂且紧凑的网络将在让观众愉悦的前提下，实现对观众的治疗。你们将看到，愉悦涉及的并非某个观点问题，而是艺术效果之实在特征的显现。这便是第一个结论：

令人愉悦的伟大原则，因为没有其他任何东西可以证明艺术处在其有效性形象中。艺术只有令人愉悦时才存在。在古典联结中，令人愉悦是艺术存在的一个内在条件。

——第二个结论是，基本范畴将不再是真理范畴，而是某个从真理出发，在想象进程中为组织移情及愉悦感所必要的东西。事实上，需要在作品的想象构型中出现某种与真理碎片相关的模仿，以便愉悦感能够产生于不同的识别（identification）形象中。鉴于范畴指称的是从某个真理出发，可在想象进程中呈现之物，而非真理本身，因此，必须接受，为触发愉悦感，对某个真理进行想象化操作是必不可少的，因为愉悦感本身不过是对艺术在其治疗或伦理目标下的有效性的显示。它拥有一个名字：逼真性（vraisemblance）。艺术在真理维度的范式是逼真性。真理和逼真性并不是同一回事。艺术揭示，但不是从真理出发，而是从作为让愉悦成为可能的指令（instruction）或制度（institution）的逼真性范畴出发。正是从这一命题出发，我们可以说，曾经存在着一个让艺术和哲学和平相处的时期。事实上，这个和平得益于逼真性不涵盖真理的事实。由此得出公约：逼真性范式并不在于启发或构建"真"的准则。在真理与逼真性的间隔处，将得以建立起哲学与艺术的某种和平共存状态，其中哲学被定义为对真理的追寻，艺术则被定义为逼真性范式下愉悦的公民治疗机制。因此，艺术与哲学的联结只会存在以下三种模式：辩证模式，浪漫主义模式及古典模式。这三种模式并存于当代空间中，而且没有任何迹象表明，某个单独的联结在现代性中占据主导地位。有关这一点，最好的证据是：像布莱希特这样的马克思主义者支持辩证联结，海德格尔显然支持浪漫主义联结，精神分析学则支持古典联结。事实上，当我们罗列出马克思主义、精神分析学及海德格尔时，这已经囊括了整个世纪的大部分思想。

那么，有关当代境况可以说些什么呢？事实上，我们这个世纪在从自身出发重塑这三个联结——辩证、浪漫主义、古典——的同时，通过这一运作本身使这三个联结达到了饱和。由此导致，任何一种联结都不再能让自身如所是地复活（réactiver）。又或者，任何一种联结都不再具备创新、更新或真正意义上稳定的能力。如今，艺术与哲学的关系问题已经变得开放或被解除。诚然，我们依旧可以践行这三种联结，但我坚信，这一践行只是学院式的。我将"学院式"一词理解为当某些哲学努力已达到饱和时，哲学所处的状态。没有什么能阻止它的继续，但这是已然终结的思想，因为人们已经位于饱和之上。必须发明第四种联结，提出一种新的模式……因此，艺术与哲学之间关系（并非仅仅只有其联结）的显著当代危机，产生于这个世纪众多发明的预先构成性特征。这个世纪所创造的东西——无论是艺术方面层出不穷的先锋派，还是哲学方面应接不暇的艺术领域关系——不过是某种重复的发明，不过是对在历史中形成的几大模式——辩证、古典主义和浪漫主义模式——的不断重复。或许，正因为这是一种重复，所以才呈现为饱和状态。这就像是某种次要的发明。我并不是说什么都没有被发明，完全不是这样的——这三个联结在本世纪存在的独特模式是原初的、独特的或被重构的——但无论如何，这都只是一种次要的发明。

　　还有一个命题尚未获得真正确立，正是这一命题将赋予思想体系以否定统一性。这个命题就是：真理是艺术的固有本质，因而是完全内在的，没有任何外在性，它是唯有艺术才能承载的真理。这一命题并不涉及某个体现为哲学抽象形象之真理的化身或荣光身躯体，而是对艺术能够通过自身内在地承载真理之事实的假设。艺术并不是这样一个真理形象或时刻，该真理在别处、以其他语调或形式给出。因此，这就是说，艺术自身是某个无法还原为其他进程的真理进程，该进程不是对某个抽象地存在于他处之真理的感性释放，也不是对某个外在真理的辩证，最后也不是只处在其相似物范畴内而对任何真理无动于衷之物。不是的！艺术是一个真理进程。然而，其中涉及的诸多真理将被立即写入某个"多元性"中。我们将承认，存在着诸多其他非艺术性质的真理。因此，这个命题就是，在其与真理效果的关系中，艺术是一个"内在平面"（plan d'immanence），正如德勒兹所说，它不涉及任何外在的或超越其执行层面（effectuation）的东西。艺术与其所揭示的真理拥有严格相同的外延。以上是第一个命题。

第二个命题：这些真理只有在艺术中才能产生。假设这一命题成立：这时，艺术需要与哲学以另一种不同的方式联结。我还不清楚这一联结的结构，也还不知道它的名称，但这将是一种不同的联结。在这一联结中，哲学不再因假设自己掌握真理时刻而对艺术进程实施某种辩证控制，也不再认为自己是真理，是某种抽象指示，艺术不过是这一真理的化身，最后亦不再在愉悦感和逼真性的范畴下，处在与艺术的美学关系中。总之，这将是另一种联结。

当认同以下两个陈述时，即"艺术与其所揭示之真理拥有相同外延"及"这些真理完全是独特的，只能在艺术进程中产生"，人们便引入了另一个既非辩证、浪漫主义，亦非古典主义的联结。对第四种联结的假设将意味着需面临以下困难：当谈论真理时——在这里，我将陈述自己的理论——人们被迫只能考察"某一个"单独的真理（不再有"独一无二"的真理），同时被迫认为这个真理是无限的，具备所有真理所拥有的某个内在无限性。这一点是可以论证的，不过今晚我暂不展开说明。然而，问题产生于艺术作品显著的有限性特征。的确，任何真理都关乎无限。然而，艺术作品本质上却是有限的，因为它总是处在一定的时空下。这并非某种经验的有限性。艺术作品从其内部出发决定了它自身的有限性、它的终结以及它自身有限性的内在展开：在作品之所是的运作中，作品只能作为形象或形式自我构型。这便是内在于作品的关乎其自身终结的问题：该问题对作品及其天赋而言至关重要。因此，无论是从作品的终结和完善层面，还是更进一步，从作品所能承载之物的层面，亦或是从它指示出其自身有限性的事实层面，艺术作品都是有限的。它是唯一真正意义上有限的东西。事实上，对于所有其他东西，比如宇宙、境况等，人们并不知道它们是有限的还是无限的。我们可以承认"一切皆无限"这一合理的论断，或者更进一步，"境况是无限的"这一最恰当的论断。但不包括艺术作品！更应该说："艺术是创造了有限的东西。"认为只有无限、艺术作品是对无限之生成的惯常观念应该被推翻。艺术的天赋在于让"有限的真"倏忽而至。

（突然，教室内有人提问）阿兰，我想问你一个问题：人们习惯说艺术作品是无穷尽的。这难道不是某个属于无限的方面吗？

　是的！人们说的是，在对艺术作品的阐释中，艺术作品是无穷尽的。我并不打算将艺术作品与其阐释体系相关联，因为某个内在绝对有限的东西完全可以在其阐释方面表现出无穷尽的特征。即便有限是一种创造，但也可认为这个被创造的有限性，其归化是无穷尽的。在艺术作品的无穷尽特征中，我并未看到任何与其内在有限性相矛盾之处。当人们承认普通境况是无限的且唯有艺术是对有限性的构成，从这一事实出发，将产生某个独特的新鲜事物（nouveauté），该新鲜事物的归化将呈现出无限多的形象。但这是有限之物的归化。让我们对问题进行进一步限定：艺术作品可被视作拥有创造有限"真"能力的人类的一个非凡发明——是一个最可靠、显著的发明。然而，如果艺术具有真理的能力，那么就必须追问它在何种意义上触及无限。不可能认为作品作为作品本身是某个真理，因为它是有限的。必须找到另一个恰当的统一性，显然，该统一性应该从属于艺术进程，而且可以承载无限的实际展开。因此，我们可以同时认为，"只有作品"——因为无论如何，没有其他任何东西——但如所是的作品并不是真理效果的场所，不是其事件的实在。如果人们坚持将作品视作一种恰当统一性，将之视作对与艺术之联结的某种证实，那么事件就将等同于真理。这必定会将我们再次引向某个艺术的神圣形象：如果艺术通过其作品得以成为某个如所是的真理事件，那么每个作品都将成为一个真理事件。然而，当作品变成"绝对"（absolu）在可感物中的一次降临事件，我们不过又会找到某个浪漫主义模式的变种。

那概念艺术呢？（听众再次问道。）

当开始尝试去抓住某个诸如"概念艺术"这样的独特形象时，人们是无法进入对不同可能性的考察之中的。让我们进行严格限定：在肯定艺术进程具有真理亦即无限内在能力的同时，要明确作品不过是对有限性的一种创造——或许是唯一存在的创造——以及最后，将某个作品事件化将不可避免地重新掉入对"真"的化身形象中。因此，艺术中必须有除如所是之作品之外的其他可思考之物。这是一定的！我建议将艺术中这个可思考之物称作某个"艺术构型"（configuration artistique）。那么，一个艺术构型将会是怎样的呢？它必定由作品组成。我们并不打算摒弃认为艺术的实在是艺术作品的唯物主义思想。如果可以这样说的话，某个艺术构型的"存在"本身必定是不同作品的复合体。一个事件将开启的正是这样的构型：它将变成某个包裹着作品的有序限制体系，其源头可能是某个事件性的断裂。该断裂本身将在一些单独的作品中得以呈现，通过这些作品，在某个追溯既往的可指明事件中，某个之前未被发现的全新构型将得以产生。构型是艺术真理的进程。那么，作品是什么呢？是对真理进程亦即构型的某个内在调查（enquête）：作品就是一点一点地形成构型进程之曲线或轨迹的东西，因为构型进程不由其他任何东西组成。这便是我所说的对构型的某个内在调查：一部作品为我们指示出构型的一个局点（point local），同时对构型进行思考。这便是真正意义上构成一部艺术作品或一部古典主义风格伟大作品的东西：它既是让这个作为构型之风格的独特"存在"得以显现的东西，同时也是对构型及其轨迹和偶然发生进行思考的某个时刻。一部作品就是构型的一个主体点（point-sujet），其中，这里的"主体"指的是某个真理进程中的一个差异点（point différentiel）。作品是真理的主体，这个真理被构型无限地生产，且构型本身永远不会在内部终结。因此，我们拥有了一个艺术作品的主体时间（temps-sujet）——主体作为"真"的有限性时刻——这个时间将成为艺术真理的有限性时刻，艺术真理本身则将在构型中作为无限被生产或展开。由于没有内部终结条款，构型将不断被事件性地发起，在众艺术作品构成其"实在"的同时，在作品中被思考：作品既是实在，又是一种思想。所有作品都会在对艺术的思考中，对先于作品、围绕作品、开辟作品的东西表明立场：正是在这个意义上，作品是对构型本身的实际思考。从这个角度出发，艺术是对它所是之真理的思考。这便是作品完全模糊，或者说模糊且双重的地位。它是构型的实在，同时也是构型的一个思考点。因此，艺术被众多作品所思考，但同时它也是对自身所是之真理的思考。毫无疑问，思想及有关思想的思想存在的场所正是作品。由此将排除作品作为某个外在真理之掌握者的可能性。事实上，作品是对其所是之真理的思考，从这个角度出发，艺术是一个内在的思想：它总是内在于对这个"有关思想的思想"。这便是经验层面的某个构型之所是。

　　存在着相关例子或名字吗？让我们回到尼采：事实上，他正是将悲剧变成了一个构型。希腊悲剧就是一个构型！我想它应该就是一个构型，这个名称很恰当。或许尼采赋予了该名称某个相较构型而言"过度的存在"（sur-existence），或许的确有些过度，但若将其与浪漫主义模式完全分离，我们将在希腊悲剧中识别出自埃斯库罗斯以来，通过他以及他的名字，所显现出来的某个构型，或某个其他被我们所忽略的东西，这个东西在某个特有的限制体系内、在每部作品中，在对构型进行构型的某个时间点得以展开。但那是一个思想的时间点，因此也就是一个主体点。构型的主体就是埃斯库罗斯、俄瑞斯忒亚、索福克勒斯！……你们将看到，不将作品变成客体非常重要：在构型中，涉及的并不是对客体的总体化。相反，构型由作为其进程

"主体"的众多作品所编织与策划。

得以证实构型的东西总是只能在某个独特的追溯运作中被抓住：让产生真理之事件变成真理的正是真理本身。正如塞万提斯在《堂吉诃德》中所做的那样：《堂吉诃德》意味着一种独特的散文构型的开始，这个构型后来被称为小说，并一直延续到了乔伊斯。通过一些复合的主体-作品，该构型真正意义上具化了某些诸如对散文之艺术限制的东西——所谓艺术限制是指对理论上会无限展开之单个真理的限制，其中，每个作品于是都会成为一个有限性的路标。

在结束之前再说几句。如果能够让这个构型理论获得稳定与发展，我们将迎来第四个联结：哲学从根本上与这个联结相关，或者说，只有在这个联结的条件下，哲学才相对艺术"在"。这个联结指的就是各种构型。各种各样的构型！问题的关键在于明白，这些构型并不是体裁，既不是任何体裁也不是任何艺术类型。它们并没有结构化的客观性。每一个构型都绝对的是一种独特性（singularité）。它既不属于造型艺术的某个美学理论，也不属于艺术的某个分类……每个构型都是一种独特性。为什么呢？因为每一次展开（déplic）都是一个真理。如果哲学以真理为条件，它也将以构型为条件。由此将展开以下难题：在所有艺术生产范畴内，我们当代人处在哪些构型中？如何通过那些思考自身命运的作品来识别不同构型？是否有一些构型，其哲学尤其需要被考虑？

　　最后，再预告一下明年我们将讨论的主题。明年，我们将讨论维特根斯坦。让我简短地介绍一下原因。首先，因为他是我们时代的第二位反哲学家，他甚至可被视作反哲学当代范畴的发起者。正因如此，我们将对他进行研究。此外，尼采让我们得以围绕艺术问题所探讨的主题，我们可通过维特根斯坦将之运用到科学问题上面。我们将通过维特根斯坦的反哲学进入科学进程问题，正如我们通过尼采的反哲学进入艺术问题一样。在这一独特的同谋关系下，正如我认为尼采的操作是一个原型政治行动（即使这将我们引向了艺术问题），我将提出维特根斯坦的本质行动是原型美学（archi-esthétique）的，尽管该行动在结构上与逻辑和科学问题相关。我们将尤其考察维特根斯坦的《逻辑哲学论》一书。当涉及尼采时，我们曾从"结尾"出发，现在，当涉及维特根斯坦时，我们则将从"开头"出发。这是出于对称性的原因。我们将把《逻辑哲学论》当作艺术作品看待，将之视作一部反哲学的艺术作品：这是有关哲学与科学——与艺术处在对角线的两端——联结问题的某个反哲学。我希望能够相对哲学本身，去探讨艺术进程与古典逻辑进程之间的交叉问题。

　　这就是明年内容的预告！祝大家夏安！

致　谢

　　最诚挚的谢意送给安妮克·拉沃（Annick Lavaud），感谢她将原始听力磁带整理誊写成文字并做出相关记录。同样的感谢送给丹尼尔·菲舍尔（Daniel Fischer），感谢他新颖、睿智的评论。最后，还要感谢弗朗索瓦·迪韦尔（François Duvert），感谢他提供的录音。

参考文献

BOLZANO, B., *Les Paradoxes de l'infini*, collection « Sources du savoir », Seuil, Paris, 1999.

BORREIL, J., *L'Artiste-Roi. Essai sur les représentations*, « Bibliothèque du Collège international de philosophie », Aubier, Paris, 1990.

DEGUY, M., *Aux heures d'affluence*, *Poèmes et proses*, collection « Fiction et Cie », Seuil, Paris, 1993.

DELEUZE, G., *Nietzsche et la philosophie*, collection « Quadrige », PUF, Paris, 2014.

FREUD, S., *L'Analyse finie et l'Analyse infinie*, sous la direction de J. Laplanche, collection « Quadrige », PUF, Paris, 2012.

HEIDEGGER, M., *Nietzsche*, tome 1, traduit de l'allemand par P. Klossowski, Gallimard, Paris, 2006.

KOFMAN, S., *Explosion I. De l'* « *Ecce Homo* » *de Nietzsche*, Galilée, Paris, 1992.

NANCY, J. -L., « Dei paralysis progressiva », republié dans *Une pensée finie*, Galilée, Paris, 1991.

NIETZSCHE, F., *Ainsi parlait Zarathoustra*, textes établis et traduits de l'allemand par G. Blanquis, Aubier, Paris, 1954.

——, *Aurore*, traduit de l'allemand par É. Blondel, O. Hansenlove et T. Leydenbach, présentation et notes par É. Blondel, Flammarion, Paris, 2012.

——, *Le Crépuscule des idoles. Le Cas Wagner. Nietzsche contre Wagner. L'Antéchrist*, traduction, introduction et notes par H. Albert, Mercure de France, Paris, 1942.

——, *Le Crépuscule des idoles (fragment)*, traduit de l'allemand par É. Blondel, Hatier, Paris, 1983.

——, *Dernières lettres, hiver 1887–hiver 1889*, traduction, présentation et notes par C. Perret, Rivages, Paris, 1989.

——, *Ecce Homo, Comment on devient ce que l'on est*, traduit de l'allemand par J. – C. Hémery, traduction revue, préfacée et annotée par D. Astor, collection « Folio bilingue », Gallimard, Paris, 2012.

——, *Essai d'autocritique et autres préfaces*, traduit de l'allemand par M. de Launay, Seuil, Paris, 1999.

——, *Le Gai Savoir*, textes établis et traduits de l'allemand par H. Albert, Mercure de France, Paris, 1921.

——, *La Naissance de la tragédie*, textes établis par G. Colli et M. Montinari, traduits de l'allemand par M. Haar, Ph.

Lacoue-Labarthe et J. -L. Nancy, collection « Folio essais »,
Gallimard, Paris, 2014.

——, *Œuvres philosophiques complètes*, *XIII* : *Fragments
posthumes* (*automne 1887–mars 1888*), sous la direction de G.
Colli et M. Montinari, traduit de l'allemand par P. Klossowski,
Gallimard, Paris, 1976.

——, *Œuvres philosophiques complètes*, *XIV* : *Fragments
posthumes* (*début 1888–début janvier 1889*), sous la direction
de G. Colli et M. Montinari, traduit de l'allemand par J. -C.
Hémery, Gallimard, Paris, 1976.

——, *Œuvres posthumes*, traduit de l'allemand par H. J.
Bolle, Mercure de France, Paris, 1934.

——, *Poèmes* (*1858–1888*) *–Fragments poétiques suivi de
Dithyrambes pour Dionysos*, traduit de l'allemand par M. Haar,
collection « Poésies », Gallimard, Paris, 1997.

——, *Première Considération inactuelle*, traduit de
l'allemand par L. Duvoy, Allia, Paris, 2009.

——, *Deuxième Considération inactuelle*, traduit de
l'allemand par H. Albert, Garnier-Flammarion, Paris, 1998.

——, *La Volonté de Puissance*, tomes 1 et 2, traduit de
l'allemand par G. Bianquis, édition de F. Würzbach, collection
« Tel », Gallimard, Paris, 1995.

研讨班目录

(按时间先后排列)

TELLERMANN, E., *Distance de fuite*, *Poésie*, Flammarion, Paris, 1993.

合集:

Cahier de Royaumont. Philosophie n°6. Nietzsche, compte rendu publié sous la direction de G. Deleuze, Minuit, Paris, 1966.

Le Millénaire Rimbaud, sous la direction de M. Deguy, collection « L'Extrême Contemporain », Belin, Paris, 1993.

Pourquoi nous ne sommes pas nietzschéens, de A. Boyer, A. Comte-Sponville, V. Descombes, R. Legros, Ph. Raymond, A. Renaud avec L. Ferry et P. -A. Taguieff, collection « Biblio-essais », Le Livre de poche, Paris, 2002.

此处,我列出了研讨班期间所参考的尼采相关文献版本。有时,我会对译文进行细微修改,但这是非常罕见的情况,因此不必在此处一一列出。此外,我还参考了屈尔·保罗·詹兹(Curt Paul Janz)蔚为壮观的传记作品《自由哲学家的晚年,疾病》(*Les dernières années du libre philosophe, la maladie*)第 3 卷。该书由皮埃尔·鲁什(Pierre Rusch)与米歇尔·瓦卢瓦(Michel Vallois)从德文翻译而来,1985 年在巴黎伽利玛出版社出版。